화장품은
한국이 1등입니다

화장품은
한국이 1등입니다

초판 1쇄 발행 2025년 6월 4일
초판 4쇄 발행 2025년 6월 27일

지은이 박종대

발행인 장상진
발행처 (주)경향비피
등록번호 제2012-000228호
등록일자 2012년 7월 2일

주소 서울시 영등포구 양평동 2가 37-1번지 동아프라임밸리 507-508호
전화 1644-5613 | **팩스** 02) 304-5613

ⓒ박종대

ISBN 978-89-6952-619-9 03320

・값은 표지에 있습니다.
・파본은 구입하신 서점에서 바꿔드립니다.

화장품은 한국이 1등입니다

박종대 지음

How K-Beauty Revolutionized
the Global Beauty Landscape

K뷰티 글로벌 인사이트

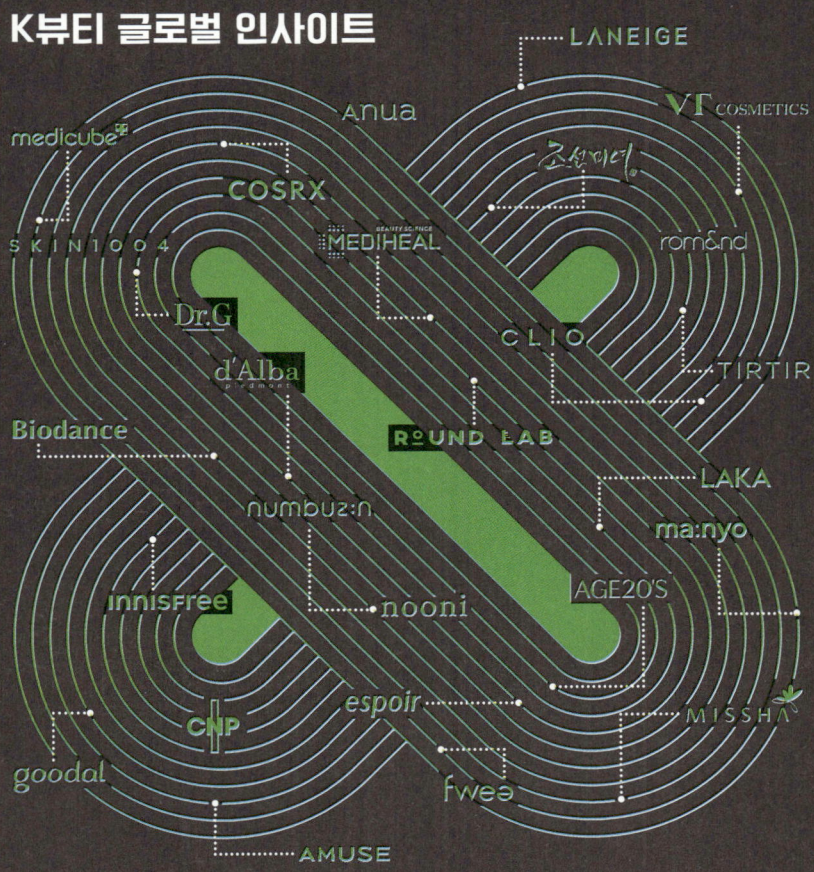

경향BP

머리말

K뷰티,
이제 글로벌이다

1920년대 미국을 두고 "자고 일어나 보니 세계 최강대국이 되어 있었다."고 말한다. 제1차 세계대전으로 거의 모든 참전국이 국력을 모두 쏟아 부은 탓에 경제난을 겪었는데, 미국은 이 기간 동안 전쟁물자를 납품하면서 경제력과 군사력을 키웠고, 제1차 세계대전이 끝난 후 전 세계에서 가장 부강한 국가가 되었다.

한국의 화장품 제조업이 그런 형국이다. 20여 년 동안 국내에서 치열하게 경쟁하면서 제품을 개발하고 마케팅을 하다가 어느 날 고개를 들어 세계를 보니 한국 화장품 산업이 전 세계 최선두에 서게 된 것이다. 전 세계에서 가장 품질이 좋고, 혁신적인 제품을 만드는 나라가 되었고, 프리몰드로 만들더라도 다른 나라에서 전용 몰드로 만드는 것보다 디자인이 훌륭하다. 한국에서는 10년 전에 유행했던 제형들이 다른 나라에서는 혁신으로 받아들여지고 있다.

이 책은 한국 화장품의 '오래된 미래'를 담고 있다. 현재 한국 화장품 산업의 글로벌 부상은 결코 한류에만 편승한 우연이 아니다. 2003년 이후 20년 동안 한국 화장품 산업만의 특이한 구조적 변화와 경쟁력 제고가 누적된 결과이다. 2006년에 나온 달팽이크림이 2015년 중국에서, 2024년 미국에서 대히트를 치고 있다. 쿠션, 마스크팩, 선스틱도 마찬가지다.

시기마다 브랜드는 다르지만 갖가지 제형이 새로운 모습으로 발전하면서 글로벌로 확산하고 있다. 그런 면에서 이 오래된 미래의 주인공은 코스맥스와 한국콜마를 위시로 하는 한국의 화장품 ODM 업체들이다. 이들은 부단한 노력과 지속적인 투자로 세계 1, 2위 화장품 ODM 기업이 되었고, 이들이 있었기에 인디 브랜드 창업자들은 언제든지 새로운 시도를 할 수 있게 되었다.

2022년 실리콘투를 통해 글로벌 시장으로 가는 K뷰티의 고속도로가 크게 뚫리면서 한국 화장품 산업은 새로운 도약기로 접어들었다. 수많은 한국의 인재가 화장품 창업에 뛰어들면서 한국의 화장품 책임판매업자 수는 2020년 약 2만 개에서 2024년 3만 6,000개까지 늘어난 것으로 예상되고 있다. 국내 오프라인 유통을 독점한 올리브영의 기업가치는 2010년 2,000억 원에서 2024년 5조 원을 훌쩍 넘어서 유통 업종 최고 기업으로 재평가되고 있다. 실리콘투는 3년 만에 매출이 5배로 늘어나 화장품 업종 주도주가 되었다.

필자의 전작 『K-뷰티 어디서 왔고, 어디로 가고 있는가?』는 2003년부터 2021년까지 한국 화장품 산업의 변화를, 이 책은 2022년 이후를 담고 있다. 전작은 주로 중국 시장을 중심으로 ODM과 면세점을 다루었다면, 이 책은 미국/일본 시장을 중심으로 ODM과 무역 벤더를 중심에 두고 있다. 두 책을 모두 관통하는 한 가지는 '브랜드력'과 '문화'라는 소프트파워이다. 화장품 산업의 역사와 밸류체인별 특징에 대해서는 불가피하게 겹치는 부분이 있다는 점을 양해해 주기 바란다.

　이 책은 크게 3개 부문으로 나뉜다.

　1~3장에서는 K뷰티의 글로벌 모멘텀 현황과 경쟁력, 그리고 그 기원에 대해서 기술하였다. 한국 화장품 산업에 2003년 '원브랜드숍', 2014년 '중국 모멘텀'에 이어 2024년 '글로벌 모멘텀'이라는 '제3의 물결'이 다가오고 있음을 보여 주고, 이번 글로벌 모멘텀이 중국 모멘텀과 다른 점을 제시하였다. 거기에는 중국 모멘텀 당시와 다른 유통 구조가 있다. 미국에서의 성공이 의미하는 바는 중국의 그것과 상당히 다르다. 이어서 일본과 미국에서 한국 화장품이 성공할 수 있었던 구체적인 이유와 지속 가능성을 분석했다. 이 부분을 읽고 나면 독자들은 이번 모멘텀이 한국 화장품 산업의 구조적인 레벨업 국면임을 깊이 공감하게 될 것이다.

　4~7장에서는 이러한 글로벌 모멘텀이 화장품 밸류체인상 개별

업체들에게 어떤 영향을 미치는지를 구체적으로 살펴보았다. 글로벌 모멘텀의 규모와 영향은 대단히 크다. 원료-용기-ODM-브랜드-유통 밸류체인상 모든 업체의 실적 모멘텀은 역대급이다. 중국 모멘텀에서는 큰 의미가 없었던 원료 업체들의 실적까지 끌어올리고 있다. 용기 업종에서는 펌텍코리아와 연우뿐 아니라 그 아래 삼화와 태성산업, 장업시스템까지 가파른 실적 개선을 경험하고 있다. ODM 업종에서는 코스맥스와 한국콜마는 물론이고 코스메카코리아, 씨앤씨인터내셔널에 이어 한국화장품제조까지 확실한 ODM 기업으로 자리매김하고 있다.

8~9장에서는 K뷰티의 글로벌 확장 전략과 가능성에 대해 진단해 보고, 합리적인 화장품 업종 투자 전략에 대해서 숙고해 본다. K뷰티는 지역적으로 일본/미국에서 유럽, 중동, 동남아는 물론 인도까지 넘보고 있는 상황이다. 온라인에서 맷집을 키우고 오프라인으로 진출을 도모하고 있다. 일본에서는 색조에서 기초로, 미국에서는 기초에서 색조 카테고리로 침투를 엿보고 있다. 혁신적 아이템으로 새로운 카테고리 영역을 확장하는 방식은 K뷰티만이 가능한 전략이다.

"제조는 코스맥스/한국콜마에서 최고로 만들어 주고, 유통은 실리콘투가 직매입으로 바로 현금을 입금해 주는데, 저희는 죽어라 마케팅만 하면 돼요!" 어느 인디 브랜드 대표의 말이다. 이는 현재

K뷰티의 높은 경쟁력의 원천을 단적으로 나타낸다. 한국 화장품 산업은 글로벌 도약기이자 역사적 전환기에 있다. 거기에는 세계 최고의 화장품 제조 인프라가 있다. 최고의 용기 업체, 최고의 ODM 업체들이 있다. 또한 최고의 유통 업체들이 글로벌로 가는 물길을 터 주었고, 이에 따라 국내 최고의 인재들로 구성된 기업가들이 화장품 산업으로 몰려들고 있다. 지금 한국은 세계 최고의 화장품 밸류체인을 보유하고 있다. 그리고 K컬처라는 거대한 문화자산이 그 밸류체인의 전반을 든든하게 떠받치고 있다.

이 책을 읽고 다음 3가지에 대한 확신을 가져 주기 바란다.
첫째, K뷰티의 글로벌 수요는 우리가 생각하는 것보다 훨씬 크다.
둘째, K뷰티의 국내 공급, 인디 브랜드 역시 우리가 생각하는 것보다 훨씬 많다.
셋째, K뷰티의 제조 인프라는 우리가 생각하는 것보다 월등한 글로벌 톱이다.
이 3가지에 대한 확신이 있다면 나머지는 사사로운 편린들이다. 아무쪼록 이 책이 독자들의 한국 화장품 산업의 구조적 성장에 대한 이해와 합리적 투자에 도움이 되길 바란다.

이 책이 나오기까지 원료, 제조, 인디 브랜드, 무역 등 많은 화장품 업계 여러분들의 도움이 있었다. 바쁜 시간을 쪼개어 인터뷰에 응해 주었고, 자료를 찾아주었고, 지인들을 소개시켜 주었다. 특히 고운세상코스메틱 이주호 대표님, 에이든랩 강철용 대표님, VTPL 천정욱 대표님의 조언과 격려에 감사드린다. 원료와 제형에 대한 코스맥스 기반기술연구랩 이준배 이사님의 자문은 책을 더욱 풍성하게 해 주었다. 무엇보다 마음 놓고 리서치에 매진할 수 있는 환경을 만들어 주신 메리츠증권과 이경수 전무님께 깊이 감사드린다. 입사하자마자 큰 작업을 차질 없이 도와준 김건우 연구원에게도 고마움을 전한다.

박종대

차례

머리말　K뷰티, 이제 글로벌이다　　　　　　　　　　　　　　　4

1장
한국 화장품, 제3의 물결이 오다

- K뷰티, 원브랜드숍에서 다시 태어나다　　　　　　　　**18**
- 중국 시장이 K뷰티를 키웠다　　　　　　　　　　　　**22**
- 드디어 미국에서도 1등　　　　　　　　　　　　　　**25**
- 미국은 중국과 다르다　　　　　　　　　　　　　　　**28**
  중국으로의 수출이 불안했던 이유　　　　　　　　　　**28**
  미국에서 1등은 세계 1등이다　　　　　　　　　　　　**34**
  정치적 불확실성이 없다　　　　　　　　　　　　　　**35**

2장
K뷰티의 글로벌 성공 이유 : 준비된 자가 운도 좋았다

- 일본 : 고령화와 잃어버린 30년의 빈틈을 노리다   42
  - 일본이 약한 색조 시장에 집중하다   42
  - 온라인 유통 본격화는 또 하나의 기회다   49
  - 일본 ODM 역량의 한계   57
- 미국 : MZ 세대 수요에 완벽한 퍼즐 맞추기   59
  - 새롭게 열린 틈새시장 중저가 '기초'   59
  - K뷰티, 혁신의 대명사가 되다   63
  - 한국 창업자는 마케팅만 잘하면 되었다   65
  - 아마존과 K뷰티의 원원   68

3장
글로벌 모멘텀은 얼마나 갈 수 있을까?

- K뷰티의 '오래된 미래'   74
  - '혁신성'은 20년 치열한 경쟁의 결과다   75
  - 2003년, 한국 화장품 시장 조류가 바뀌다   76
  - ODM 시장 성장의 발판이 된 원브랜드숍   80
  - 온라인, 인디 브랜드 창업의 장이 되다   84
- 미국과 일본에서는 K뷰티 스타일이 안 나온다   86
  - 미국에는 화장품 공장이 없다   86
  - 일본, 의욕 상실   88
- 똑똑한 인재들이 화장품으로 향하고 있다   94
- 한류는 K뷰티의 든든한 지원군이다   97

4장
불이 꺼지지 않는 화장품 공장들

- 원료 : 모멘텀은 작지만 효과는 크다　　　　　　　　　　103
  - 원료는 낙수 효과가 크지 않다　　　　　　　　　　　　103
  - 새로운 '제형' 찾기　　　　　　　　　　　　　　　　　　106
- 용기 : 없어서 못 판다　　　　　　　　　　　　　　　　　109
  - 용기도 'K'다　　　　　　　　　　　　　　　　　　　　109
  - 작은 플라스틱 용기에 담긴 피와 땀　　　　　　　　　　114
- ODM : 글로벌 모멘텀의 최대 수혜　　　　　　　　　　　120
  - 실적 모멘텀은 하위 업체로 갈수록 크다　　　　　　　　120
  - 브랜드는 당신 것, 처방전은 내 것　　　　　　　　　　　122
  - 영업이익률이 중요한 게 아니다　　　　　　　　　　　　125
- 미국 수출 우려 요인 : MoCRA와 OTC　　　　　　　　　131
  - MoCRA : 85년 만에 바뀐 미국 화장품법　　　　　　　　131
  - OTC : 선크림이 약이라고요?　　　　　　　　　　　　　133

5장
인디 브랜드 전성시대

- 인디 브랜드 성공 스토리　　　　　　　　　　　　　　　140
- 화장품만한 사업이 없다　　　　　　　　　　　　　　　147
- 활발한 M&A는 건강한 화장품 생태계를 만든다　　　　　155

6장
K뷰티는 어떻게 세계로 나갈 수 있었나?

- ■ 중소기업 1위 수출 품목, 화장품   **160**
- ■ 실리콘투 아니었으면 어림도 없었다   **163**
  - 반도체 무역회사였다고?   **163**
  - 너무나 완벽한 수출 파트너   **165**
  - 늘 변하는 무역 벤더와 유통, 브랜드의 삼각관계   **171**
- ■ 실리콘투만 갖고는 안 된다   **178**
  - 실리콘투 혼자 커버할 수 없는 수준   **178**
  - 움트고 있는 경쟁   **180**
  - 올리브영은 왜 수출 벤더를 하지 않을까?   **182**

7장
인디 브랜드 사관학교, 올리브영

- ■ 올리브영 디테일의 승리   **186**
- ■ 병목현상이 생기고 있다   **190**
  - 올리브영만 남았다   **190**
  - 퇴색하고 있는 인디 브랜드 등용문   **197**
  - 이제 매대를 외운다   **200**
  - 인디 브랜드들이 올리브영을 포기하고 있다   **202**
  - 외국인 인바운드 증가는 독배였을까?   **206**
  - 의미 있는 세컨티어의 필요성   **208**

8장
어떻게 더 나아갈 것인가?

- **일본, 기초를 들고 오프라인으로**   **218**
  드럭스토어가 가장 크다   **221**
  3대 총판 : 이다, 오야마, 아라타   **229**
  가파르게 성장하는 K기초   **233**
  차이나 뷰티, 새로운 위협이 되기에는 무리   **235**

- **미국은 넓고 팔 곳은 많다**   **237**
  오프라인은 아직 K뷰티 불모지다   **237**
  K뷰티만이 가능한 전략이 있다   **241**

- **유럽과 러시아, 중동까지 확장 중**   **246**
  화장품 종주국 프랑스에서 인정받다   **247**
  러시아, UAE, 인도에서도 K뷰티 열풍   **251**
  중국은 어떻게 할 것인가?   **252**

- **K뷰티 글로벌 모멘텀은 이제 시작이다**   **258**

9장
화장품 업종, 이렇게 투자하라

- 업황 개선을 주식 시장에서 못 느끼는 이유　　**265**
- K뷰티, 3가지는 분명히 알자　　**269**
- 모멘텀이 둔화된 게 아니다　　**276**
- 반드시 기억해야 할 3가지 투자 원칙　　**280**
  - 유통과 브랜드는 적정 PER가 다르다　　**280**
  - 이익보다 매출이 중요하다　　**293**
  - 오버슈팅과 언더슈팅, 그리고 가치투자　　**298**

부록　한국 화장품 시장 규모 추정　　**306**

영문 약어

ASP(Average Selling Price): 평균 판매 가격
B2B(Business to Business): 기업 간 거래
BPS(Book-value Per Share): 주당순자산
C2C(Consumer to Consumer): 소비자 간 거래
DPS(Dividend Per Share): 주당 배당금
EPS(Earnings Per Share): 주당 순이익
FDA(Food and Drug Administration): 미국 식품의약국
IB(Investment Banking): 기업 금융
IR(Investor Relations): 투자자 대상 기업 설명 활동
M&A(Mergers and Acquisitions): 인수 합병
MD(Merchandising): 상품 기획/구매 등을 포괄하는 상품 전략/업무
ODM(Original Development Manufacturing): 제조업자 개발 생산
OEM(Original Equipment Manufacturing): 위탁 생산
PB(Private Brand Products): 자체 개발 상품
PBR(Price Book Ratio): 주가의 순자산 비율
PER(Price Earning Ratio): 주가의 이익 비율
PSR(Price Selling Ratio): 주가의 매출액 비율
R&D(Research and Development): 연구 개발
ROE(Return on Equity): 자기자본이익률
ROIC(Return on Invested Capital): 투하자본수익률
YoY(Year on Year): 전년 대비 증감률

1장

한국 화장품,
제3의 물결이 오다

K뷰티,
원브랜드숍에서 다시 태어나다

　글로벌 1위 화장품 ODM 업체 코스맥스는 2024년 2분기 국내 한 달 최고 생산량 기록을 세운 후 두 달 만에 25%가 더 늘어나 또 한 차례 신기록을 경신했다. 이 회사의 최고경영자는 이제 한국 화장품 ODM 산업에 제3의 물결이 왔다고 호언했다. ODM 산업의 발전은 한국 화장품 산업의 발전과 궤를 같이 한다. 이 말은 결국 한국 화장품 산업이 세 번째 커다란 모멘텀을 타고 있다는 의미이다. 먼저 첫 번째, 두 번째 물결이 뭔지 간략하게 살펴보자.

　첫 번째 물결은 원브랜드숍 시장의 시작이다. 코스맥스가 이 시기를 첫 번째 물결이라고 한 이유는, 2003년 이후 생산과 브랜드가 분리되면서 ODM 산업이 화장품 산업의 핵심 밸류체인으로 규모를 갖추게 되었기 때문이다. 코스맥스 같은 ODM 업체뿐 아니라 화장품 브랜드, 유통 채널에도 엄청난 변화가 일었던 시기가 2003년이다. 그 원인은 카드 사태에 있다.

한국은 수출 비중이 큰 경제 구조를 갖고 있기 때문에 웬만하면 내수 소비 때문에 전체 경기가 휘청이는 경우가 잘 없는데, 2003년은 드물게 그런 시기였다. '화장품나라'와 같은 화장품 가두점들이 불경기로 대거 문을 닫았다. 이 당시 화장품 가두점은 개인사업자 가맹점들이 아모레퍼시픽부터 LG생활건강, 코리아나, 한국화장품 등 다양한 브랜드 업체의 제품을 총판으로부터 납품받아서 판매하던 멀티브랜드숍이 대부분이었다.

가두점이 어려워지면서 2가지 새로운 로드숍 형태가 생겨나게 되었다. 저가형 원브랜드숍 '미샤'와 아모레퍼시픽의 화장품 전문점 '휴플레이스(현, 아리따움)'이다.

시작은 미샤가 먼저였다. 2002년 이대 1호점을 오픈한 이후 불경기와 함께 폭발적인 성장세를 기록했다. 광고비, 포장비 등 불필요한 지출을 억제하는 비용구조 혁신으로 업계 최저가격을 실현하였다. 3,300~9,800원의 초저가로 틈새시장을 공략하였다. 2004년 매장 수 240개, 연 매출 1,200억 원을 기록했다.

이어서 더페이스샵이 2003년 12월 명동 1호점 개설 이후 불과 1년 만에 역시 매장 수 220개, 연 매출 1,000억 원으로 올라섰다.

아모레퍼시픽은 가두점 시장에서 경기 침체와 원브랜드숍의 공략에 크게 흔들렸다. 아예 전문점을 만들어 직접 유통을 하자는 전략으로 선회했다. 2004년 7월 1호점 봉천점을 오픈하였고, 불과 4개월 만에 300호점을 돌파하는 저력을 보였다. 원브랜드숍과 마찬가지로 깨끗하고 고급스러운 이미지, 아모레퍼시픽 브랜드 구매와 서비스를 차별적 경쟁력으로 내세웠다. 그러면서 다른 원브랜드숍이나 전문점에는 아모레퍼시픽 제품을 납품하지 않았다. 처음에는 아모레퍼시픽 제품 50%, 나머지는 이전처럼 다른 브랜드도 입점 가능하도록 해서 유연하게 가맹점주들을 유인했지만, 매출이 늘면서 점차 아모레퍼시픽 제품 비중을 늘려갔다.

에이블씨엔씨는 2015년 말 기준 최대 720개 매장을 운영했으며, 2012년 최대 매출 4,250억 원을 기록했다. 원브랜드숍 시장은 2016년 기준 3.5조 원으로 전체 화장품 시장의 17% 비중까지 상승했다.

아모레퍼시픽의 휴플레이스는 2008년 100% 아모레퍼시픽 제품

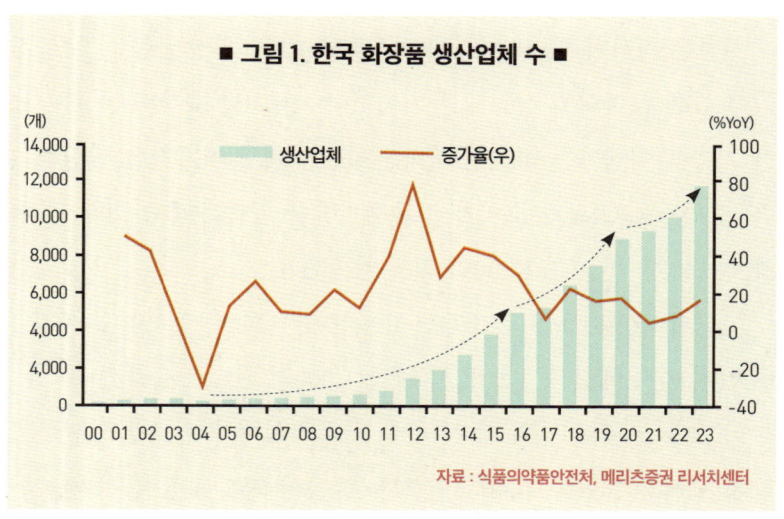

■ 그림 1. 한국 화장품 생산업체 수 ■

자료 : 식품의약품안전처, 메리츠증권 리서치센터

의 아리따움으로 전환했다. 아리따움은 2015년 최대 1,350개 매장에서 매출 4,550억 원을 일으켰으며, 당시 아모레퍼시픽 전체 매출의 10% 비중을 차지했다.

원브랜드숍 시장으로 변하면서 가장 큰 변화는 화장품 가격의 하락이었다. 기초 2종 세트 가격이 3만 원에서 1만 원으로 하락했고, P(가격)가 하락하고 Q(양)가 증가하면서 ODM 업체들의 가동률이 크게 상승했다. 생산과 브랜드가 분리되면서 화장품 산업 진입 장벽이 낮아졌다. ODM 업체는 R&D와 제조만 잘하면 되었고, 브랜드 업체는 마케팅과 유통만 잘하면 충분했다. 많은 제조 업체와 브랜드 업체가 우후죽순 생겨났고, 이런 화장품 산업의 구조적 변화를 발판으로 코스맥스와 한국콜마의 국내 매출은 2005년 합산 매출 1,140억 원에서 2015년 7,470억 원까지 약 6.6배(CAGR 20.6%) 증가했다.

중국 시장이 K뷰티를 키웠다

두 번째 물결은 중국 소비이다. 2010년 이후 중국은 '생산'에서 '소비' 주도 시장으로 변화했다. 14억 중국인들의 소비가 본격화되었고, 한국 화장품은 선망의 대상이었다. 브랜드는 물론 중국 현지 ODM 수요도 엄청나게 증가하였다. 거대 중국 시장이 바로 옆에서 움트면서 2014년 이후 한국 화장품 시장은 전례 없는 호황을 맞이했다. 그야말로 K뷰티의 시대였다.

2014년 당시 아모레퍼시픽의 면세점 매출이 전년 대비 100% 이상 증가하면서 영업이익은 매 분기 서프라이즈를 기록했다. 시장 컨센서스가 1,500억 원인데, 실제로는 2,500억 원이 나오곤 했다. 주가는 80만 원에서 400만 원까지 올랐다. 중국 로컬 화장품 업체를 타깃으로 중국 현지 ODM 시장에 첫 진출한 코스맥스의 시가총액은 2010년 대비 10배가 되었다. 모두 중국 모멘텀이었다.

중국에서 특히 한국 화장품이 인기 있었던 이유는 막연히 바로 옆에 한국이 있었기 때문만은 아니다. 한국 화장품 업체들의 내재된 역량과 '운'이 결합된 결과이다.

첫째, 2013년 전후는 한국 화장품 산업의 역량이 극대화된 시기였다. 전술한 바와 같이 한국 화장품 시장은 2003년 이후 산업 구조가 크게 바뀌었다. 생산과 브랜드의 분리로 진입 장벽이 낮아지면서 한국 화장품 시장은 그 어느 때, 세계 어느 지역보다 경쟁이 치열해졌다. 한국은 전 세계에서 혁신적인 신제품이 가장 빨리, 가장 싸게, 또 가장 많이 나오는 시장이 되었다. 기술 수준은 글로벌 톱 수준에 올라서게 되었고, 수천 개의 상품 카테고리와 처방전, 수백 개의 히트 제품 목록을 갖게 되었다.

그런데 10여 년의 원브랜드숍 시장의 전개는 오프라인 점포가 없으면 신규 브랜드가 진출할 수 없는 새로운 진입 장벽을 만들었다. 간간이 홈쇼핑을 통해 소개될 뿐 신규 브랜드가 들어설 자리가 없었다. 막강한 인적/물적 화장품 인프라는 새로운 돌파구를 찾고 있었다. 신규 시장이 필요한 때 중국 시장이 열린 것이다.

둘째, 한류의 극대화이다. 한류가 한국 경제 전반에 영향을 미친 시기는 2014년을 시작으로 본다. 2014년 「별에서 온 그대」, 2016년 「태양의 후예」가 있었다. 실제로 이들 드라마가 중국에 공유되면서 화장품 수출액이 한 단계씩 레벨업했다. 중국인 입국자 규모 역시

2010년 188만 명에서 2016년 807만 명까지 4배 이상 증가했고, 같은 시기에 면세점 시장 규모는 4.5조 원에서 12.2조 원까지 170%나 성장했다. 면세점 매출의 주 고객은 내국인에서 중국인으로 바뀌었고, 면세점은 중국인 관광객의 핵심 소비 채널이 되었다. 화장품은 가장 선호하는 소비 카테고리였다.

셋째, 일본 화장품 수요 위축이다. 2010년 이후 센카쿠열도 분쟁이 급격하게 확대되었다. 2011년 3월에는 일본 대지진이 있었다. 방사능에 대한 우려로 'Made in Japan' 화장품에 대한 우려가 크게 확산하였다. 기초 화장품의 경우 90% 이상이 물이고, 럭셔리 기초 라인은 대부분 본국에서 만든다. 2012년 일본의 중국인 입국자 수는 20% 이상 감소했고, 2010~12년 중국 화장품 시장에서 시세이도 시장 점유율은 4%에서 2%까지 크게 하락했다.

이러한 일본 화장품의 부진은 한국 화장품의 기회로 작용했다. 중국 소비 시장뿐 아니라 ODM 업체들에게도 반사이익이 컸다. 일본 ODM 수요가 한국으로 대거 이동하는 계기가 되었다. 로레알과 에스티 로더 등 글로벌 브랜드의 동북아시아 생산 기지로 한국이 떠오르게 되었다. 코스맥스의 국내 사업에서 수출이 차지하는 매출은 2014년 350억 원에서 2016년 1,300억 원까지 3배 증가했다.

드디어 미국에서도 1등

　중국 경기 부진으로 크게 꺾였던 한국 화장품 수출이 빠른 회복세를 보이고 있다. 수출 대상 국가는 중국을 제외한 전부라고 해도 과언이 아니다. 미국과 일본을 중심으로 동남아, 중동, 유럽, 심지어 러시아와 인근 독립국가연합CIS : Commonwealth of Independent States 국가들까지 전 세계로 확산하고 있다. 2022년부터 반등하기 시작한 화장품 수출액은 2024년 86억 달러(+20% YoY)[1]에 달했다. 대중국 수출이 YoY 9% 감소한 점을 감안하면 상당히 고무적인 수치다.

---

[1] HS코드 3304 기준이며, HS코드가 다른 마스크팩, 샴푸/비누/바디워시 등 퍼스널 케어 제품은 제외된 수치이다. 이를 모두 포함하면 100억 달러가 넘는다.

대미국과 대일본 수출이 각각 YoY 52%, 26% 성장하면서 수출 증가를 견인했으며, 동남아와 중동·유럽 지역 수출 증가세도 가파르다. 이에 따라 대중국 수출 비중이 2021년 54%에서 2024년 25%로

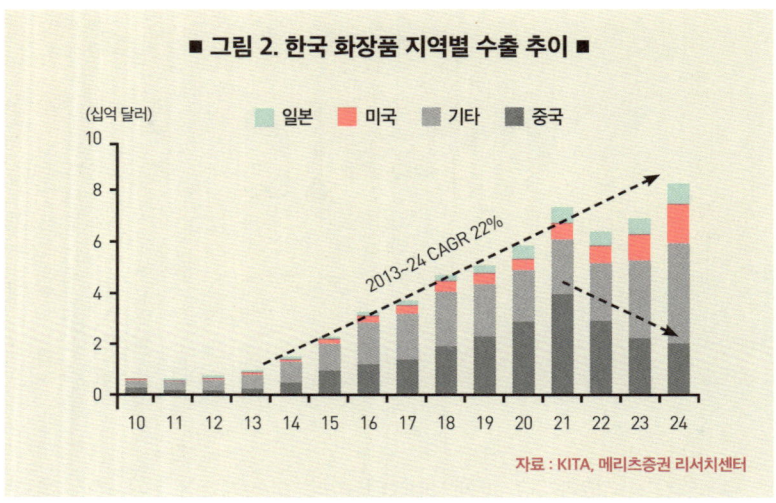

■ 그림 2. 한국 화장품 지역별 수출 추이 ■

자료 : KITA, 메리츠증권 리서치센터

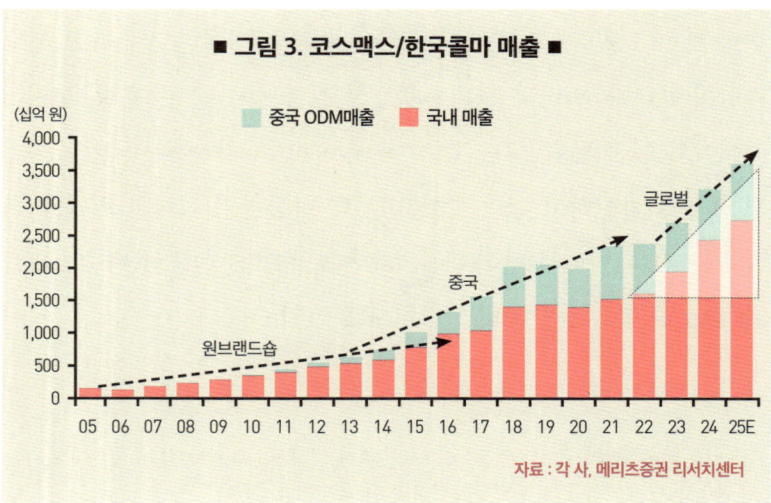

■ 그림 3. 코스맥스/한국콜마 매출 ■

자료 : 각 사, 메리츠증권 리서치센터

하락하면서 화장품 수출의 중국 의존도는 크게 낮아졌다. 2024년 일본 화장품 수입에서 점유율 1위(40%)로 프랑스(26%)를 멀찌감치 따돌렸으며, 미국에서도 2024년 수입 시장 점유율 22.4%로 2위 프랑스(16.6%)를 크게 넘어섰다.

한국 화장품 산업의 모멘텀은 톱 2 ODM 업체 코스맥스/한국콜마의 실적으로 대변되는데, 2023년 이후 국내 사업 매출이 크게 증가하고 있다. 하지만 국내 화장품 시장은 성장하고 있지 않다. 결국 국내 사업 매출 성장은 'Made in Korea' 화장품의 수출 물량 때문이다.

미국은 중국과 다르다

중국으로의 수출이 불안했던 이유

혹자는 미국과 일본에서 K뷰티의 확대가 중국에서 그랬던 것처럼 한순간에 사그라지지 않을까 걱정한다. 그러나 미국과 일본에서 한국 화장품은 과거 중국 모멘텀과 확연히 다른 구조를 갖고 있다.

우선 유통이 다르다. 2010년대 중국으로의 화장품 진출은 불법 따이공에 의한 밀무역이 상당했다. 그래서 늘 중국 정부의 규제 위험에 노출되었고, 규제 이슈가 있을 때마다 호텔신라와 아모레퍼시픽 주가가 출렁이곤 했다. 실적 연속성에 대한 불확실성이 개별 업체들은 물론 투자자들 주위를 어둡게 감싸고 있었다.

중소형 브랜드 업체들의 경우 매출 착시를 조심해야 했다. 중국 왕홍이나 에이전트들이 자체적으로 자금을 조달, 국내 중소형 브랜드 제품을 대량 직매입하여 마케팅한 후에 판매하는 형태가 많았다. 마케팅이 성공할 경우 막대한 수익을 취할 수 있었기 때문이다. 이에 따라 국내에서 브랜드 인지도가 제한적인 신규 브랜드인데도 갑자기 매출이 큰 폭으로 증가하는 현상을 심심치 않게 볼 수 있었다. 2018년 JM솔루션, 파파레서피, 비디비치도 그런 경우였다고 보는 게 합리적이다.

중국 특유의 유통상, 성대리상에 판매를 의존하는 경우가 적지 않았다. 이러한 판매 방식은 위험성이 컸다. 단기적으로는 빠르게 중국 시장에 진출할 수 있고, 매출을 올릴 수 있다는 장점이 있지만, 자칫 잘못하면 브랜드 이미지가 훼손되어 얼마 지나지 않아 도태될 수 있었기 때문이다.

성대리상은 해당 제품의 중·장기적인 브랜드 관리와는 거리가 먼, 당장의 이익만이 중요한 유통 벤더였다. 가격 통제 조항을 삽입하더라도 지켜지지 않는 경우가 허다했다. 심지어는 짝퉁을 섞어 고마진을 취하는 경우도 있었다. 판매가 안 되면 '떨이'로 던져 버리는 경우도 많았다.

지역에 따라 가격 변동성이 커지면서 제품에 대한 소비자의 신뢰가 떨어진 경우도 있었다. 더페이스샵이 대표적인 예이다. 더페이스샵은 중국에서 3가지 가격이 있었다. 성대리상이 가져다 파는 오프라인 채널에서는 시내 다운타운과 변두리 가격이 달랐고, 본사에서 직접 판매하는 온라인 가격도 달랐다. 세 지역/채널 가격이 제각각이라 높은 가격에 구매한 소비자들의 원성이 컸다. 더페이스샵은 채널 및 가격 관리 실패로 브랜드 인지도가 급격히 떨어지면서 중국 시장에서 도태되었다.

성대리상을 통해 중국에 공격적으로 진출했던 많은 중소형 화장품 업체들이 사업을 오래 이어 갈 수 없었다. 리더스코스메틱과 에스디생명공학, 잇츠한불과 같은 업체들도 이러한 중간 도매상의 횡포와 위험성 때문에 해당 채널 매출 규모를 의도적으로 줄이기도 했다. 클리오와 애경산업은 티몰글로벌 등 온라인 채널로 선회했다.

반면 미국과 일본으로의 수출과 매출은 공식적인 무역 경로를 통해 합법적으로 진행되고 있다. 실리콘투, 아시아비엔씨 같은 중간 벤더들이 가교 역할을 하고 있다. 사실 한국 인디 브랜드들이 글로벌 시장으로 뻗어나가는 데 가장 큰 한계는 '제한적인 글로벌 유통력'이었다. 아무리 손님이 많아도 도로와 차가 없으면 이동할 수 없다. 국내 수많은 벤처/인디 브랜드들의 다양한 혁신적 카테고리와 아이템을 글로벌로 전개할 인프라와 네트워크가 부족했다. 몇 년 전만 해도 매출이 몇백억 원밖에 안 되었던 조선미녀, 스킨1004 같은 브랜드가 세포라Sephora나 얼타뷰티Ulta, 아마존Amazon 같은 글로벌 유통 업체의 문을 두드리기란 대단히 어려운 일이었다.

아모레퍼시픽과 LG생활건강의 M&A에 의한 글로벌 진출을 기대했으나, 이들 대기업들의 상황도 크게 다르지 않았다. 한국에서는 화장품 시장의 독보적인 대기업이었지만, 세포라나 얼타뷰티 같은 미국 유통 대기업 앞에서는 다른 중소형 브랜드들과 협상력이 크게 다르지 않았다. 더구나 중국 모멘텀에 만개했던 실적이 와르르 무너져 내려 제 앞가림도 제대로 하지 못하는 상황이었다.

글로벌 유통의 빗장은 전혀 예상치 못한 곳에서 열렸다. 바로 실리콘투이다. 이 회사는 2022년까지 거의 시장에 알려지지 않았다. 원래 반도체 무역상사였는데, 2012년부터 화장품 무역으로 상품을 전환했다. 처음에는 중국으로 무역을 전개하다가 한한령 등으로 크게 위축되면서 미국으로 방향을 틀었다. 실리콘투는 대규모 물류 인프라를 기반으로 국내외 430개의 화장품 브랜드를 직매입해서 180개국 글로벌 온/오프라인 유통 채널에 전개하고 있다.

그런데 사업 구조가 굉장히 독특하고 독보적이다. 인디 브랜드 업체 제품을 직매입해서 미국 등 현지 물류센터에 미리 보관해 두고 아마존이나 오프라인 리테일 유통 업체에 도매로 판매하는 방식이다. 무역 벤더인 실리콘투로서는 많은 자금이 소요되는 사업 구조이다. 제품 직매입은 물론 물류센터 설비 투자도 해야 하기 때문이다. 재고 부담도 짊어져야 한다.

무역 벤더라는 사업은 원래 돈이 그렇게 많이 들어가는 사업이 아니다. 이 나라 브랜드 업체와 저 나라 유통 업체 사이에 다리만 놔주고 수수료 받는 사업이 본질이다. 자금력보다는 넓은 제품 소싱 및 유통 네트워크가 중요한 자산인 사업이다. 수입을 요청하는 바이어로부터 상품 매입 대금을 받아 상품 선적과 동시에 브랜드 업체에 입금하는 형태이므로 매출채권이나 매입채무도 별로 없다. 중간에 자기 자금이 들어갈 게 거의 없고, 재고 부담을 지지도 않는다.

물론 물류센터가 필요하지만 이미 매입처가 확정된 제품이 잠시 머무르는 공간으로 회전율이 높기 때문에 그렇게 클 필요도 없다. 그 물류센터도 수출하는 나라에 있는 게 일반적인데, 실리콘투는 수입하는 현지 국가에 물류센터를 두었다. 실리콘투의 사업 구조가 일반적이지 않은 이유는 자명하다. 사업이 잘될 경우 높은 마진을 추구할 수 있지만 실패할 경우 손실 규모가 너무 크기 때문이다. 실리콘투는 무역 벤더라기보다는 무역 유통 업체라고 봐야 한다.

이런 사업 구조의 실리콘투가 한국의 화장품 브랜드 업체와 미국의 유통 업체들에게는 '천사' 같은 존재이다. 인디 브랜드들에게 가장 부족한 건 '돈'이다. 직매입은 브랜드 업체의 현금흐름에 숨통을 틔워 준다. 제조에 필요한 자금을 투입하고도 마케팅에 쓸 수 있는 여력을 확보할 수 있다. 중소기업은 매출채권에 돈이 묶여 있으면 원재료 구매비용을 마련하기도 빠듯하다. 더구나 실리콘투는 구매 대금을 며칠 후 바로 입금한다. 일반적인 국내 유통 업체의 대금 지급일이 입고 후 1개월 반~2개월이다. 과거에 쿠팡은 6개월을 끌기도 했다. 그래서 입점 업체들은 매출채권을 은행에 할인 처분해서 운영자금을 마련하곤 했다.

미국이라고 다르지 않다. 미국 리테일러들의 대금 지급 지연은 악명 높다. 미국에 직접 유통하는 한 인디 브랜드 사장은 코로나19 당시 화장품 유통 업체 U사가 직원들을 휴직 보내고 담당자가 없다고 6개월 동안 돈을 안 준 적도 있다고 토로했다. 전 세계 각국에 유통하고 있지만, 미국에만 AR^Accounts Receivable 담당자를 따로 두고 있다. 미국 대형 유통회사는 재무 업무를 인도나 필리핀 등으로 아웃소싱하는 경우도 많아 연락도 잘 안 되고 계속 독촉해야 한다. 이런 미국으로 수출하는 물량인데, 실리콘투에서 며칠 후에 대금을 입금해 준다니 천사가 아닐 수 없다.

현지 유통 업체 입장에서도 실리콘투는 아주 훌륭한 사업 파트너이다. 실리콘투가 현지 물류센터를 운용하면서 충분한 재고를 보유하고 있기 때문에 유통 업체들은 빠른 재고 확충과 상품 판매가 가능하다. 과거에 인디 브랜드들은 막대한 운송비와 보관비 때문에 많은 양을 미국에 보내지 않았다. 아마존과 같은 온라인 유통 업체 입장에서는 구매가 확 늘어도 재고가 부족해 매출을 올리지 못하는 아쉬움이 종종 있었는데, 그런 불확실성을 실리콘투가 해결해 준 것이다.

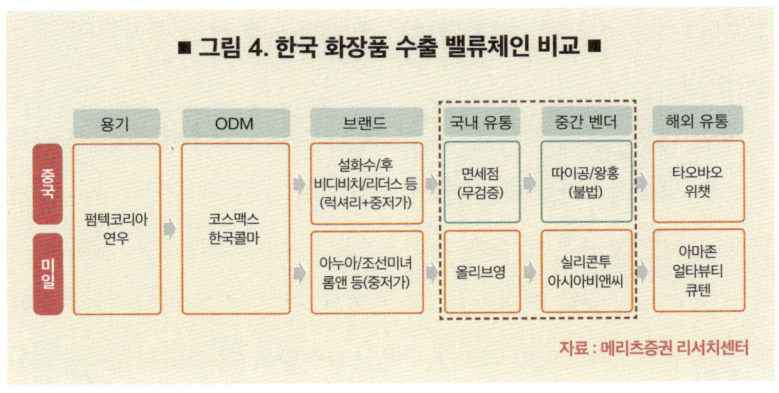

미국에서 1등은 세계 1등이다

　중국은 대국이지만 소득이나 문화 콘텐츠의 수준은 개발도상국으로 한국보다 분명히 저위에 있다. 한한령에도 불구하고 그동안 중국인들은 한국의 드라마와 영화를 '어둠의 경로'를 통해서 활발하게 소비하고 있었다. 화장품도 마찬가지다. 2014년 이후 K뷰티 열풍이 한창 중국을 휩쓸 때 중국 화장품 업체들은 한국 화장품 베끼기에 여념이 없었다. 설화수 미투 제품인 '설안수'가 큰 인기를 끌었고, 네이처리퍼블릭을 본뜬 '네이처리턴'을 내놓기도 했으며, 브랜드 로고는 한글식이었다.

　물이 위에서 아래로 흐르듯 선진 문화 콘텐츠의 개발도상국으로 진입은 너무나 자연스런 현상이었다. 그러나 거기서 끝이었다. 중국에서 성공하고 유명해졌다고 해서 다른 나라로 모멘텀이 이어지지는 않았다. 중국 모멘텀은 중국 국경을 넘을 수 없는 한계를 갖고 있었다. 중국 자체로 워낙 큰 시장이었기 때문에 투자자들이 환호한 것이다.

　사실 일본도 그런 면이 있다. 물론 일본은 세계에서 세 번째로 큰 화장품 시장이지만, 일본에서 성공했다고 다른 선진국에서 수요가 발생하지는 않는다. 일본은 지리적으로도 섬나라이지만 경제적, 문화적으로도 상당히 외딴 섬으로 분리돼 있다. 오히려 동남아는 베트남이나 태국이 허브 역할을 하면서 잇달아 문이 열리는 경향이 있다. 다만 소득 수준이 낮기 때문에 아직 그리 큰 기대를 하기는 어려운 상황이다.

 그러나 미국은 다르다. 전 세계에서 가장 큰 소비 시장이기도 하지만 경제적, 문화적으로 모두 세계의 중심이다. 사업이든, 금융이든, 건축이든, 패션이든, 미술이든, 영화든 세계에서 1등을 하려면 뉴욕으로 가라는 말이 있다. 즉 미국에서의 1등은 세계에서의 1등을 의미한다. 미국에서 잘 팔리는 브랜드는 곧 유럽으로 이어지고, 유럽에서의 성공은 인근의 중동·북아프리카로 도미노처럼 연속적일 수 있다. 최근 한국 화장품의 대미국 수출이 늘어나면서 유럽과 중동 등 기타 지역으로 화장품 수출이 더 가파르게 증가하는 것을 보면 알 수 있다. 물론 아마존이라는 글로벌 유통 플랫폼을 통해서 더 빠르게 전파되는 경향이 있다. 이번 글로벌 모멘텀이 그 규모에서 중국 모멘텀과 차이가 나는 큰 이유이다.

정치적 불확실성이 없다

 과거 중국으로의 화장품 수출은 국내 브랜드 인지도에 기반을 둔 게 아니었다. 잇츠한불이나 에스디생명공학, 리더스코스메틱 등은 애초에 한국에서 브랜드 인지도가 높지 않았다. 개별 브랜드력보다 'Made in Korea' 프리미엄을 통해 사업 규모를 키운 회사들이다. 국내 브랜드 인지도와 상관없이 따이공과 왕홍 본인들이 선별해서 중국에 가져가 마케팅까지 해서 팔았다. 한국 화장품이라면 묻지도

따지지도 않고 살 때였다.

물론 왕홍들의 성공적인 마케팅으로 리테일 매출이 크게 증가하면서 브랜드 인지도와 사업 규모 확대를 도모할 수도 있었지만, 리테일 매출이 기대에 못 미칠 경우 매출채권 회수가 어려워지는 상황이 초래되기도 했다. 2019년 B사의 중국 에이전트로부터 매출채권 회수가 지연되면서 국내 화장품 ODM/부자재 납품 업체들이 연쇄적으로 문제가 생긴 적도 있다. 국내 브랜드 인지도가 제한적인 상황에서 대중국 매출이 크게 발생하는 업체들은 일장춘몽으로 끝난 사례가 대부분이다.

벤처/인디 브랜드들의 해외 사업에서 가장 중요한 요소는 역설적으로 국내에서의 브랜드 인지도라고 할 수 있다. 과거 중국 때와 달리 지금은 전 세계에서 가장 깐깐한 한국 소비자들에 의해 올리브영을 통해 검증된 제품을 미국과 일본 시장에 유통하고 있다.

반면 정치적 불확실성은 제한적이다. 주지하다시피 중국 시장에서의 한국 화장품 붐은 2017년 말 사드 보복 조치 이후 크게 위축되었다. 중국인 관광객은 절반 이하로 줄었으며, 중국에서는 애국소비(궈차오) 열풍이 거셌다. 중국에서 롯데마트는 말도 안 되는 소방법 위반으로 영업정지를 당했고, 이니스프리 매장에 들어가는 중국인 소비자들은 손가락질을 받았다.

유난히 정부에 대한 충성도가 높은 중국 국민들은 순식간에 한국 화장품을 외면했다. 중국 정부의 정책에 따라 중국인들의 최대 해외 여행국도 한국에서 태국으로 바뀌었다. 자국민의 소비를 정치적으로 이용한 중국 정부의 다양한 사례가 학술논문으로 소개되기까지 했다.[2] 미국이나 일본은 자유민주주의 국가로 이런 정치적 불확실성에서는 상당히 벗어나 있다. 물론 일본에 '혐한' 무리가 있지만 극히 일부로, 10~30대 화장품 주 소비층과는 상당히 거리가 멀다.

---

[2] Wooyeal Paik(March 2020), The politics of Chinese tourism in South Korea: political economy, state-society relations, and international security, The Pacific Review Volume 33 Number 2.

**How K-Beauty Revolutionized
the Global Beauty Landscape**

2장

K뷰티의 글로벌 성공 이유 : 준비된 자가 운도 좋았다

미국 시장에서 맏형이라고 할 수 있는 코스알엑스, 조선미녀, 아누아, 스킨1004, 일본 시장에서 매출 최고를 자랑하는 브이티, 티르티르, 클리오, 닥터지 같은 브랜드들의 공통적인 특징은 치열하고 지속적인 마케팅이다. 중국 모멘텀 때와 또 다른 부분이다. 중국 시장에서 한국 화장품의 확대는 중국인들의 소비 확대 영향이 컸다. 블랙홀처럼 온갖 한국 화장품을 빨아들인 결과였다. 특히 대부분의 중저가 브랜드의 경우 특별히 중국 소비자들을 위한 마케팅을 시행한 적이 없다. 브랜드 자체보다 한국 화장품이라는 이유로 '무작정' 팔렸던 시기였고, 그래서 한한령과 드세진 반한감정과 함께 사그라지게 되었다.

하지만 일본과 미국은 사뭇 다르다. 물론 K컬처가 저변에 확산된 효과가 있지만, 미샤는 이미 2010년 초반부터 일본 시장에서 터를 닦았다. 2020년 이후 성공한 대표 브랜드들인 코스알엑스, 아누아, 스킨1004, 티르티르를 보면 그야말로 광활한 황무지에 하나하나 묘목을 심어 나가듯 몇 년을 꼬박 매달려 마케팅과 제품 개발에 온 힘을 쏟았다. 티르티르 본사에는 한 층 전체가 일본 부서이다. 1~2시간에 한 번씩 온라인상 고객 리뷰와 후기를 모니터링하고 있다.

2022년에 출시한 달걀 모양의 쿠션 제품 마스크 핏 쿠션 라인을 히트시킨 것도 우연이 아니다. 습도가 높은 일본 기후 특성을 감안해 높은 메이크업 지속력으로 고객 수요에 부응했다. 티르티르가 미국에서 인기를 끈 것도 동양인 피부 톤에 맞춰 판매하던 3개 색상을 30개까지 늘려 다양한 인종과 피부톤을 모두 아우를 수 있게 한 것이 주효했다. 철저한 현지화이다.

미국 화장품 시장에서 성공한 대표 브랜드인 코스알엑스의 마케팅은 아마존 내에서도 교과서이다.

"코스알엑스는 모범생이었다. 아마존 고객을 유입시키기 위해선 우선 아마존 밖에서 마케팅을 진행해야 하는데, 이때 활용한 것이 북미 지역의 마이크로 인플루언서이다. 밖에서는 인플루언서 콘텐츠를 통해 제품을 홍보하고, 아마존 내에서는 구매 전환을 유도할 수 있는 콘텐츠를 준비했다. 이 과정에서 인플루언서 콘텐츠와 아마존 내 상세페이지 콘텐츠가 일관성을 갖도록 구성한 것이 핵심이다."[3]

틱톡 마케팅 성공 사례로 유명한 아누아 대표는 틱톡 마케팅 영상을 분석, 비교, 조사하느라 매일 밤 12시를 넘기고 있다. 인디 브랜드 C사의 대표는 출근할 때마다 운전 중 새로 올라온 틱톡 영상을 자동으로 넘기면서 듣는 게 일상이다. 지금처럼 피보팅Pivoting이 빠른 시기에는 하루도 소비 트렌드의 민감한 변화를 놓치면 안 된다고 생각하기 때문이다. 이런 마케팅에 왜 유독 한국 화장품 브랜드들이 몰두했고, 또 상대적으로 강했을까? 여기에도 지역별로 다른 배경이 있다. 일본과 미국 시장에서 한국 화장품이 성공할 수 있었던 이유를 좀 더 자세히 살펴보자.

---

[3] 뷰티누리, 2024. 2. 23.

일본 : 고령화와 잃어버린 30년의 빈틈을 노리다

일본이 약한 색조 시장에 집중하다

일본 화장품 시장은 미국, 중국에 이어 세계 3위 규모이다. 2022년 기준 일본 화장품 시장 규모는 367억 달러로 세계 화장품 시장의 5.3%를 차지하고 있다. 규모는 큰데 성장률은 미진하다. 세계 화장품 시장 규모가 2012~22년 10년간 연평균 3.7% 성장할 때 일본 화장품 시장은 연평균 2.1% 성장하는 데 그쳤다. 시장 규모 톱 20 국가 가운데 프랑스와 함께 가장 낮은 성장률을 보이고 있다. 일본 GDP 성장률이 정체 상황인 걸 감안하면 그래도 양호한 성적일지 모른다.

■ 표 1. 글로벌 화장품 시장 규모 톱 20 ■

(백만 달러)	2011	2012	2013	2014	2015	2016	2017	2018	2019	2020	2021	2022	2023E	2024E
미국	57,953	61,143	67,376	64,509	69,826	72,941	75,937	78,770	80,429	85,888	96,233	105,165	111,269	115,916
중국	31,756	32,740	38,554	38,626	41,115	43,590	48,088	54,208	61,940	72,439	79,274	74,254	80,981	86,537
일본	27,757	31,049	31,735	31,683	32,862	33,433	34,364	35,160	35,677	35,378	35,128	36,728	38,682	40,142
브라질	16,854	18,317	31,915	22,991	21,981	22,766	23,536	24,688	25,714	22,042	22,141	24,926	27,069	29,259
독일	12,825	14,037	15,243	14,480	15,163	15,448	15,832	16,185	16,540	18,330	18,401	20,083	21,693	22,618
영국	13,606	12,550	13,414	13,346	13,512	13,916	14,343	14,600	14,636	15,301	15,915	17,002	18,359	19,155
인도	3,208	4,048	8,989	5,402	8,554	9,359	10,200	11,180	12,113	12,700	14,050	15,617	17,119	18,698
한국	8,336	8,766	10,097	9,875	11,068	11,988	12,134	12,170	12,281	12,756	13,809	14,407	15,492	16,319
프랑스	12,038	12,228	13,071	12,323	13,032	12,830	12,727	12,652	12,553	13,208	13,492	14,334	14,994	15,366
이탈리아	8,471	8,921	9,307	8,717	9,277	9,310	9,483	9,624	9,743	9,861	10,728	11,479	12,367	12,713
멕시코	6,033	5,574	7,576	6,041	7,124	7,710	8,321	8,756	9,108	8,577	9,453	10,413	11,518	12,439
스페인	7,056	6,880	6,945	6,651	6,976	7,153	7,313	7,493	7,681	7,616	8,332	9,323	9,763	10,179
러시아	5,756	5,545	9,725	5,883	7,782	8,468	8,730	8,864	9,015	8,239	8,556	9,163	9,167	9,293
캐나다	5,593	5,591	6,586	5,825	6,350	6,497	6,624	6,772	6,919	7,121	7,470	8,296	8,819	9,239
인도네시아	1,877	2,118	3,405	2,915	3,726	4,141	4,552	5,037	5,503	6,611	7,172	7,896	8,676	9,374
태국	3,070	3,224	3,954	3,726	4,763	5,073	5,416	5,794	6,182	6,657	6,772	7,419	8,305	8,996
호주	3,893	4,540	5,337	4,863	4,970	5,241	5,506	5,792	6,094	6,580	6,987	7,445	8,122	8,668
사우디아라비아	2,789	3,193	4,256	4,086	4,983	5,027	4,801	4,839	4,792	4,906	5,316	6,048	6,670	7,317
전체 시장	289,840	303,553	317,846	322,908	374,538	390,667	376,033	395,348	414,360	402,842	434,885	469,578	503,700	530,893

자료 : 한국보건산업진흥원, 메리츠증권 리서치센터

일본은 세계 최고의 화장품 기술력을 자랑한다. 특히 기초 분야는 누가 뭐래도 으뜸이다. 세계화장품학회IFSCC : International Federation of Societies of Cosmetic Chemists에서 20년 동안 1등을 독식해 온 팀이 시세이도 연구진이다. IFSCC는 전 세계에서 가장 큰 화장품 학회이다. 매년 전 세계 주요 도시를 돌면서 열리는데 로레알, 시세이도부터 아모레퍼시픽, LG생활건강, 네오팜 등 브랜드 회사, 인터코스, 코스맥스, 한국콜마 같은 ODM 업체, 선진뷰티사이언스 같은 원료 회사들도 참여해서 새로운 연구 성과를 발표한다. 업체별 화장품 R&D 역량을 비교할 수 있는 척도라고 볼 수 있다.

매년 700여 편의 논문 초록이 심사대에 오르고 그 가운데 70여 편이 본선에 올라 발표 기회를 갖는데, 한국은 통상 7~10개 정도 논문을 발표하고 있다. 2014년 아모레퍼시픽에서 당시 엄청나게 선풍적인 인기를 끌었던 쿠션에 대해 발표할 때 회의장의 반응은 시큰둥했다. 그만큼 이전에는 한국의 화장품 기술을 무시했는데, 2020년 이후부터는 분위기가 많이 달라지고 있다. 한국 회사 연구원들의 발표에 귀를 기울이고 질문이 쇄도하는 모습이 나타나고 있다. 최근 한국 화장품 산업의 달라진 위상을 느낄 수 있는 부분이다.

그런데 일본 화장품 시장의 특이한 현상은 색조 비중이 대단히 낮다는 사실이다. 색조와 스킨만으로 한정해서 비중을 보면 20%에 불과하다. 글로벌 평균 비중이 29%이다. 미국은 46%에 이를 정도로 색조 화장품이 발달해 있다. 일반적으로 서구에 비해 자신을 두드러지게 보이는 것을 저어하는 동양의 문화가 작용했을 수 있다.

평균적으로 동양 국가들의 색조 비중이 서구권 국가들보다 낮은 게 사실이다. 하지만 일본은 한국의 26%보다도 현저히 떨어진다.

실제로 메이저 브랜드 업체들은 색조에 손대지 않았다. 일본 최대 화장품 기업인 시세이도SHISEIDO는 국내외 29개 브랜드를 보유하고 있지만 로컬 색조 브랜드는 3개뿐이다. '쁘띠프라'[4] 브랜드로 한정하면 2개이다. 다른 기업도 상황은 다르지 않다. 카오KAO의 뷰티 브랜드 27개 중 중저가 색조 브랜드는 1개뿐이며, 코세KOSE도 2개 브랜드에 그친다.

일본 로컬 색조 브랜드의 특징을 살펴보면 화장품의 제형과 컬러가 제한적이다. 일본 최대의 메이크업 브랜드 마끼야쥬MAQUILLAGE의 립스틱 1개 시리즈의 컬러는 5~6개에 불과하며, 립 제품 라인업도 4개 정도이다. 립제품의 총 SKUStock Keeping Unit가 30개 남짓이다. 10대 후반에서 20대 초반을 타깃으로 하는 시세이도의 마죠리카 마죠르카MAJOLICA MAJORCA, 인터그레이트INTEGRATE의 상황도 다르지 않다.

일본 로컬 중저가 색조 브랜드 경쟁력 저하의 원인은 무엇일까? 한국과 미국 메이크업 시장의 고성장과 대비하여 볼 필요가 있다. 한국은 2003년 이후 원브랜드숍이 '가성비 높은 혁신적 카테고리' 화장품의 시대를 이끌었다. 원브랜드숍을 중심으로 중저가 브랜드들이 자체 유통망을 가지고 브랜드를 전개했다. 치열한 경쟁은 말할 것도 없다. 그 결과, 한국 중저가 색조의 카테고리와 SKU가 다양

---

4 쁘띠 프라이스의 약자로, 저렴하지만 가격 대비 성능이 좋은 제품을 말한다.

화되었고, 이렇게 축적된 K뷰티의 자산이 온라인화의 파도를 타고 벤처/인디 브랜드의 경쟁력으로 이어졌다.

미국은 온라인 SNS를 통한 인디 브랜드가 활발히 전개되고 있다. 카일리 제너Kylie Jenner의 '카일리코스메틱Kylie Cosmetics', 셀레나 고메즈Selena Gomez의 '레어뷰티Rare Beauty' 등 셀러브리티 론칭 브랜드가 미국 시장에서 입지를 다졌다. 세계 최대의 화장품 시장과 엔터테인먼트 사업이 결합되며 시너지 효과를 창출한 것이다. LVMH가 리한나Rihanna와의 합작을 통해 '펜티뷰티Fenty Beauty'를 론칭하고, 코티가COTY 킴 카다시안Kim Kardashian의 'KKW뷰티' 지분을 인수하는 등 글로벌 럭셔리 브랜드사도 셀러브리티 브랜드 시장에 대해 전향적인 태도를 취하고 있다.

일본은 '잃어버린 30년'으로 인해 MZ 세대, 즉 가장 메이크업 수요가 많은 세대의 구매력이 현저히 낮은 상황이다. 일본 MZ 세대는 저렴한 쁘띠프라 제품을 선호하는 경향이 뚜렷하다. 드럭스토어에서 백화점 브랜드와 유사한 저가 상품을 찾아내 SNS로 공유하는 모습을 많이 볼 수 있다. '샤넬 하이라이트 스틱'과 비슷하다는 이유로 힌스hince와 에튀세ettusais 제품이 인기를 끌기도 했다.

일본 색조 시장의 부진은 일본의 노령화도 중요한 원인으로 볼 수 있다. 2019년 통계국 조사에 따르면 10~20대 비중이 19%이다. 쁘띠프라 메이크업 주요 수요층인 15~29세 인구 비중은 15%에 불과하다. 반면 65세 이상 노령인구는 28%나 되는데, 일본 사회의 자산은 중·노년층에 편중되어 있다. 잃어버린 30년으로 10~20대의 가

처분 소득은 윗세대에 비해 현저히 적다.

대기업들 입장에서는 MZ 대상 카테고리가 그다지 매력적이지 않다. 50세 이상이 가장 수요가 크기 때문에 메이저 브랜드 업체들이 기초와 럭셔리 카테고리에 집중하게 되었다. 화장품 대기업 포트폴리오가 중장년층, 럭셔리, 해외에 집중되는 것도 당연한 귀결이다. 벤처 브랜드가 없으니 시장에 활력을 불어넣어 줄 M&A 시장도 마땅치 않고, 공급이 수요를 촉발시키기 어렵다. 악순환이다.

일본의 지나친 '장인정신' 역시 색조 시장 발전을 저해하는 요인이 된다는 지적도 있다. 오랫동안 일본 화장품 시장에서는 '원료'의 '안정성'과 '고객들의 안심', 그리고 그 기초가 되는 '품질관리'를 가장 큰 자랑으로 여기며, 중요한 가치로 삼아 왔다. 일본의 화장품 중소기업 대표와 만나면 원료 이야기만 한다고 한다. 5~6년 동안 연매출이 10억 원밖에 되지 않는데도 매출의 규모와 속도에 대해서는 아무런 관심이 없는 것 같다고 한다. 이런 성분 위주의 장인정신이 일본을 최고의 화장품 기초 국가로 만들었는지 모른다. 하지만 굉장히 트렌디한 색조 카테고리와는 거리가 멀다. 색조는 트렌드에 민감한 만큼 피보팅이 빨라야 한다. 조직이 유연해야 하고 실패할 위험도 크기 때문에 그런 리스크 테이킹 Risk Taking에 불안이 없어야 한다. 일본의 장인정신 문화와는 대척점에 있다고 볼 수 있다.

아울러 같은 동양권이지만 한·중·일 삼국 가운데 가장 자신을 드러내는 것을 싫어하는 일본 문화도 색조 시장 위축의 저변에 깔려 있는 듯하다. 일본에서는 약속을 하고 나갈 때, 회의가 있을 때, 스시 먹으러 갈 때 향수를 뿌리고 가는 것은 실례라고 한다. 여름에 무덥고 땀이 많이 나기 때문에 무향을 내는 시장은 크지만 자신만의 향을 내는 향수 시장은 대단히 작다.

도쿄에는 조향사가 10명이 채 안 된다고 한다. 향수 문화가 존재하지 않는 것이다. 그래서 일본을 '향수 사막'이라고 부른다. 유럽을 중심으로 한 향수 브랜드들이 일본에 돈을 쏟아 부어도 성과가 나오지 않자 일본의 향수 시장을 이렇게 부르기 시작했다. 실제로 일본 화장품 시장에서 향수 비중은 2%가 채 안 된다. 글로벌 평균 12%, 중국 11%, 한국 5%의 절반도 안 된다.

■ 표 2. 주요 국가별 색조/향수 화장품 비중 ■

국가	구분	2015	2016	2017	2018	2019	2020	2021
글로벌	색조	16.1%	16.6%	16.9%	16.8%	16.6%	14.2%	14.2%
	향수	11.8%	11.8%	11.7%	11.7%	11.6%	10.7%	11.6%
미국	색조	22.5%	23.3%	23.9%	23.4%	22.4%	18.1%	19.0%
	향수	11.2%	11.0%	10.9%	10.9%	10.8%	10.0%	12.8%
프랑스	색조	12.5%	12.7%	12.8%	12.7%	12.6%	9.6%	9.3%
	향수	19.4%	19.3%	19.4%	19.3%	19.3%	19.7%	21.9%
중국	색조	16.1%	16.6%	16.9%	16.8%	16.6%	14.2%	14.2%
	향수	11.8%	11.8%	11.7%	11.7%	11.6%	10.7%	11.6%
일본	색조	19.8%	20.1%	20.2%	20.4%	20.3%	15.4%	13.2%
	향수	1.6%	1.6%	1.7%	1.8%	1.8%	1.7%	1.9%
한국	색조	18.7%	19.8%	20.3%	20.3%	20.1%	19.9%	18.2%
	향수	3.9%	3.9%	4.0%	4.1%	4.2%	4.8%	5.0%

자료 : 한국보건산업진흥원, 메리츠증권 리서치센터

결국 일본 화장품 시장, 특히 색조 시장에서 한국 화장품의 선전은 일본 화장품 시장 구조의 영향이 크다. 럭셔리 시장은 시세이도, 카오(카네보), 코세 같은 일본 로컬 대형 브랜드 업체들이 석권하고 있다. 높은 퀄리티와 기술력을 바탕으로 브랜드력은 글로벌 톱 수준이다. 하지만 저성장과 고령화, MZ 세대들의 경제력 저하 등으로 이들 일본 로컬 대형 브랜드 업체들은 일찌감치 해외로 눈을 돌렸다. 자국 내 중저가 브랜드들을 M&A하거나 브랜드 포트폴리오를 확대하는 대신 선진시장에 집중했다. 시세이도는 2019년 '드렁크 엘리펀트Drunk Elephant'를 인수하는 등 북미 브랜드 위주의 M&A에 집중하였고, 카오와 코세도 북미/유럽 등 선진시장 위주의 판매 확대에 초점을 맞추는 유사한 전략을 차용했다. 결과적으로 일본 시장에서 로컬 브랜드 업체들의 중저가 라인업은 상당히 약해졌다. 인디 브랜드들도 찾아보기 힘들었다. 불모지였다고 해도 과언이 아니다.

온라인 유통 본격화는 또 하나의 기회다

일본 시장조사기업 '인테지INTAGE'가 최근 발표한 일본 내 K뷰티에 대한 조사보고서에 따르면, 2019년 51억 엔 규모에 그쳤던 일본의 K뷰티 시장 규모가 2023년에는 약 6배인 313억 엔까지 확대되었다.[5] 지난 5년간의 시장 규모 확대를 품목별로 살펴보면 스킨케어는 10배 이상, 포인트 메이크업은 15배 이상 성장을 기록했다.

시세이도, 코세, 카오 등 일본 주요 화장품 업체들은 저가 시장에 관심이 없었지만, 한국 화장품 업체들은 달랐다. 중국 모멘텀이 사라진 상황에서 한국 국내는 경쟁이 치열했고, 살아남기 위해 일본 온라인 시장에 중저가 제품을 굉장히 많이 깔았다. 정신없이 마케팅하면서 2년 남짓 시간을 보내고 코로나19가 끝나고 보니 한국이 일본의 화장품 수입국 1위가 되었다는 것이다.

■ 표 3. 일본 화장품 수입 국가별 순위 ■

2018년				2024년			
순위	국가명	수입액 (백만엔)	수입비중 (%)	순위	국가명	수입액 (백만 엔)	수입비중 (%)
1	프랑스	53,028	34.7	1	한국	110,387	40.4
2	한국	24,402	15.9	2	프랑스	71,194	26.0
3	미국	23,341	15.3	3	미국	25,057	9.2
4	중국	10,049	6.6	4	중국	20,794	7.6
5	영국	8,062	5.3	5	이탈리아	11,135	4.1
6	이탈리아	5,784	3.8	6	영국	5,791	2.1
7	베트남	3,808	2.5	7	캐나다	3,217	1.2
8	독일	3,715	2.4	8	독일	2,616	1.0
9	태국	3,628	2.4	9	말레이시아	2,517	0.9
10	벨기에	2,696	1.8	10	호주	2,483	0.9
총계		153,001	-	총계		273,543	-

자료 : KITA, 메리츠증권 리서치센터

5 뷰티누리, 2024. 5. 14.

한국 화장품의 공세에 일본 메이저 브랜드들의 색조 카테고리는 더 약해졌다. 시세이도는 색조 사업 부진을 만회하기 위해 건강식품 사업을 시작했고, 카오와 코세는 저가 메이크업 사업에서 철수했다. 브이티 대표는 일본 최대 총판 업체인 '이다'한테서 직접 연락이 온 날을 생생히 기억했다. 예전에는 아무리 연락을 해도 어림없었던 유통 벤더이다.

한국 화장품이 일본에 유통을 본격화할 수 있었던 환경에는 코로나19 시기 이후 본격화된 일본 유통 시장의 이커머스 확대를 빼놓을 수 없다. 전 세계적으로 인디 브랜드가 빠르게 효율적으로 확산될 수 있었던 배경 역시 이커머스 확대와 SNS의 보편화에 있다. SNS를 통해 브랜드 아이덴티티identity를 홍보하고, 인플루언서 마케팅을 활용하여 로열티 높은 팬층 확보가 용이해졌다. 오프라인 유통은 차후 문제이다.

사실 온라인화라는 전 세계적 트렌드에서 일본은 빗겨 나 있었다. 2019년 기준 일본의 화장품 유통 채널 중 최대 비중은 드럭스토어(36%)이다. 온라인 판매 비중은 9%에 불과하다. 코로나19 이후 온라인 침투율이 3~4%p 상승했으나, 여전히 다른 나라에 비하면 낮은 수준이다. 드럭스토어 진입이 인디 브랜드의 매출과 인지도에 절대적인 영향을 끼칠 수밖에 없는 상황이다. 드럭스토어 진입은 현지 총판을 통해야 하는데 이들 총판과의 연결이 쉽지 않다. 일본 오프라인 유통 시장은 철저히 인적 네트워크에 의해 움직이는 대단히 폐쇄적인 구조이다.

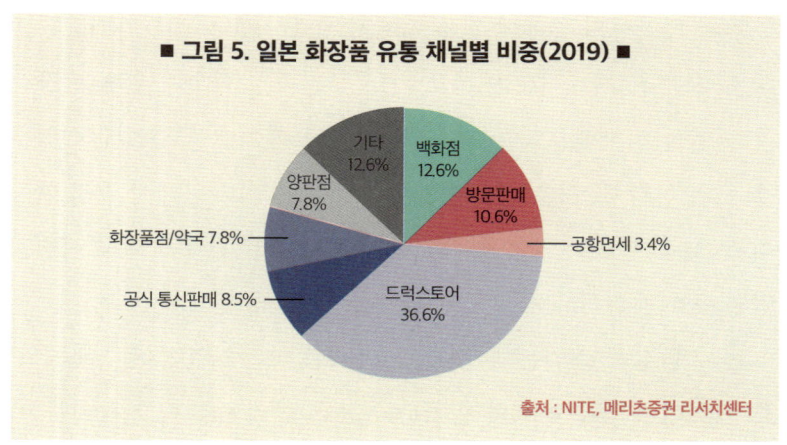

그럼 왜 일본 화장품 유통 채널은 10년간 정체되어 있었을까? 즉 온라인 채널은 왜 성장을 하지 못했는가?

첫째, 역시 일본의 노령화가 가장 큰 원인이다. 경제는 정체돼 있었고, 보수적인 대기업들 입장에서는 MZ 세대 대상 채널에 신규 마케팅을 확대할 이유가 없었다. 50세 이상이 주로 많이 찾는 드럭스토어 매대에 가장 영업 비중을 많이 두는 것은 당연해 보인다.

둘째, 온라인 시장 확대에 비우호적인 택배 산업 구조도 역할을 했다. MZ 세대들도 온라인 채널을 그다지 선호하지 않는다. 배송비가 기본 1,000엔(약 1만 원) 이상이라[6] 선뜻 온라인 배송을 선택하기 부담된다. 더불어 드럭스토어 점포 수가 2만 개 이상으로 웬만한

---

[6] 가로+세로+높이 합으로 택배비가 책정된다. 100cm 기준 택배비용 1,100엔 이상이 일반적이며, 60cm 이하도 700엔 이상이다.

생활필수품은 드럭스토어/편의점에서 구매할 수 있어 충분한 접근성을 확보하고 있다. 아울러 택배 수령 시 직접 사인/도장을 찍어야 하는 방식도 불편함을 높였다. 그나마 코로나19 이후로는 택배 박스, 문앞 수령 설정 등 비대면 배송 방식이 늘어나는 추세이다.

이런 일본도 코로나19로 조금씩 변하기 시작했다. 이커머스 소비가 빠르게 증가하게 된 것이다. 또한 뭔가 도약을 꿈꾸는 큐텐재팬[7]이 있었다. 일본 4위 이커머스 업체인 큐텐재팬 성장 배경에는 'K브랜드'가 있다. K뷰티, K패션과 더불어 K식품, K엔터까지 다양한 카테고리의 제품이 인기를 끌면서 성장세를 이끌었다. 실제 K브랜드는 큐텐재팬의 최대 할인행사 '메가와리'에서 랭킹 상위권을 휩쓰는 등 인기를 얻고 있다.

이후 큐텐재팬은 다양한 서비스를 선보이며 성장가도를 달리고 있다. 2018년 1,000만 명 수준이던 회원 수는 매년 20~30%씩 성장하며 2023년 기준 2,300만 명을 넘어섰다. 주 고객층은 10대에서 30대로 전체 회원 수의 71%를 차지하며 여성 비율은 80%에 달한다. 화장품 매출 비중이 70%에 이를 정도로 일본 MZ 세대의 뷰티 전문 이커머스 플랫폼이라고 해도 과언이 아니다. 분기별로 진행하는 할인 행사 메가와리는 19회 연속 역대 최고 거래액을 달성하며 큐텐재팬을 상징하는 대표 프로모션으로 자리 잡았다.

---

[7] 이베이재팬에서 운영하는 회사로 최근 판매대금 미정산 사태를 빚은 큐텐(Qoo10)과는 관련이 없는 별도 회사다. 2010년부터 시작된 큐텐재팬은 2018년 4월 이베이가 큐텐의 일본사업부문을 인수한 후 그해 8월 이베이재팬 합동회사로 사명을 변경했다.

■ 표 4. 2024년 4분기 큐텐 메가와리 행사 종합 순위(2024. 11. 22.) ■

제품	누적 판매액 (백만 엔)	단가 (엔)	판매량 (개)	회사명
아누아 매직 기획 세트(박스)	750	5,600	133,929	더파운더즈
브이티 마스크 1+1 선택	220	1,815	121,212	브이티
메디큐브 에스테틱 선물 기획 세트(박스)	210	5,800	36,207	에이피알
브이티 TX 10주년 기념 자랑 쌩얼 세트	210	5,400	38,889	브이티
달바 한국 1위세트(히카루 콜라보)	170	7,360	23,098	달바글로벌
아누아 아젤라산 15 인텐스 카밍 세럼	170	2,240	75,893	더파운더즈
스킨천사 선택 피부 보답 세트(나나 콜라보)	150	4,000	37,500	크레이버
퍼펙트 원 포커스 클렌징밤 2입 세트 (치이카와 한정 디자인)	140	4,704	29,762	신일본제약
넘버즈인 5번 글루타치온C 백설 피부 세트 (히카루 콜라보)	130	5,520	23,551	비나우
메디큐브 AGE-R 부스터 프로(히카루 콜라보)	130	27,000	4,815	에이피알

자료 : 큐텐, 메리츠증권 리서치센터

    큐텐재팬과 한국 화장품은 암묵적으로 기가 막힌 전략적 동반자 관계가 되었다. 일본 온라인 시장에서 톱 5 안에도 들지 못했던 큐텐은 일본 최대 한국 화장품의 온라인 플랫폼이 되면서 매출이 급증하고 있고, 한국의 중소 화장품 브랜드 중 대다수가 큐텐을 통해 일본 시장에 진출하고 있다. 한국 브랜드들은 이를 통해 일본 MZ 세대들에게 접근성을 크게 높였다. 실제로 한국 화장품의 경우는 큐텐재팬이 50% 이상, 라쿠텐과 일본아마존 등이 나머지를 조금씩 유통하고 있다.

    이러한 큐텐재팬의 성장세에 라쿠텐과 일본아마존도 화장품 비중을 빠르게 올리고 있다. 과거 라쿠텐은 일본 로컬 브랜드 위주로 화장품을 판매해 왔다. 한국 브랜드 업체에게는 코드 등록도 해 주지 않고, 어떤 업체는 9개월 동안 정산을 받지 못하기도 했다는데 격세지감이다. 라쿠텐에서 한국 화장품 유통액은 최근 5년 새 8.4배나 증가했고, 입점 업체 가운데 연간 베스트 쇼핑몰을 뽑는 '올해의 라쿠텐숍'에서도 2021년부터 3년 연속 K뷰티가 1위로 선정되고 있다.

물론 그래 봐야 일본 화장품 시장의 온라인 매출 비중은 10% 초반대에 머물러 있지만, 전체 평균 8% 대비해서는 상당히 높은 수준

■ 표 5. K뷰티 앳코스메 어워즈 수상 주요 제품 ■

제품명	티르티르 마스크핏 레드 쿠션	넘버즈인 비타민C 글루타치온 필름팩	VT 리들샷 100	롬앤 글래스팅 멜팅밤	롬앤 쥬시 래스팅 틴트	COSRX 펩타이드 스킨 부스터 세럼
사진						
회사명	티르티르	비나우	브이티	아이패밀리에스씨	아이패밀리에스씨	코스알엑스
주요 수상내역	2023 베스트코스메 어워드 베스트 쿠션/파데 1위	2024 상반기 베스트코스메 어워드 베스트 시트마스크 신작 3위	2023 베스트코스메 어워드 베스트 부스터 1위	2023 상반기 베스트코스메 어워드 베스트 립스틱 신작 2위	2021,2022 베스트코스메 어워드 베스트 리퀴드 루즈 3위	2024 상반기 베스트코스메 어워드 베스트 부스터 신작 2위

자료 : 각 사, 앳코스메, 메리츠증권 리서치센터

이다. 일본의 중저가 화장품 시장의 흐름은 누가 뭐라 해도 온라인으로 향하고 있다. 화장품 구입 시 SNS를 참고하는 20~30대 비중은 50%를 넘어서고 있고, 최근 유튜브 등 동영상을 참고하는 비율이 빠르게 상승하고 있다. 또한 앳코스메(@cosme) 같은 화장품 리뷰 플랫폼의 어워드 수상 여부를 점점 중시하고 있다.

온라인 채널은 일본 시장에 신규 진입하는 한국 화장품 브랜드 업체들에게 여러 가지 의미에서 기회였다. 온라인은 오프라인과 달리 상세페이지를 통해 브랜드의 아이덴티티와 제품의 특징을 자세히 전달할 수 있다. 제품 1개 단위로 진열되는 드럭스토어에서는 기대하기 힘든 일이고, 버라이어티숍에는 브랜드 매대 단위로 입점하지만 역시 소비자에게 전달력은 한계가 있다.

아울러 한국 브랜드들의 많은 SKU를 같이 보일 수 있었다는 점도 긍정적이다. 일본 로컬 중저가 색조 SKU는 그 수가 많지 않은 반면, 한국 브랜드는 컬러뿐만 아니라 제형, 카테고리, 성분에서도 세분화되어 있는 게 강점이다. 이런 특징을 온라인상에서 소비자에게 잘 어필할 수 있었다. 이런 이유로 새로운 제형인 틴트와 쿠션이 부각될 수 있었고, 시카와 리들샷이 일본 트렌드의 중심에 설 수 있게 된 것이다. 실제로 롬앤, 클리오, 브이티 등 일본 주요 진출 브랜드의 온라인 매출 비중은 40%를 넘는다.

영업 측면에서 특이한 점으로는 온라인 채널의 경우 각 브랜드의 한국 본사 영업에서 직접 MD와 연락을 주고받으면서 마케팅과 입점 등 일정을 짜고 진행하는 경우가 많다. 그래서 매출이 본사로 계상된다. 반면 일본 오프라인은 현지 중간 벤더를 통해서 입점할 수 있기 때문에 현지 법인을 두고 사업을 진행하는 경우가 많고, 그래서 일본 법인 매출로 잡힌다. 따라서 일본 매출을 온전히 계산하려면 일본 현지 법인 매출에 본사 온라인 매출의 일본 부분을 합산해야 한다.

일본 ODM 역량의 한계

마지막으로 인디 브랜드 제품력의 기반인 ODM 산업이 발달하지 못했다. 일본 ODM 시장 규모는 2019년 기준 3,460억 엔으로 한국 ODM 시장 규모의 65% 수준에 불과하다. 일본 화장품 시장 규모에 비해 ODM 규모가 턱없이 작다. 일본 화장품 시장은 자체 생산 비중이 높고, 여전히 ODM보다는 OEM 비중이 높다. 기초/럭셔리 화장품 기술력은 일본이 한국보다 위에 있지만, ODM 역량은 한국보다 10년 이상 뒤처져 있다는 자체 평가가 나올 정도이다.

최근 한국 중저가 브랜드의 약진으로 일본 OEM 업체들의 각성이 일고 있다고 한다. 즉 자신들도 OEM에서 ODM으로 넘어가야 한다는 인식이 확산하고 있다는 것이다. 실제로 ODM 역량 확대를 위한 M&A와 설비 투자가 이뤄지고 있다. 하지만 그마저도 일본의 보수적인 장인정신 문화, 밸류체인의 구조적인 한계 등으로 발목이 잡히는 실정이다. 이에 대해서는 뒤에서 더 자세히 다루겠다.

결국 MZ 세대의 낮은 구매력과 높은 오프라인 비중, 그리고 ODM 역량의 한계로 인해 일본 로컬 중저가 메이크업 브랜드는 도약의 시기를 놓쳤다. 이러한 틈을 비집고 한국의 브랜드가 입지를 굳게 다지는 중이다. 브이티, 롬앤, 클리오, 아누아, 미샤, 라네즈 등 유수의 한국 브랜드들이 일본에서 좋은 성적을 거두고 있다. 일본 10대의 73%, 20대의 62%가 한국 화장품을 사용했거나 사용하고 있다.[8]

---

[8] CMN, 2023. 3. 9.

미국 : MZ 세대 수요에 완벽한 퍼즐 맞추기

새롭게 열린 틈새시장 중저가 '기초'

사업을 흔히 '운칠기삼運七技三'이라고 한다. 또 사업은 '버티는 게 실력이고, 성공은 운이다.'라고 하기도 한다. 그만큼 사업의 성공은 운이 좌우한다는 얘기다. 최근 제닉의 가파른 실적 개선과 주가 상승을 보면 절로 고개가 끄덕여지는 말이다. 이미 10년 전에 유행했던 하이드로겔 마스크가 미국에서 갑자기 '대박'이 날 줄 누가 알았겠는가? 뷰티셀렉션의 '바이오던스'가 2024년 미국 아마존의 블랙 프라이데이와 사이버 먼데이BFCM 기간 내내 뷰티 카테고리 전체에서 1위를 달성하였고, 이 제품을 ODM 공급하는 제닉의 주가는 몇 달

사이에 10배 상승했다.

미국은 색조 비중이 대단히 높은 나라이다. 기초와 색조만으로 구분해 볼 때 글로벌 평균 색조 비중은 29%인 데 비해 미국은 46%로 한국(26%), 일본(20%)에 비하면 압도적으로 높다. 그래서 미국 색조 시장은 대단히 탄탄하다. 고가는 물론이고 중저가 역시 셀럽들이 만든 인디 브랜드들이 시장을 뒤덮고 있다. 리한나의 펜티뷰티는 유색 인종을 위한 메이크업으로 연 매출 규모가 6억 달러에 이르며, 히스패닉 브랜드인 레어뷰티(셀레나 고메즈)도 3억 5,000만 달러에 달한다. 카일리코스메틱의 모델 카일리 제너는 전 세계 팔로워 숫자가 4억 명이나 된다. 감히 한국의 색조 브랜드가 끼어들 틈이 없다.

그런 색조의 나라에 변화가 생기기 시작했다. 코로나19 때문이다. 코로나19로 외출이 크게 줄어들면서 미국에서는 MZ 세대를 중심으로 화장품과 관련된 2가지 현상이 생겨났다.

첫째, 기초, 특히 기능성 화장품에 대한 관심이다. 그동안 맨날 밖으로 뛰어나가 놀 때는 색조 화장품으로 대충 '커버'만 했던 여드름, 잡티가 크게 보이기 시작했다. 장시간 마스크 착용에 따른 피부 트러블 문제가 SNS상 핵심 주제로 다뤄졌다. 기능성 스킨케어 제품과 더마 코스메틱 판매가 늘기 시작했다.

둘째, 한국 화장품에 대한 관심이다. 클렌징 이후 토너, 에센스 등 최대 7개의 기초 제품을 겹겹이 쌓는 '글래스 스킨 Glass Skin'[9]에 대해서 회의적이었던 미국인들이 각종 K드라마와 K팝 공연에서 한국

연예인들의 피부를 보고 '전향'을 하게 되었다. 이제 매끄러운 피부 표면과 탄력, 보습 등을 높여 피부를 드러내는 것에 관심이 커진 것이다.

여기서 잠깐 미국 MZ 세대 화장품 소비 특징을 살펴보면 다음과 같다.

첫째, 가성비를 중시한다. 미국에서는 2023년부터 Dupe^{Duplication}(복제품) 소비가 확산하고 있는데, Dupe는 성분과 성능이 유사한 고가 제품의 대체재를 의미한다. 이는 물가 상승으로 구매력이 하락하면서 발생한 현상이라고 할 수 있다.

둘째, 온라인 구매를 선호한다. 2022년 미국 화장품 온라인 판매액은 186억 달러(YoY 19.6%)로 2026년까지 연평균 13% 고신장이 전망되고 있다. 전체 화장품 판매에서 온라인 비중은 2022년 21%에서 2030년 30%까지 상승할 것으로 예상되고 있는데, 2023년에 이미 26% 수준까지 올라선 것으로 파악되고 있다.[10]

셋째, 미국의 모든 세대 가운데 가장 화장품 소비 규모가 크다. 미국은 세계 1위 화장품 시장을 자랑한다. 2022년 기준 시장 규모는 1,051억 달러로 전년 대비 9.3% 증가해 글로벌 평균(YoY 8%)을 웃돌았다. 2018~22년 연평균 5% 성장으로 중국과 인도 등을 제외하고 선진국 가운데서는 가장 높은 성장률이다. 이 미국 화장품 시장에

---

9 유리같이 투명하고 모공이 드러나지 않는 피부를 뜻하는 용어로 K뷰티 전문가들이 해외 팟캐스트에서 사용하면서 유명해졌다.
10 아마존/Bain&Company, 2024. 5.

■ 표 6. 미국 화장품 수입 국가별 순위 ■

2018년				2024년			
순위	국가명	수입액 (천 달러)	수입비중 (%)	순위	국가명	수입액 (천 달러)	수입비중 (%)
1	중국	948,748	18.0	1	한국	1,701,482	22.4
2	프랑스	898,253	17.1	2	프랑스	1,262,709	16.6
3	캐나다	796,262	15.1	3	캐나다	1,021,764	13.5
4	이탈리아	553,519	10.5	4	이탈리아	879,190	11.6
5	한국	511,619	9.7	5	중국	671,361	8.8
6	영국	296,806	5.6	6	멕시코	276,180	3.6
7	일본	217,174	4.1	7	영국	250,078	3.3
8	독일	209,467	4.0	8	일본	220,773	2.9
9	멕시코	144,226	2.7	9	독일	214,561	2.8
10	스웨덴	108,407	2.1	10	스웨덴	145,912	1.9
총계		5,259,616	-	총계		7,592,338	-

자료 : KITA, 메리츠증권 리서치센터

서 MZ(18~34세) 세대 고객이 전체의 52% 비중을 차지하고 있다.[11]

넷째, 이들은 화장품 제품 정보를 SNS 플랫폼으로 검색 및 구매하는 경향이 높으며, 인플루언서의 영향력이 확대되고 있다.

---

11 아마존/Bain&Company, 2024. 5.

K뷰티, 혁신의 대명사가 되다

결국 코로나19 이후 미국 화장품 시장에서 '기능성 기초 화장품'을 '온라인'에서 '싸게' 사고자 하는 수요가 '크게' 증가했다. 그런데 미국 셀럽들은 기초 화장품을 출시하지 않았다. 색조는 고가에서 중저가까지 다양한 브랜드가 활발하게 펼쳐져 있지만, 기초에서는 에스티 로더 같은 고가 브랜드 이외에 중저가 특히 기능성 라인은 거의 없다시피 했다. 그 틈새시장을 한국의 인디 브랜드들이 '한류'를 타고 '가성비'와 '혁신성'을 무기로 빠르게 침투에 들어간 것이다.

우선 높은 가성비는 한국 화장품에 대한 매력도를 높이는 요인이다. 5달러 미만의 초저가 중국 화장품 소비가 증가하고 있지만, 아무래도 신뢰성이 떨어지는 만큼 10달러 내외의 한국 화장품이 가장 합리적 대안이 되어 인기를 끌고 있다. 아울러 클렌징/각질 제거/보습/여드름 패치 등 스킨케어 기능성 측면에서 한국 화장품이 높은 평가를 받고 있다.

기존의 서양식 스킨케어는 강한 성분과 강력한 기능을 강조하는 '맥시멈 스트렝스Maximum Strength'로 블랙헤드, 기름진 피부, 막힌 모공을 해결하고 해당 성분을 제거하는 데 집중했다.

반면 한국의 K뷰티가 주도하는 스킨케어는 순한 '피부 장벽 보호Protecting Skin Barrier'로 피부 건강 유지, 수분 공급, 재생, 진정 등 스킨케어와 사전관리 예방에 중점을 둔다. 코스알엑스와 조선미녀는 이러한 흐름과 함께 주도권을 잡게 된 대표적인 미국 내 K뷰티 선두 주

■ 표 7. 아마존이 평가하는 K뷰티 주요 강점 ■

내용	비고
카테고리 다각화를 통한 저변 확대	메디큐브 에이지알(Age-R) 미국 전체 누적 판매 10만 대 이상, 2023년 하반기 월평균 1.2만대 판매(상반기 대비 100% 이상 성장), 글로벌 유튜버 헤일리 비버의 사용 인증으로 바이럴
끊임없는 제품 혁신 및 다양한 원료 중심 셀렉션	유효 성분 흡수를 돕는 시카 리들, 다기능 펩타이드, 초저분자 콜라겐 마스크 등
새로운 시장과 수요를 창출할 수 있는 힘	토너패드, 멀티밤, 아이밤, 립버터, 모델링 마스크 등
원료/성분을 활용한 상품과 라인업 개발을 통해 브랜딩에 활용	달팽이, 트러플, 쌀, 홍삼, 어성초, 꿀, 청귤, 콩, 녹차 등 직관적인 '단어(성분, 특징)'를 강조하여 브랜드 네임과 함께 기억하도록 유도
소셜 미디어를 통한 브랜딩, 인지도 및 트래픽 증대	메디힐 토너패드 틱톡 바이럴을 통한 브랜드 및 상품 인지도 상승, 매출 상승 효과, 이후 빠르게 연관 상품 확장을 통해 연관 구매 유도 통한 객단가 상승 효과

자료 : 아마존, 메리츠증권 리서치센터

자들이다.

아울러 미국 화장품 시장에서 K뷰티는 이제 브랜드화되어 '혁신'의 대명사가 되고 있다. K뷰티를 연상시키는 키워드는 '스킨케어 혁신'이라고 한다. 현대적인 이미지와 효능의 객관적 입증 자료를 바탕으로 시카 리들, 다기능 펩타이드, 초저분자 콜라겐 마스크 등 최첨단 원료/성분 중심의 셀렉션을 펼치고 있기 때문이다. 미국 전체 메이크업 오일 베스트셀러 15개 제품 중 10개가 K뷰티 제품이며, 미국 전체 메이크업 립스테인(Lip stain) 베스트셀러 15개 제품 중 6개가 K뷰티 제품이다.[12] 쿠션 파운데이션, 섀도, 팔레트 등 다양한 메이크업 카테고리 내에서도 성장을 계속하고 있다.

한국 창업자는 마케팅만 잘하면 되었다

마케팅 전략도 주효했다. 한국 화장품 업체들은 틱톡 등 소셜 미디어를 적절히 이용하여 높은 홍보 효과를 얻고 있다. 틱톡에서 'kbeauty' 해시태그를 갖고 있는 영상의 전체 뷰는 5억 뷰에 달할 정도이다. 아마존 한국 화장품 소비자 대부분 틱톡을 보고 구매하는 게 현실이다. 틱톡이 없었으면 한국 인디 브랜드가 미국에서 성공하기 어려웠을 것이라는 의견이 크다. 적절한 시기에 큰 자금 부담 없이 활용하기 아주 좋은 마케팅 툴을 만난 것이다. 실제로 미국의 10~20대들에게 틱톡은 가장 인기 있는 소셜 미디어이다.

중국판 '포브스'로 불리는 후룬연구원은 2024년 중국 최고 부자로 틱톡을 운영하는 바이트댄스ByteDance의 창업자 장이밍(41세)을 선정했는데, 재산 규모가 약 3,500억 위안(약 67조 7,000억 원)이나 된다. Z세대(1990년대 중반~2010년대 초반 출생)에게 특히 인기가 많은 틱톡은 최신 유행 음악과 춤, 밈Meme(인터넷 유행 콘텐츠)을 전 세계에 확산시키는 플랫폼으로 자리 잡았다. 그런데 왜 미국에서 틱톡일까?

화장품 마케터들이 우스갯소리처럼 하는 말이지만 중국인과 일본인, 한국인의 화장 후 인스타그램을 보면 정말 다르다고 한다. 어디서든 드러내는 걸 좋아하는 중국인들은 화장이 예쁘게 되든 그렇지 않든 상관없이 인스타그램에 본인 얼굴을 올린다. 한국인들은

---

12 이데일리, 2024. 6. 28.

화장이 예쁘게 된 경우에만 올린다. 일본인들은 예쁘게 돼도 본인 얼굴이 아닌 캐릭터를 대신 올린다. 틱톡이 중국에서 나온 건 이런 문화와 무관하지 않아 보인다.

틱톡 마케팅 담당자가 말하는 틱톡과 인스타그램 마케팅의 차이도 '평범한 일상'과 '예쁜 일상'에 있다. 틱톡은 주로 일상생활 가운데 독특하고 재밌는 콘텐츠를 편집해서 올리는 경우가 많다. 구찌나 프라다 같은 명품부터 갭이나 나이키 같은 스포츠 캐주얼 브랜드의 마케팅을 보면 틱톡과 인스타그램 콘텐츠의 느낌이 판이하게 다르다. 틱톡 콘텐츠는 인위적인 '작품' 같아서는 안 된다. 미국인들은 여자가 '예쁜 척' 하는 것에 대한 거부감이 크다고 한다. 틱톡은 그런 미국인들의 실용주의적인 '털털함'과 잘 맞아떨어진다.

여기서 또 한 가지 의문이 생긴다. 틱톡은 한국 화장품 브랜드에게만 기회였을까? 그렇지 않을 것이다. 왜 K뷰티 업체들에게 큰 기회 요인이 되었을까? 최근 미국 아마존에서 매출이 급증하고 있는 한 화장품 인디 브랜드 대표의 말에서 그 단서를 찾을 수 있다. 그는 미국 브랜드와 한국 브랜드는 브랜드 빌딩 방법이 다르다고 지적한다. 미국 창업자들은 브랜드의 철학, 정체성 등을 중요시하는 전통적인 생각이 강한 반면, 한국 창업자들은 화장품 브랜드를 철저히 사업의 일환으로 생각한다. 한국 창업자들끼리 모이면 대화 소재의 60~70%는 마케팅이다. 이런 현상은 역설적으로 '마케팅밖에 할 수 없는', 또 '마케팅만 해도 되는' 환경이라서 그런 것 같다.

한국 인디 브랜드가 미국 유통망에 접근할 수 있는 방법은 굉장히 제한적이다. 세포라, 얼타뷰티는 언감생심이고 H마트 같은 한인마트도 중간 벤더를 통하지 않으면 유통하기 어렵다. H마트 'Contact Us'에 아무리 절절하게 이메일을 보내도 묵묵부답이다. 작은 유통 업체일수록 유명하고 큰 브랜드를 전개하길 원한다. 그래야 고객을 모을 수 있기 때문이다. 한국이 미국 시장에 진출할 때 바로 오프라인에 들어간다는 것은 상상도 할 수 없는 일이다.

지금이야 워낙 K뷰티 인지도가 높아져서 스킨1004와 마녀공장도 얼타뷰티나 코스트코에 입점을 하고 있지만, 예전에는 어림도 없었다. 소비자와 만날 수 있는 곳은 아마존이 유일했고, 한국 인디 브랜드 창업자들이 할 수 있는 것은 틱톡에 마케팅하고 인플루언서에게 시딩Seeding 키트를 보내면서 좋은 평가 영상이 올라오길 기도하는 일밖에 없었다.

한편 한국 인디 브랜드 업체들은 마케팅만 잘하면 되는 조건을 갖추고 있었다. 어차피 제조는 코스맥스와 한국콜마가 최신 트렌드에 맞춰 최고의 기술로 전 세계 어디에 내놔도 손색없는 제품을 만들어 준다. 유통은 실리콘투가 책임지고 있다. 더구나 직매입으로 바로 구매대금을 입금시켜 주니 마케팅에 쓸 돈도 넉넉하다. 예를 들어 제품을 만드는 데 5억 원이 투여됐다면 실리콘투에 제품을 넘기면서 바로 10억 원 이상의 현금이 생긴다. 이렇게 좋은 현금유동성을 확보할 수 있는 거래처가 없다. 전방과 후방 산업이 너무나 든든하기 때문에 한국 창업자들은 마케팅 계획만 잘 짜면 되는 것이다.

지금 미국 MZ 세대들에게는 브랜드 이름을 말하는 게 중요하지 않다고 한다. "틱톡에서 봤어요!"라는 바이럴이 훨씬 중요하다. 시대의 패러다임이 바뀌는 것을 한국 브랜드가 운 좋게 굉장히 잘 포착해서 스며든 것이다. 한 인디 브랜드 대표는 미국 인디 브랜드들이 한국 브랜드를 이기기 대단히 어려울 것으로 자신했다. 한국 브랜드들의 마케팅에 대한 '집착'이 당분간 높은 진입 장벽으로 작용할 가능성이 크기 때문이다.

아마존과 K뷰티의 원원

아마존은 K뷰티의 미국 화장품 시장 진입에 훌륭한 파트너였다. 2024년 6월 27일 열린 아마존 K뷰티 컨퍼런스에 따르면 이전 1년간 한국 뷰티 셀러의 총 판매량은 아마존 글로벌 스토어에서 78%가량 증가했다. 또한 2024년 3월에 열린 아마존 봄맞이 빅세일 기간 중 K뷰티 제품 판매량은 전년 대비 200% 이상 증가했다. 2023년 아마존 프라임 빅딜 데이즈 기간에는 코스알엑스의 '스네일 뮤신 96% 파워 리페어링 에센스'가 판매 수량 전체 1위를 했다. 아누아는 2022년 일본 아마존에 론칭한 이후 2년도 안 돼 2023년 3분기부터 미국 전체 클렌징 오일 및 토너 부문 최상위권을 유지하고 있다. 아마존에서는 미국 내 K뷰티 시장이 2026년까지 2배 이상 성장할 것으로 보고 있다. 2023년 미국 화장품 시장 규모 115조 원 가운데 K뷰티 점유율은 1.9% 수준인데, 2024년에는 2.3%, 2026년에는 3.4%까지 확

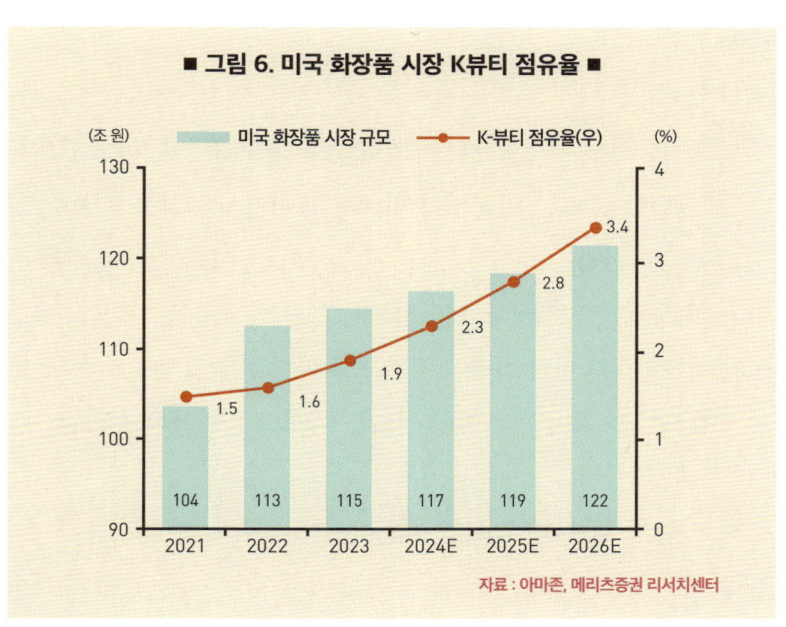

■ 그림 6. 미국 화장품 시장 K뷰티 점유율 ■

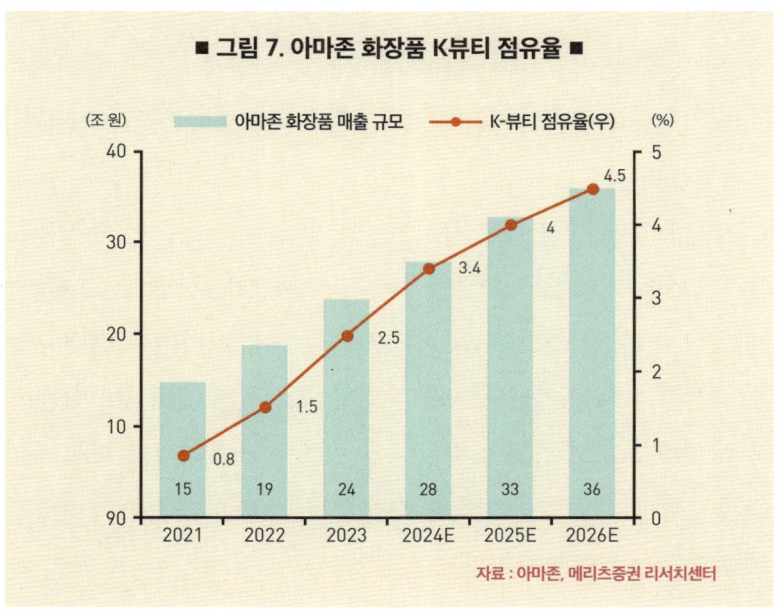

■ 그림 7. 아마존 화장품 K뷰티 점유율 ■

대될 전망이다.

한국 아마존에서 화장품 소싱을 담당하고 있는 한 임원은 "현재 미국 화장품 시장에서 K뷰티는 '공급주도 시장'입니다."라고 단언한다. 제품력만 좋으면 언제든지 미국에 들어가서 그대로 성과를 낼 수 있는 상황이라는 것이다. 좋은 제품이 빨리, 그리고 많이 나와 줘서 아마존 입장에서는 고마운 일이라고 활짝 웃음을 지었다. 2024년 현재 500개의 한국 화장품 브랜드가 아마존에 입점해 있는데, 한국 브랜드라는 것이 기본적인 신뢰를 얻으며 소비자에게 공감대를 얻고 있다고 한다.

헤어/눈썹 같은 카테고리는 중국 제품을 어느 정도 사용하지만 얼굴 전체를 커버하는 색조와 기초는 아직 중국 제품을 믿지 못하는 게 현재 상황이다. 아마존은 유망한 한국 화장품 브랜드를 많이 발굴해 일단 미국 아마존에서 테스트하고, 성공하면 글로벌 아마존으로 지역을 확장한다는 계획이다. 이미 일본 및 유럽 10개국에 아마존 K뷰티 전용관이 있다.

놀라운 점은 연간 매출 규모가 5억 원밖에 안 되는 신생 브랜드들에게도 입점 기회를 준다는 것이다. 2023~24년 상반기에 1,000여 개의 한국 화장품 브랜드와 미팅을 가졌는데, 아마존의 선택 기준은 제품력과 함께 마케팅 역량과 의지였다. 현재 이뤄지고 있는 틱톡 마케팅을 보고 가능성이 있다 싶으면 매출이 작아도 미국 아마존에서 판매할 수 있는 기회를 주고 있다. 물론 아마존이 특별히 한국 화장품을 사랑해서는 아니다.

이런 MD 전략은 아마존의 FBA^{Fulfillment By Amazon} 서비스 확대라는 전사적인 경영 전략과 맞닿아 있다. 실리콘투처럼 직매입을 해 주는 게 아니다. 아마존 물류센터에 재고를 갖다 놓으면 아마존에서 배송, C/S^{Customer Service} 등의 단계를 일정 수수료를 받고 대행해 준다.

이런 전략은 쿠팡도 마찬가지다. 최근 쿠팡은 직매입 형태의 '로켓배송' 매출 비중을 의도적으로 줄이고, FBA와 유사한 '판매자로켓' 비중을 높이고 있다. 브랜드 업체의 신제품을 '로켓배송'으로 입점시키는 것은 쿠팡의 MD 담당자와 통화조차 쉽지 않을 정도로 까다롭고 어렵지만, '판매자로켓'으로 입점한다고 하면 중소기업도 쿠팡 판매자로켓 사업부문 팀장이 직접 방문해서 3개월 무료 서비스를 제시할 정도로 적극적이다.

풀필먼트 사업은 아마존이나 쿠팡 입장에서는 재고 부담을 줄이면서 자신의 물류센터를 최대한 활용할 수 있기 때문에 수익성 측면에서 아주 긍정적이다. 어차피 유통업의 시장 점유율은 거래액 기준이므로 외형 성장과 유통 시장 내에서의 지위는 변함없다. 오히려 이런 정책을 추구할 수 있는 유통 업체는 절대적인 시장 점유율을 확보하고 있어야 한다.

브랜드 업체 입장에서 '직매입'과 '위탁'은 현금흐름과 재고 관리 측면에서 하늘과 땅 차이다. 그래도 아마존과 쿠팡이 아니고서는 미국과 한국에서 제대로 온라인 판매를 할 수 없기 때문에 재고 부담을 안으면서 비용을 지불하고 이들 물류센터에 들어가는 것이다.

최근 5년간 아마존과 쿠팡의 성장성과 수익성 제고는 풀필먼트 사업 확대 효과가 크다. 아무튼 미국 시장에 진출하고자 하는 한국의 인디 브랜드들에게는 좋은 기회라는 점은 변함없다. 아마존과 한국 인디 브랜드들의 니즈가 결합해 풍성한 한국 화장품 산업 생태계가 조성되었고, 글로벌 확장의 기회가 확대되고 있는 것이다.

결국 미국 시장에서 한국 화장품의 성공은 ① 한류를 기반으로 ② 미국 화장품 산업 구조의 빈틈이라고 할 수 있는 중저가 기초 카테고리를 ③ 틱톡과 아마존이라는 새로운 마케팅 툴과 유통망을 적극 활용해 판매한 결과이다. 유행과 가격, 제품력, 마케팅, 유통의 모든 사업 환경이 한국 화장품을 위해 만들어진 것 같은 상황이었다고 볼 수 있다.

■ 표 8. 아마존 랭킹 상위 K뷰티 주요 제품(2024.11.) ■

제품명	COSRX Advanced Snail 96 Mucin Power Essence	Anua Heartleaf Pore Control Cleansing Oil	GOODAL Green Tangerine Vitamin C Serum	VT COSMETICS CICA Reedle Shot 100	BIODANCE Bio-Collagen Real Deep Mask	MEDIHEAL Madecassoside Cotton Facial Pads
제조사	코스알엑스	더파운더즈	클리오	브이티	바이오던스	엘앤피코스메틱
평점	4.5	4.3	4.4	4.4	4.3	4.5
리뷰 수	92,180	13,007	3,741	3,006	7,662	5,243

자료 : 아마존, 메리츠증권 리서치센터

3장

글로벌 모멘텀은 얼마나 갈 수 있을까?

K뷰티의 '오래된 미래'

지금까지 K뷰티의 글로벌 모멘텀으로 가파른 성장의 현재와 그 원인에 대해서 살펴보았다. 그 원인 중 몇 가지는 사실 굉장히 운이 좋았던 측면도 있다. 코로나19라는 특수한 상황, 일본과 미국의 틈새시장, 큐텐과 아마존, 틱톡이라는 새로운 SNS까지 '온 우주의 기운'이 K뷰티로 향했다고 생각될 정도이다. K컬처라는 소프트 파워도 빼놓을 수 없는 운이다.

다음 과제는 지속성 여부이다. 운을 추세로 만들 수 있는 '실력'이 있는가? 그 실력이 추월당할 가능성은 없는가? 지금 K뷰티는 가성비와 혁신성 측면에서 세계 최고이다. 글로벌 화장품 시장에서 '반짝' 히트가 아닌 K뷰티의 구조적 성장 가능성에 대해 알아보자.

'혁신성'은 20년 치열한 경쟁의 결과다

K뷰티에 대한 글로벌 소비자들의 높은 호응은 단순히 한류 때문만은 아니다. 중국부터 일본, 미국까지 현지에서 평가하는 한국 화장품의 강점은 '혁신적' 카테고리이다. 에어쿠션/BB크림/마스크팩 등은 한국 업체들이 만들어 전 세계에 알려진 아이템이다. 선스틱과 스틱 파운데이션, 선 세럼 등도 외국인들이 감탄하는 아이템이다. 유럽이나 일본 화장품 브랜드들이 럭셔리 기초나 기본적인 포인트 메이크업 제품에 초점을 두는 것과 차이가 있다. 중국 브랜드 업체들은 글로벌 브랜드 업체들을 따라가기 위한 기술 지향을 추구하면서도 한국 화장품 카테고리의 혁신성에 대해서는 감히 경쟁에 나설 엄두를 못 내고 있다.

2008년 아이오페 '에어쿠션'이 처음 나왔을 때 다른 회사들은 "이게 도대체 뭐냐?"고 의아해했다. 콤팩트 케이스 안에 들어 있는 액상 형태의 파운데이션을 스펀지로 찍어 바르는 이상한 제품이었다. 하지만 자외선 차단제에 메이크업 베이스 기능을 더한 혁신성을 소비자들이 알아보기 시작했고, 출시 2년 만에 연간 판매량은 50만 개가 됐다. 탄력을 받아 2012년에는 600만 개, 2013년에는 1,260만 개가 팔려 나갔다. 2015년에는 3,300만 개가 팔리면서 '1초에 1개씩 팔리는 화장품'으로 성장했다. 쿠션을 쳐다보지 않았던 샤넬, 랑콤, 디올, 입생로랑, 맥, 나스 등 글로벌 브랜드들도 이후 모두 쿠션을 내놓았다.

유튜브에서 소개되는 K뷰티의 강점 가운데 하나가 '저렴한 가격'에 '다양한 제품'으로 자신의 피부 타입에 맞는 '디테일한 화장'이 가능하다는 것이다. 달팽이 점액 성분이나 벌꿀을 사용하는 식의 파격은 K뷰티의 가장 큰 미덕으로 꼽힌다. BB크림은 독일에서 피부과 치료용으로 사용되던 것을 화장품으로 보편화시킨 것이며, 마스크팩 역시 이미 일본 등지에서 사용되었지만 한국 화장품 업체들이 글로벌 상품화시켰다. 기존 서구의 화장품은 '어떤 피부에나 가능한'이란 콘셉트로 비싼 반면, 한국 화장품은 개개인의 피부 특성에 따른 접근을 시도하면서 저렴하다.

이런 혁신성은 한두 개 브랜드 또는 기업의 경쟁력이 아니다. 지난 20년 가까이 전 세계에서 가장 까다로운 한국 소비자를 상대로, 전 세계에서 가장 치열한 경쟁의 각축장에서 수많은 신규 상품이 흥망성쇠하면서 축적된 한국 화장품 산업의 자산이라고 볼 수 있다. 그럼 한국 화장품 시장은 어떻게 전 세계에서 가장 치열한 경쟁의 장이 됐을까? 그건 아마도 2003년부터 시작됐을 것이다.

2003년, 한국 화장품 시장 조류가 바뀌다

2003년에는 카드 사태로 인한 소비 침체가 있었고, 당시 화장품 로드숍들이 큰 위기를 맞으면서 그 대안으로 원브랜드숍이 등장하게 되었다. 원브랜드숍은 아리따움과 보떼, 더페이스샵/에이블씨엔씨/이니스프리/에뛰드/토니모리/잇츠한불/네이처리퍼블릭/스킨푸드/바닐라코 등 단일 브랜드 또는 단일 업체의 화장품만을 판매하는 로드숍 점포를 말한다. 사실 아리따움이나 보떼는 다양한 브랜드 제품을 판매하지만 아리따움은 아모레퍼시픽, 보떼는 LG생활건강 브랜드 제품만을 판매하고, 유사한 업황 변화를 맞이했다는 측면에서 동일 범주에 넣는다.

원브랜드숍은 굉장히 독특한, 그리고 한국에만 있는 비즈니스 모델이다. 현재 절대적 시장 점유율을 자랑하는 '올리브영' 같은 화장품 전문점MBS : Multi Brand Shop과 백화점의 화장품 숍인숍 점포들을 비교해 보면 매장 면적 차이만큼 브랜드 수와 SKUStock Keeping Unit 차이가 큰 것을 확인할 수 있다. 전문점은 매장 면적이 큰 만큼 여러 브랜드의 많은 SKU를 갖고 있지만, 백화점은 매장당 1개 브랜드의 50~100개 SKU를 판매한다.

그런데 원브랜드숍은 ① 1개의 브랜드로 500개의 SKU를 전개한다. 재고 부담이 굉장히 큰 사업이다. ② 유통 업체가 아닌 브랜드 업체가 직접 판매망을 구축한 것이다. ③ 점포들은 프랜차이즈 형태로 확장되었다. 다른 선진국을 보면 화장품의 브랜드와 유통은 일반적으로 분리돼 있다. 로드숍 전개는 세포라, 얼타뷰티, 왓슨스Watsons, 로프트Loft 등 화장품 전문 멀티브랜드숍 체인이 담당한다.

이때부터 10여 년 동안 화장품 브랜드는 유통과 결합되었다. 2015년경까지도 화장품 신규 브랜드를 전개한다는 말은 곧 오프라인 점포를 내는 과정으로 바로 연결되었다. 그런데 화장품 사업은

3장 글로벌 모멘텀은 얼마나 갈 수 있을까?

브랜드 비즈니스이다. 오프라인 점포를 내는 것은 유통 비즈니스이다. 업의 성격이 굉장히 이질적이다. 브랜드 사업은 소비자의 기호와 트렌드를 파악하면서 제품의 퀄리티를 높이는 게 핵심이지만, 유통 사업은 소비 패턴과 동선을 파악하면서 소비자와의 접점을 확대하는 게 핵심 역량이다. 그래서 일반적으로 유럽이나 미국에서 브랜드와 유통 사업은 분리돼 있다.

한국 화장품의 오프라인 유통은 방판에서 시작해서 프랜차이즈형 MBS Multi Brand Shop → 프랜차이즈형 OBS One Brand Shop → 기업형 MBS로 발전해 왔다. 방판도 브랜드가 직접 유통한 것이다. 관건은 자본력이었다. 소득 수준이 낮은 상황에서 사치재라고 할 수 있는 화장품 소비는 제한적일 수밖에 없고, 유통 채널은 주로 재래시장, 식품 중심이었다. 화장품 가게를 열 자본도, 수요도 제한적인 상황이니 유통에 자본투자가 필요 없는 방판을 통해 브랜드 업체가 직접 화장품을 판매한 것이다.

소득수준이 상승하면서 1990년 전후 길거리에 식품점 이외에도 패션/화장품 가게들이 생기기 시작했는데, 이때 '화장품나라'와 같은 프랜차이즈 형태의 MBS가 생겨났다. 유통 대기업은 아직 화장품 유통에 관심이 없었고, 중소기업은 자본력이 제한적인 상황이었기 때문에 자본금이 많이 필요하지 않은 프랜차이즈 형태로 확산한 것이다.

2003년 경기 침체로 이런 유통 시스템이 붕괴될 위기에 놓이게 되었고, 기존 브랜드들이 소비자와 접점을 잃어버리게 된 상황이 되자 이 빈틈을 노린 용기 있는 신규 브랜드 업체들이 파격적인 가격을 내놓으면서 직접 유통까지 나섰다. 자본력이 제한적이었기 때문에 프랜차이즈 형태를 가져갔고, 그게 원브랜드숍이다. 2010년 전후 소득수준이 더 올라가고, 화장품이 소비자들의 필수 재화로 자리매김하자 CJ와 롯데, 신세계, GS리테일 등 소비재/유통 대기업들이 로드숍 화장품 유통 시장에 진입하게 되었다. 자본력이 충분하니 굳이 프랜차이즈 모델을 차용할 필요가 없었다. 직영 중심의 올리브영과 롭스, 랄라블라, 시코르 등의 출현이다.

지금 생각해 보면 원브랜드숍은 프랜차이즈형 MBS에서 기업형 MBS로 넘어가는 과도기적 유통 모델이었다. 참신한 시도였지만 왜 다른 선진국에 전례가 없는 비즈니스 모델인지 명확히 알 수 있을 만큼 그 한계도 분명했다. 그 한계의 구체적인 내용은 뒤에서 다루

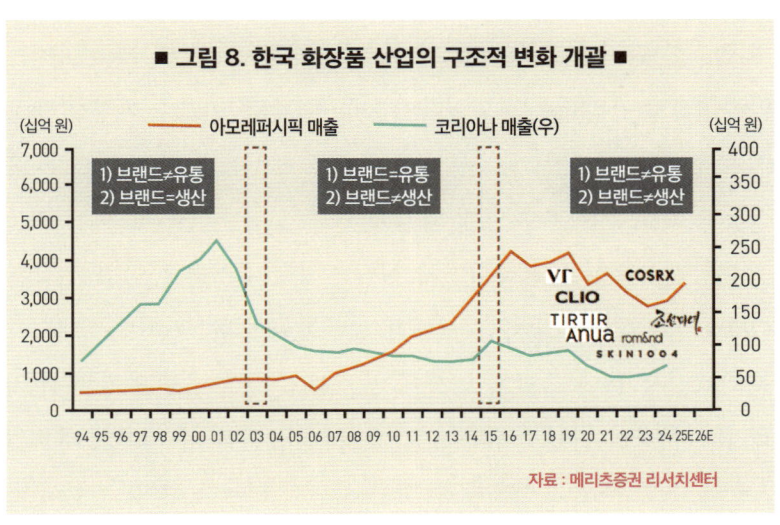

기로 한다. 아무튼 그 예외적인 비즈니스 모델이 10년 동안 엄청나게 커지면서, 한국 화장품 산업에 선진국에는 없는 특별한 산업 구조와 밸류체인이 만들어지게 되었다.

ODM 시장 성장의 발판이 된 원브랜드숍

원브랜드숍 시장의 확대는 크게 2가지 구조적 변화를 야기했다. 첫째, 2003년 이전까지는 브랜드 업체들이 직접 생산하는 경우가 많았지만, 2003년 이후 브랜드와 생산이 분리되었다. 지금도 화장품 브랜드 업체를 제조 업체라고 표현하는 데가 많다. 1990년대까지도 화장품 업체로 등록하기 위해서는 제조 시설을 반드시 갖춰야 했다. 피부에 바르는 만큼 안전이 중요하기 때문에 생산 설비에 대한 엄격한 관리를 요구했다. 1999년 화장품법이 제정되기 전까지는 약사법으로 관리했을 정도였다. 2000년대 이후 비로소 화장품 제조 업자와 제조·판매 업자로 분리하여 제조 시설을 갖추지 않고도 화장품 업체로 등록할 수 있게 되었다.

원브랜드숍이 본격화되면서 생산은 코스맥스와 한국콜마 같은 ODM 업체들에게 맡기는 형태가 일반화되었다. 생산과 브랜드가 분리되면서 브랜드 업체 입장에서는 제조 시설이 필요 없어졌고, 화장품 시장의 진입 장벽은 크게 낮아졌다. 돈과 아이디어, 네트워크만 있으면 누구나 진출할 수 있는 시장이 되었다. 진입 장벽이 낮아지면서 경쟁이 심화되었다.

브랜드 업체들과 ODM 업체들이 각자의 아이디어를 쏟아 내면서 한국은 전 세계에서 제품의 턴오버가 가장 빠르며, 트렌디하고, 신제품이 많이 나오는 시장이 되었다. 한국의 명동은 전 세계 화장품 트렌드를 선도하는 지역으로 떠올랐다. 가격은 1/3로 낮아지고, 신제품 론칭 기간은 기존 2년에서 6개월로 짧아졌으며, 제품은 1년에 한 번씩 리뉴얼되었다.

한국 화장품 산업의 기술력은 글로벌 톱 수준에 올라서게 되었고, 수천 개의 상품 카테고리와 처방전, 수백 개의 히트 상품 목록을 갖게 되었다. K뷰티의 가장 큰 장점을 '가성비', '혁신성'으로 꼽는 이유가 여기에 있다.

원브랜드숍 시장의 가파른 성장과 치열한 경쟁은 화장품 ODM 업체들의 구조적 성장 배경이 되었다. 높은 R&D 기술력으로 코스맥스와 한국콜마 등 ODM 업체들의 매출은 빠르게 증가했다. 이러한 차별적인 기술력과 제품력, 상품 카테고리, 시장 대응 능력은 이후 중국 화장품 ODM 시장 진출에도 초석이 되었다.

한국 ODM 산업의 특징은 기초 비중이 높다는 것이다. 일반적으로 글로벌 선진국 화장품 브랜드의 경우 기초 라인은 가격이 높고, 한 번 만들면 오랫동안 판매하고, 회사의 핵심 기술이 녹아 있기 때문에 자체 생산을 주로 한다. 색조 라인은 가격이 상대적으로 낮고, 제조 공정이 더 다양하며, 트렌디한 만큼 외주를 맡기는 게 효율적이다. 그래서 한때 글로벌 화장품 ODM 1위 기업이었던 인터코스도 색조가 중심이었다.

그런데 한국의 원브랜드숍은 넓은 매장에 모든 카테고리를 다 갖춰야 했고, 한국은 기초 비중이 대단히 높은 시장이었기 때문에 ODM 산업이 기초 화장품 중심으로 발전하게 되었다. 이런 역량이 20년 동안 쌓이고 쌓여 지금 한국 인디 브랜드들이 미국 화장품 시장에 '중저가 기초 카테고리'를 새로 만들다시피 하면서 큰 파장을 일으키고 있는 것이다.

둘째, 2003년 이전까지는 브랜드와 유통이 분리되었으나 2003년 이후 통합되었다. 오프라인 점포를 열지 못하면 브랜드 전개가 어려워졌기 때문에 이 새로운 환경의 대응 전략에 따라 업체 간에 희비가 엇갈렸다. 2002년 이전까지 아모레퍼시픽은 물론 한국화장품과 코리아나 등 중견 화장품 업체들이 동반 성장했다. 하지만 아모레퍼시픽과 LG생활건강이 가두점 시장을 잠식하면서 우열을 다투던 기존 대형 브랜드 업체들과 간극이 벌어졌다. 과점화가 확대된 것이다.

한국화장품과 한불화장품, 코리아나 등은 2000년 초반까지만 해도 업계 5위권 안에 들던 화장품 강자들이었다. 하지만 2003년 이후 가두점 판매 채널을 잃게 되면서 실적이 크게 위축되기 시작했다. 한불화장품과 한국화장품은 각각 원브랜드숍 '잇츠스킨'과 '더샘'을 열었으나 늦은 감이 있었다. 이들은 모두 생산 시설을 보유하고 있다는 공통점이 있다.

한불화장품과 한국화장품은 제조법인과 판매법인을 분리하고 높은 기술력을 기반으로 ODM 시장으로 진출을 모색했다. 코리아나도 ODM 사업을 확대했다. 그러나 이렇다 할 성과를 내지 못했다. 화장품 브랜드 바이어 입장에서는 브랜드 사업을 하고 있는 업체에게 생산을 맡긴다는 게 선뜻 내키지 않았을 것이다. 코스맥스와 한국콜마 등 대안이 뚜렷한 상황에서는 더욱 그렇다. 최근 글로벌 모멘텀으로 ODM 수요가 폭발적으로 증가하면서 '한국화장품제조'의 가동률이 빠르게 상승하고, 실적이 크게 개선되고 있는 점은 고무적이다. 아마존에서 히트 친 '스킨1004' 클렌징 오일과 자외선 차단제 제품을 주로 여기서 만든다.

아모레퍼시픽 매출은 2001년 9,700억 원에서 2016년 5조 6,400억 원까지 5.8배나 성장했으나, 코리아나 매출은 2001년 3,400억 원에서 2016년 1,200억 원까지 1/3 수준으로 떨어졌다. 나드리화장품은 2012년 끝내 부도 처리됐다. 한국 화장품 시장의 성장은 아모레퍼시픽과 LG생활건강 두 대기업과 원브랜드숍에 편중되었다. 상위 메이저 브랜드 업체들의 유통업 진출은 중저가 시장에서 높은 점유율 상승으로 이어졌다.

이런 원브랜드숍 모델은 시간이 흐르면서 신규 또는 해외 중저가 브랜드들의 진출을 가로막는 진입 장벽으로 작용했다. 예를 들어 전 세계에서 매출 규모가 가장 큰 화장품 브랜드 P&G의 OLAY를 한국 시장에서는 찾기 힘들었다. 소득 수준이 상승하면서 의류/패션은 물론 화장품도 해외 브랜드들의 한국 진출이 늘어났다. 프리미엄/럭셔리 화장품은 백화점 채널에서 치열한 경쟁이 있었지만,

최소한 중저가 가격대에서는 해외 브랜드와 경쟁이 제한되었다. 국내 브랜드끼리 경쟁을 통해서 역량을 제고시킬 수 있는 시간을 확보할 수 있게 되었다. 일종의 화장품 스크린쿼터제가 자동적으로 형성된 것이다.

온라인, 인디 브랜드 창업의 장이 되다

2024년 기준 한국 소비 시장의 온라인 채널 비중은 거의 50%에 이른다. 한국은 전 세계에서 가장 높은 온라인 침투율의 소비 시장을 갖고 있다. 신규 인디 브랜드들에게는 온라인화가 분명한 기회의 장이 되었다. 유통 채널에 대한 진입 장벽이 낮아지면서 제품의 퀄리티와 마케팅만으로 소비자에게 접근, 어필할 수 있게 된 것이다. 더구나 최근 유튜브나 인스타그램을 통해 소비자들과 자유로운 커뮤니케이션이 가능해지면서 벤처 브랜드들에게 취약한 인지도와 신뢰도를 단기간에 쌓을 수 있는 기회를 얻게 되었다. 온라인 침투율이 유난히 높았던 한국에서 월등히 많은 인디 브랜드가 창업을 하게 된 것이다.

온라인 채널 커뮤니케이션을 통해 소비자들의 기호는 더욱 다양화되고, ODM 업체들은 그에 대응할 수 있는 높은 기술력과 카테고리를 갖추고 있다. 온라인과 H&B 스토어의 확대는 소비자와 접점을 늘리면서 벤처 브랜드들에게 기회를 열어 주었다. 과거 원브랜드숍 전성기에는 '돈', '네트워크', '아이디어'만 있으면 화장품 시장 진입이 가능했다. 설비가 필요 없다는 측면에서 진입 장벽이 낮아진 것이다. 여기서 네트워크는 가맹점주를 모집할 수 있는 능력, 돈은 신규 브랜드 론칭과 직영점을 위한 최소한의 자본, 아이디어는 소비 트렌드를 읽는 브랜드 아이덴티티를 말한다.

2015년 이후에는 아이디어만 있으면 된다. 돈은 수많은 VC^{Venture Capital}를 통해 조달할 수 있으며 가맹점주는 필요 없어졌다. 온라인과 H&B 스토어를 통해서 소비자들과 직접 대면이 가능하기 때문이다. 아이디어만 있으면 글로벌 화장품 ODM 업체인 코스맥스나 한국콜마가 몇 달 안에 시제품에서 초도물량까지 완료한다. 화장품 시장의 진입 장벽이 더 낮아지고 경쟁은 더 치열해진 것이다. 더구나 스타일난다/닥터자르트/AHC 등 벤처 브랜드들이 로레알, 에스티로더, 유니레버 등에 피인수(또는 지분 투자)되면서 한국 화장품 벤처 시장은 제약/바이오 산업만큼 뜨거워졌다. ① 역량 있는 인재들이 ② 소비/유통 시장의 변화를 타고 ③ 높은 동기 부여로 ④ 진입 장벽이 낮아진 화장품 브랜드 시장에 진출하여, 그 어느 때보다 제약 없이 맘 놓고 신규 브랜드/카테고리들을 줄기차게 내놓게 되었다.

미국과 일본에서는
K뷰티 스타일이 안 나온다

미국에는 화장품 공장이 없다

아마존에서 한국 화장품의 기본 공식은 2달러에 만들어서 10달러에 파는 것이다. 그런데 미국에는 한국처럼 원가를 2달러 이하로 싸게 만들 수 있는 공장이 없다. K뷰티 콘셉트의 기초 제품을 출시하려고 해도 생산 설비와 인력에서 막히는 것이다. 미국에는 애초에 화장품 ODM 산업이 존재하지 않았다고 해도 과언이 아니다. 기초 화장품은 프리미엄 제품만 주로 있었고, 유명 브랜드 업체들의 자체 생산이 주를 이루었다. 미국에는 한국처럼 R&D에 투자하고 포뮬러_{formula}를 만들어서 고객사한테 ODM으로 공급하는 방식이 없다. OEM 산업이 있지만 규모가 작다. 2018년 코스메카코리아가 미국 현지 공장 인수를 위해 뉴욕 근처 뉴저지 인근을 물색했는데 매출 1억 달러 공장이 단 1개 있었다고 한다.

미국 시장에서 한국 화장품이 불티나게 팔리고 있는데도 코스맥스와 한국콜마의 미국 공장은 이렇다 할 실적을 내지 못하고 있는 것만 봐도 알 수 있다. 그 이유는 다음과 같다.

첫째, 인적 구성이다. 인건비는 비싼데 R&D 연구진들은 아무리 바빠도 정시에 퇴근하고, 생산직의 숙련도와 효율도 한국 직원들과 상대가 안 된다. 화장품은 자동화에 한계가 있다. 포장 단계에서는 사람이 작업해야 하는데, 한국인의 손놀림과 작업성은 전 세계에서 가장 우수하다고 자부할 수 있다. 과거 섬유 산업에서 개성공단의 효율을 베트남 공장이 따라가지 못했다. 개성공단이 폐쇄된 후 그 인력이 신의주로 이동하여 중국 OEM 생산을 도맡아 하며 동북부 랴오닝성 섬유 산업 발전에 크게 기여했다는 이야기도 있다. 결국 태평양을 건너와도 한국에서 만든 제품이 더 뛰어나고 가격도 싼 것이다.

둘째, 후방산업이 미흡하다. 미국 법인 생산 원가가 높은 이유는 사실 인건비보다 원부자재 소싱 비용 때문이다. 제품에 적절한 원부자재가 없기 때문에 멀리서 수입해 오거나 주문 생산을 해야 하는데 돈도 시간도 많이 든다. 한국은 지난 20년 동안 화장품 ODM 산업이 크게 발전하면서 원료부터 부자재, ODM 업체들이 마치 하나의 팀처럼 세팅돼 있지만 미국은 그렇지 않다. 제품 하나 개발해서 출시하는 데 한국보다 많은 시간과 비용이 소요된다. 미국 로컬 ODM 업체가 전략적으로 인건비가 싸고 미국과 무관세 협정이 돼 있는 멕시코 지역에서 공장을 가동하는 것을 생각해 볼 수 있지만 그 가능성도 낮다. 인력의 질적 문제는 오히려 더 불안하고 보안 문제는 커진다. 무엇보다 ODM 산업에 대한 노하우가 일천한 상황에서 다른 나라에 공장을 짓는다는 것은 모험이다. 이런 북미의 산업 구조에서는 한국처럼 다양한 아이디어로 무장한 수많은 신제품이 6개월마다 리뉴얼되는 상황을 상상하기란 대단히 어렵다.

셋째, 코스맥스와 한국콜마 미국 법인의 주 고객은 과거 OEM 기반의 현지 브랜드 회사가 대부분이다. 최근 한국 화장품의 선전으로 미국 시장에서 현지 브랜드 업체들의 시장 점유율이 하락하면서 코스맥스와 한국콜마의 북미 현지 법인 실적도 떨어졌다. 이들 북미 법인은 코스맥스와 한국콜마의 계열사이지만, K뷰티 흐름을 따라가는 게 아니라 미국 로컬 브랜드의 실적에 연동하는 것이다.

일본, 의욕 상실

코스맥스는 2021년부터 일본 진출을 준비했다. K뷰티 확산으로 일본 현지 브랜드들의 ODM 수요가 빠르게 늘어날 것으로 예상했다. 중국과 인도네시아 등 해외 사업을 잇달아 성공한 자신감으로 공장 부지를 물색하면서 일본 현지 브랜드 업체들과 접촉했다. 일본 유력 경제 월간지 『국제상업』 2023년 3월호에는 흑선(코스맥스)의 일본 진출로 일본 내 사업 환경 변화는 필연이라는 기사가 실리기도 했다. 흑선 黒船, 쿠로후네은 에도막부 말기에 일본인들이 서양 증기선에 대해 갖고 있던 두려움을 표현한 말이다.

코스맥스는 애초 이바라키현에 생산공장을 건설하여 2025년에 가동할 예정이었다. 그런데 최근 코스맥스에서 일본 진출 관련 이야기가 쏙 들어갔다. 2015년 전후의 중국처럼 현지 ODM 수요가 그렇게 커지지 않고 있는 것이다. '잃어버린 30년'의 관성 때문에 K뷰티의 확산에도 중장기 일본 화장품 시장에 대해 큰 변화를 기대하지 않는 것 같다는 말이 있다. 전술한 바와 같이 일본 특유의 장인정신 문화로 애당초 K뷰티 스타일의 브랜드 사업을 시도하지 않기 때문이라는 분석도 있다.

사실 일본의 OEM 화장품 생산 기술도 글로벌 톱 수준이다. 최대 OEM 화장품 기업인 일본콜마(이하 TOA)[13]부터 니폰시키자이, 피카소미화학연구소, 토요뷰티 등 100년의 역사를 바라보는 OEM 화장품 기업이 즐비해 있다. 물론 아직 ODM 사업 확대에 대해서는 갑론을박이 있지만 기술력 자체는 최고인 것이 사실이다.

---

[13] 일본콜마주식회사는 회사 이름을 2024년 6월 1일자로 'TOA주식회사'로 공식 변경했다. 이 기업은 1912년 설립된 후 1972년부터 기업명으로 '일본콜마'를 사용했고, 1990년 5월 합작회사 '한국콜마주식회사'를 세운 바 있다. TOA는 'Total Outsourcing Access'의 첫 글자이다. 'Total Outsourcing'에는 다양한 OEM/ODM 형태에 종합적으로 대응하고, 'Access'에는 고객이 언제나 안심하고 믿고 맡길 수 있는 기업이 되겠다는 마음을 담고 있다.

그런데 이런 업체들의 매출 성장이 썩 좋지 않다. 대부분 전년도 매출 수준이거나 조금 넘어서는 정도이다. 물론 ODM 수요가 제한적이기 때문에 어쩔 수 없는 현상이다. 하지만 ODM 업체들이 부지런하게 개발하고 영업하면서 시장을 이끌어 갈 수도 있다. 특히 최근처럼 K뷰티 같은 새로운 조류가 파장을 크게 일으키고 있을 때는 더욱 그럴 텐데 일본 ODM 업계는 조용하다.

일본의 그런 태도가 한국 화장품의 높은 '속도감' 때문이라는 말이 있다. 빠른 트렌드 전환과 빠른 제품 개발 기간, 연구/생산/물류/판매/PR 등 한국 업체들의 속도에 전의를 잃었다는 말이다. 그렇다면 일본의 중저가 시장은 한국 브랜드들의 주도하에 계속 놓이게 되고, 코스맥스 입장에서는 일본보다 국내 캐파 증설이 더 급한 것이 된다.

이런 속도의 차이는 왜 발생하게 된 것일까? 전술한 바와 같이 2003년 이후 한국만의 특이한 화장품 산업 구조에서 1차적인 원인을 찾을 수 있다. 여기에 더해 한국 여성과 일본 여성의 화장품에 대한 불만 표현 방식이 차이를 만들었다는 의견도 있다. 세계 3위 화장품 대국인 일본에서는 소비자의 '심미안'이 엄격하고, 그것이 제조사들의 품질을 높여 왔다. 한국도 마찬가지다. 세계에서 가장 까다로운 화장품 소비자인 한국 여성들이 한국을 세계 화장품 트렌드의 발산지로 만들고 있다.

다만 일본과 한국의 차이는 고객 목소리의 크기이다. 일본 소비자는 일정한 익명성이 지켜지는 SNS 상에서도 브랜드, 상품에 대한 불평은 조심스럽다. 상품에 불만이 있으면 사용을 멈추고, 다른 브랜드로 바꾼다. "일본 소비자는 조용하다. 모르는 사이에 브랜드를 떠난다."고 한국 브랜드 업체들의 마케터들은 지적한다.

한국 여성들은 정반대로 상품에 불만이 있으면 브랜드에 직접 전달하거나 SNS에서 상세하게 이야기한 다음 브랜드를 바꾼다. 그래서 한국 브랜드 업체들은 상품의 개선점을 즉시 파악할 수 있을 뿐 아니라 신제품 개발에도 유용하게 활용할 수 있다. "우리가 생각하지 않은 사용 방법을 생각해 내어 SNS를 통해 소개한다. 신상품 발매 후, 그 대응에 쫓기기도 하지만 그것이 소비자로부터의 연구개발력을 키우고 있다."고 전 아모레퍼시픽 R&I 센터 박영호 연구원장은 평가한다.[14]

물론 일본에도 화장품 ODM 사업을 확대하려는 시도가 늘어나고 있다. 매출을 높이기 위한 다양한 작업을 벌이고 있는데 핵심은 카테고리 확대와 속도 향상이다. 대표적인 사례가 TOA의 색조 화장품 OEM 업체 '토키와'의 인수이다. TOA의 매출은 635억 엔을 넘는데 토키와의 매출(299억 엔)을 합하면 한화로 8,200억 원에 이른다. 일본에서 화장품 OEM/ODM의 새로운 공룡이 나타났다고 볼 수 있다. TOA는 특히 스킨케어와 헤어케어에 경쟁 우위가 있고, 토키와는 메이크업 제조에 노하우가 있다.

일본 화장품 ODM 업체들이 한국 업체들에게 경탄하는 것 중 하

---

[14] 『국제상업』, 2023년 9월호

나가 어떻게 연간 5,000개 품목이 넘는 신상품을 만들어 낼 수 있는 가이다. 일본도 제품의 다양성을 확보하기 위한 M&A와 설비 투자가 시작되었다.

하지만 보수적인 일본 문화의 특성을 반영하듯 무분별한 매출 확대가 오히려 오랫동안 일본 화장품의 자랑으로 여겨왔던 가치, 즉 안정성과 품질관리와 같은 기본이 흔들릴까 걱정하는 목소리도 작지 않다. 현재 일본 OEM 화장품 시장 규모는 약 3,500억 엔(추정치)인데 그중 매출 100억 엔을 초과하는 기업은 10개 이하이다. OEM 기업들이 자발적으로 구성한 일본화장품 수탁제조업 간담회의 회원사는 2023년 8월 말 기준으로 108개이다. 그러나 비회원 기업도 많아서 일본 OEM 기업 수는 200개인지 또는 2,000개인지 업계 관계자들조차 파악하지 못하고 있다. 관리 통제가 제대로 되지 않는 상태에서 설비 투자 확대와 경쟁 심화가 무분별한 제품 양산으로 일본 화장품의 핵심 가치인 '안정성'을 해치지 않을까 하는 우려가 있다.

또 하나의 노력은 속도를 올리는 일이다. 일본 ODM 업체들은 자사로서는 개발부터 출시까지 2년 소요되는 일을 한국 ODM 업체들은 6개월에 끝내는 것을 보고 혀를 내두른다. 이를 극복하기 위해 피카소미화학연구소는 2022년 11월 긴자의 연구실을 이전 및 증설했다. 고객의 니즈를 신속하게 반영함으로써 제품 개발의 속도를 높이기 위해서이다.

그런데 문제는 엉뚱한 곳에서 생겼다. 리드 타임을 단축시킬 수 있는 용기 조달이 어려운 것이다. 밸류체인상 후방산업인 용기에서 진도가 막혔다. 결국 새로운 독자적인 경로로 용기를 조달하려는 움직임이 나타나고 있는데, 역설적으로 한국 용기 업체와 계약을 체결하고 공급받게 되었다. 동양신약은 한국기업 이너보틀INNERBOTTLE과 계약했다.

아울러 일본은 근본적으로 인구가 감소하는 상황이다. 해외 수출을 염두에 두지 않으면 신규 투자는 기존 시장, 자기 살을 베어 먹는 것밖에 되지 않기 때문에 투자에 근본적인 한계가 있다는 지적도 있다. 글로벌 화장품 ODM 흐름이 한국 스타일로 완전히 기울어진 상태에서 일본 화장품 ODM의 핵심 가치인 안전과 안심에 관심을 가질 고객사가 있느냐 하는 것도 일본 업계 내부에서 던지는 물음표이다. 아무튼 이런 일본과 미국 화장품 제조 시장의 상황은 이들 지역에서 한국 중저가 브랜드들의 모멘텀이 생각보다 오래 갈 수 있다는 것을 의미한다.

똑똑한 인재들이 화장품으로 향하고 있다

　모든 세대에는 늘 0.1%의 기업가 DNA를 갖고 있는 탁월한 인재들이 있다. 이들은 자본주의와 시장경제에 대한 '동물적 직감'을 갖고, 시대의 변화를 누구보다 빨리 읽고 사업을 준비한다. 이들의 창업이 어디를 향하고 있는가는 중요한 산업과 시대의 분기점이 되곤 했다. 창업을 시작하는 30대 초·중반 사회 환경이 중요하다.

　1960년대생들이 30대 초·중반이었던 시기는 2000년이었다. 이 시기 한국 사회의 가장 큰 변화는 인터넷이었다. 전국에 광케이블이 깔리고, PC방이 생기고, 인터넷이 보편화되었다. 닷컴 버블 시대에 이제 막 30대에 들어선 인재들은 너도나도 프로그램을 짰다. 어떤 이는 포털 사이트를 만들고(이해진, 1967년생, 네이버), 어떤 이는 게

임을 만들고(김택진, 1967년생, 엔씨소프트), 어떤 이는 워드 프로세서를 만들고(이찬진, 1965년생, 한글과컴퓨터), 어떤 이는 컴퓨터 백신을 만들기도(안철수, 1962년생, 안랩) 했다.

1970년대생들이 30대 초·중반이었던 시기는 2010년이었다. 이 시기 한국 사회의 가장 큰 변화 가운데 하나는 스마트폰 출현이었다. 스마트폰 대중화가 한국 경제에 끼친 가장 큰 영향은 소비를 온라인으로 이전시킨 것이다. 당시 30대 초·중반이었던 1970년대생 인재들은 수많은 유통 플랫폼을 만들어 냈다. 어떤 이는 호기롭게 한국 유통을 다 먹겠다고 출사표를 던졌다(김범석, 1978년생, 쿠팡). 어떤 이는 음식점 배달 시장을 앱으로 다 모았고(김봉진, 1976년생, 배달의민족), 어떤 이는 중고거래를 앱으로 구현했다(김용현, 1978년생, 당근마켓).

1980년생들이 30대 초·중반인 지금 2020년대 한국 사회의 가장 큰 변화는 뭘까? K컬처이다. 한국이 글로벌 문화 강국으로 우뚝 솟아 오른 것이다. K컬처에 편승해서 돈 벌 수 있는 방법이 뭘까? 소비재이다. 스킨1004로 유명한 크레이버의 이소형 대표는 맥킨지에서 컨설턴트를 하다가 화장품 회사를 창업했는데, "한국의 엔터테인먼트 산업이 가까운 미래에 전 세계적으로 대중성을 갖출 것으로 생각했으며, 한국 문화와 연계한 소비재 산업에 미래가 있다고 봤다."라며 창업의 동기를 밝혔다.

그런데 소비재도 여러 가지가 있을 것이다. 식품도 있고, 패션도 있고, 화장품도 있다. 그 가운데 화장품을 가장 많이 선택하고 있다. 가장 접근하기 쉽기 때문이다. 생산(코스맥스와 한국콜마)과 유통(실리콘투), 전·후방 산업이 완벽하게 세팅돼 있기 때문에 '마케팅만 잘하면 되는' 시장이다. 낮은 원가율로 레버리지도 크고, 글로벌 수요 확대로 성장세도 가파르다. PSR 3배로 M&A되는 고밸류에이션도 높은 동기 요인이다.

'돈을 벌고 싶으면 뷰티, 세상을 바꾸고 싶으면 AI를 하라!'

요즘 서울대 창업 모임들에서 나오는 말이라고 한다. 2003년 원브랜드숍 창업자들, 2015년 전후 중국 모멘텀 당시 중저가 벤처 브랜드들의 창업자들을 보면 기존 화장품 도소매 업계에 있던 사람이 많았다. 남대문이나 동대문 시장판에서 잔뼈가 굵은 사람들도 있고, 또는 무역을 하면서 시장의 흐름을 읽었던 사람들도 있다. 물론 요즘도 그런 사람들이 있다. 화장품 업계에 있다가 뜻을 품고 창업을 하거나 ODM 회사를 차리는 경우도 있다. 하지만 최근 화장품 창업이 다르게 느껴지는 이유는 유난히 고스펙 벤처 사업가들이 화장품 업계로 많이 진입하고 있다는 점이다.

에이피알의 김병훈 대표(1988년생), 더파운더즈의 이선형, 이창주 대표(1988년생), 달바의 반성연 대표(1981년생), 크레이버의 창업자 이소형 대표(1983년생), 구다이글로벌의 천주혁 대표(1987년생) 모두 1980년대생 젊은 기업가이고 대부분 SKY 출신 고학력자이다. 1980년대생 0.1%의 기업가 DNA를 보유한 똑똑한 인재들이 화장품 산업으로 향하고 있다. 이게 현재 K뷰티의 글로벌 모멘텀 지속 가능성을 높게 보는 핵심적인 이유이다.

한류는 K뷰티의
든든한 지원군이다

　이탈리아 밀라노의 중앙역에 'yepoda(예쁘다)'라는 간판을 단 팝업 스토어가 문을 열었다. K뷰티 브랜드이다. 이 브랜드는 한국 기업이 만든 게 아니라 K뷰티의 성공을 예견한 독일 사업가가 만들었다. 창업자는 "서울에 갈 때마다 친구, 친척, 동료들이 부탁해서 짐 가방이 화장품으로 가득 찼다."며 "그래서 짐 가방을 채우는 대신 유럽 시장을 위한 브랜드를 만들어야겠다고 생각했다."고 말했다. 이탈리아 현지 매체는 한국 화장품의 지속적인 성장을 알 수 있는 사례로 이 '예쁘다yepoda'를 꼽았다.[15]

---

[15] 서울경제, 2024. 11. 5.

K컬처의 확대가 화장품 산업에 얼마나 영향을 미칠 수 있을까? 소비에는 문화적인 측면이 강하다. 문화가 가장 많이 흡수되어 무형의 가치로 작용하며, 가격과 판매에 적용될 수 있는 대표적 유형 상품이 패션과 화장품이다. 화장품은 가성비도 중요하지만 다른 이미지나 부가적인 요소가 구매 결정에 많은 영향을 미치는 품목이다. 일반적으로 판매 가격에서 50% 이상을 브랜드 이미지, 브랜드 가치로 본다.

자동차나 휴대폰처럼 엔진의 성능이나 CPU 속도 등 주로 가성비를 구매 기준으로 하는 소비재와 다르다. 휴대폰이나 자동차도 삼성이나 현대라는 브랜드의 의미가 있지만, 결정적인 구매 요인은 결국 가성비이다. 반면 화장품은 일반적으로 성분표를 보고 사지는 않는다. 브랜드에 대한 신뢰, 그리고 가성비를 넘어서는, 가격에 대해 비탄력적인 요인들이 포함되어 있다.

코코샤넬의 패션 철학, 마릴린 먼로의 향수 샤넬 No. 5, 1982년에 첫 선을 보인 에스티 로더의 나이트리페어는 '더 좋게 만들 여지가 없을 만큼 뛰어난 제품'으로 유명하다. 소비에는 브랜드의 역사와 철학 그리고 우연한 사건과 이야기 등 눈에 보이지 않는 심리적 만족도가 크게 작용한다. 플라시보 효과라고 말할 수도 있다.

2014년 드라마 「별에서 온 그대」에 나오며 '천송이 틴트'로 소문난 입생로랑 립스틱은 강남 소재 백화점 등에서 '없어서 못 파는 제품'으로 통했다. 2015년 1분기 립스틱의 대중국 수출이 전년 동기 대비 320% 증가했다. 2016년 초 드라마 「태양의 후예」 효과로 3~4

월 대중국권(중국+홍콩) 화장품 수출이 큰 폭 증가했다. 덕분에 한국 화장품의 수출 규모가 한 단계 레벨업했다.「태양의 후예」효과를 통계청에서도 공식적으로 기정사실화할 정도였다. 실제로 화장품 수출 그래프를 그려 보면 수출 규모가 큰 폭 증가한 때가 두 드라마의 방영일과 일치한다.

이제 K뷰티는 중국을 넘어 미국, 일본, 동남아 등 전 세계로 향하고 있다. 많은 한국의 명작 드라마와 배우, 가수들이 함께 K뷰티 글로벌 확장의 든든한 지원군이 되고 있다. BTS와 블랙핑크가 세계적 팝 가수로 발돋움하고, 한국 드라마와 영화가 급부상하면서 한국 화장품에 대한 관심도 크게 증가하고 있다. 세포라와 얼타뷰티, 돈키호테 등 미국과 일본의 주요 화장품 업체들이 K뷰티 섹션을 마련하고 있다. 아마존과 큐텐재팬은 K뷰티의 전도사가 되고 있다.

선진국으로 갈수록 브랜드와 같은 소프트파워가 경제에서 중요한 덕목이 된다. 가성비가 구매 결정의 핵심 척도가 되는 자동차나 IT는 치열한 기술 개발과 가격 경쟁의 칼날 위에 설 수밖에 없다. 언제 중국에 따라잡힐지 모르는 일이고, 이미 서서히 가시화되고 있다. 소프트파워의 진입 장벽은 기술력과 가성비에 기반을 둔 하드파워의 그것보다 훨씬 높다. 기술이 제품이 되어 역사와 이미지까지 만들어 내는 데는 많은 시간이 필요하기 때문이다. 미국이 기술력에서 세계 초강대국이지만 패션/화장품 시장에서 'Made in USA'가 'Made in France'를 여전히 넘지 못하는 것도 이 때문이다.

K팝, K드라마, K시네마, K뷰티 등 한국은 산업 역사상 처음으로

소프트파워를 키워 가고 있다. 문화적 우위와 지속 가능성은 글로벌 화장품 시장에서 한국 화장품의 브랜드력과 연속성, 한국 화장품 산업의 글로벌 확장성을 뒷받침할 수 있는 근거가 된다. 중국 화장품 시장에서 'Made in China'가 'Made in Korea'를 넘기 어려울 것으로 보는 이유이기도 하다. 음식은 선진국, 후진국을 막론하고 전 세계 모든 요리를 잘 먹는 게 미덕이고 선진 시민의 자세이다. 하지만 화장품/패션은 일반적으로 후진국 브랜드를 바르거나 입고 다니지 않는다.

K컬처가 얼마나 지속될지는 확언하기 힘들다. 하지만 단기간에 사그라지지는 않을 것이라는 게 국내뿐 아니라 글로벌 전문가들의 평가이다. 분야별로 콘텐츠의 내용을 자세히 들여다보면 그것들이 단순히 유행을 타고 부각된 것이 아니라는 것을 알 수 있다. K팝은 팝의 본고장이라고 하는 영국의 가수 지망생들이 연수를 올 정도로 인프라가 잘 갖춰져 있고, K드라마는 넷플릭스와 디즈니 등 각종 OTT 랭킹에서 항상 상위에 있고, K시네마는 한국 특유의 창의성과 감성이 칸 영화제와 아카데미 시상식을 떠들썩하게 만들었다. K뷰티의 '혁신성'과 '가성비'는 K컬처를 배경으로 어느 때보다 큰 힘과 확장성을 갖게 되었다.

4장

불이 꺼지지 않는
화장품 공장들

지금까지 한국 화장품의 글로벌 확산 현황과 함께 그 경쟁력의 근간과 지속 가능성에 대해서 진단해 봤다. 지난 20년 동안 전세계에서 유례가 없는 치열한 경쟁 속에 브랜드와 생산, 유통이 분리되면서 ODM 업체들의 생산 역량이 크게 증가했고, 인디 브랜드들은 가성비와 혁신성이 제고되었다. 마스크팩과 BB크림에서 선스틱까지 다양한 히트 제품의 풀(Pool)을 확보하게 되었다.

코로나19에 따른 온라인 쇼핑 증가와 K컬처 확산, 틱톡이라는 새로운 플랫폼은 K뷰티 글로벌 확산의 최적 환경이었다. 일본과 미국의 틈새시장을 파고 들어갔다. 기초 화장품이 발달한 일본에서는 중저가 색조가, 색조 화장품이 유난히 큰 미국에서는 중저가 기초 브랜드들이 비집고 들어가 사업 규모를 키웠고, K뷰티의 글로벌 모멘텀이 시작되었다.

이제 그런 한국 화장품의 글로벌 확산이 어떻게 국내 개별 업체들에 영향을 미치고 있는지 원부자재-ODM-브랜드-유통의 단계별로 자세히 살펴보겠다. 각 밸류체인별로 공통점은 모두 실적 모멘텀이 하위 업체로 내려오고 있다는 사실이다. 그 규모와 효과는 과거 중국 모멘텀 때에 비할 바가 아니다. 훨씬 크다.

원료:
모멘텀은 작지만 효과는 크다

원료는 낙수 효과가 크지 않다

화장품 원부자재는 크게 원료와 용기로 나눌 수 있다. 중국 모멘텀 때에도 그랬지만 원료는 업황 개선의 낙수 효과가 그리 크지 않다. 우선 수입 비중이 높다. 코스맥스와 한국콜마 등 주요 ODM 업체들의 경우 50% 이상 원료를 해외에서 수입하고 있는데 이 비율은 계속 높아지고 있다. 수요의 눈높이가 상승하고 있고 글로벌 화장품 원료 시장에서 핵심 원료들은 프랑스, 미국, 일본 등이 과점하고 있기 때문이다. 아울러 화장품 원료의 많은 부분이 에탄올이나 폴리머, 계면활성제처럼 보편적인 화학물질인 만큼 바스프와 듀퐁 등 글로벌 화학 기업들이 차지하는 비중이 크다.

예를 들어 에멀전을 만들 때 기본적인 성분은 거의 정해져 있다.

■ 표 9. 주요 화장품 원료 성분과 특징 ■

성분	특징
물	· 보통 전성분 표시의 '정제수'에 해당 · 제품의 10% 이상을 차지하는 매우 중요한 성분
유성원료	· 피부의 수분 손실을 조절하여 흡수력 향상 · 대표 성분 : 오일류, 왁스류, 고급 지방산류, 고급 알코올류, 탄화수소류, 에스테르류, 실리콘류 등
계면활성제	· 두 물질의 경계면에 흡착해 성질을 변화시키는 물질 · 물과 기름을 잘 섞이게 하는 유화제와 소량의 기름을 물에 녹게 하는 가용화제, 고체 입자를 물에 균일하게 분산시키는 분산제, 그 외 습윤제, 기포제, 소포제, 세정제 등
보습제	· 건조한 피부를 진정시키고 피부를 부드럽고 매끄럽게 하는 성분으로 흡수성이 높은 수용성 물질 · 대표 성분 : 글리세린, 프로필렌글라이콜, 부틸렌글라이콜, 솔비톨, 히알론산나트륨 등
점증제	· 점도를 유지하거나 제품의 안정성을 유지하기 위해 사용. 보습제, 계면활성제로 일부 이용 · 대표 성분 : 구아검, 크산탄검, 젤라틴, 메틸셀룰로오스, 알간산염, 폴리비닐알코올, 벤토나이트 등
색소	· 제품의 색깔을 내는 성분으로 타르색소, 천연색소, 무기안료로 나눌 수 있음
보존제	· 화장품을 개방한 후 미생물에 의한 변질을 막기 위해 사용 · 우리나라에서 사용 가능한 보존제는 총 69종으로 배합한도가 정해져 있음 · 대표 성분 : 파라벤, 이미다졸리디닐우레아, 페녹시에탄올, 페노닙 등
착향제	· 향을 내는 성분 · 무향료란 제품에 향료를 첨가하지 않은 것으로 원료 자체의 향이 나는 것은 가능 · 무향제품은 향을 없앤 제품으로 원료의 향을 없애기 위해 향료를 사용하기도 함
효능원료	· 미백, 주름 개선, 탄력감을 올리는 등 특정 기능을 하는 효소 성분 · 트러블 없이 최대한 효능을 낼 수 있는 적정량을 사용하도록 식품의약품안전처에서 관리감독

자료 : 식품의약품안전처, 메리츠증권 리서치센터

일단 정제수가 전체 원료의 80% 이상을 차지한다. 글리세린 등 보습 성분 원료 4~5개, 지질 오일 성분 4~5개, 계면활성제 역할을 하는 원료 2~3개, 점도를 올리기 위한 점증제, 그리고 산화 방지를 위한 보존제 2~3개가 기본이다. 여기에 선택적으로 착향제와 특화된 원료 성분을 넣는 게 공식이다. 청귤, 히알루론산, 홍삼, 어성초, 달팽이 진액 등 마케팅 포인트로 삼는 특화 성분의 비중은 대단히 낮다.

또한 원료 시장은 중소형 제조사들과 다양한 수입처로 분산되어 있다. 코스맥스와 한국콜마 같은 메이저 ODM 업체들의 거래처는 300개 이상이며, 한 회사의 집중도는 대단히 낮다. 원료 시장 성장의 실적 모멘텀이 분산될 수밖에 없다. 국내에 상장돼 있는 화장품 원료 업체 가운데 상대적으로 큰 회사는 현대바이오랜드와 선진뷰티사이언스, 대봉엘에스 정도인데 매출 규모가 커 봐야 1,000억 원 남짓이며, 그나마 화장품 원료 매출은 600~700억 원 수준이다.

국내 1위 천연 화장품 원료 기업 현대바이오랜드는 마치현 추출물, 히알루론산 등 천연물을 이용한 화장품 원료를 제조, 판매하고 있다. 선진뷰티사이언스는 전 세계 거의 모든 유명 화장품 브랜드에 화장품 소재를 납품하고 있는 글로벌 소재 회사이지만, 매출 규모는 이제 790억 원(2024년 기준) 수준이다.

물론 세 업체 모두 화장품 업황 개선으로 실적은 분명히 좋아지고 있다. 현대바이오랜드는 대표적인 보습 원료 히알루론산 매출이 35% 증가하는 등 화장품 원료 매출이 2024년에만 13% 신장하고 있다. 선진뷰티사이언스는 해외 매출 비중이 약 85%에 달하며, 자외선 차단 소재에 특화돼 있는데, OTC 전문 ODM 공장이 2025년 5월 준공 예정이다. 최근 빠르게 성장하는 자외선 차단제 시장을 감안하면 실적 가시성이 높다. 아울러 이 회사는 국내 원료 회사 가운데 드물게 IFSCC에 매년 참석할 정도로 R&D 역량이 두드러진다. 2024년 IFSCC에서는 대봉엘에스도 6편의 논문을 포스터 형태로 발표했다.

아울러 화장품 원료 사업은 뚜렷한 진입 장벽을 형성하기 힘들다. 일반/필수 성분의 경우 대체재가 워낙 많아서 대체로 에이전트를 통해 매입한다. 전술한 바와 같이 코스맥스와 한국콜마의 경우 국내 300여 개 업체로부터 원료를 매입하고 있으며, 원료 업체들 역시 국내 모든 화장품 생산 업체에 원료를 납품하고 있다.

한방과 같은 특별한 원료들은 높은 진입 장벽이 형성될 수 있으나, 한정된 매출처로 실적 전망이 쉽지 않다. 예를 들어 현대바이오랜드의 화장품 원료 매출은 2014~15년에 크게 부각되었지만, 이후 설화수의 성장률 둔화와 함께 밋밋한 흐름을 보였다.

새로운 '제형' 찾기

다만 핵심/특화 원료는 그것을 사용한 개별 제품에게는 대단히 중요한 기능이며, 큰 마케팅 포인트이다. 그래서 부가가치도 높다. 예를 들어 현대바이오랜드의 마치현 추출물의 경우 L사에서 감초

파우더를 빼고 마치현 추출물을 쓰기로 하면서 전 세계에 부각되었다. 마치현 추출물은 한 버섯 공장에서 시작되었다. 약을 뿌려도 죽지 않는 잡초 같은 게 있어서 채취해 보니 끈적한 보습제 성분이 뛰어났다. 나중에 동양의학에서 고약의 주 원료로 사용되는 것이 확인되면서 항염제로 개발, 화장품에 적용되었다. 마치현 추출물의 연간 매출이 300만 원에서 300억 원으로 올라가면서 현대바이오랜드(당시 바이오랜드)가 상장하는 데 기반이 되었다.

청귤이 화장품에 쓰이기 시작한 계기는 재밌다. 제주도로 여행을 간 연구자가 우연히 귤껍질을 냄새가 나는 발가락에 문질렀다. 2시간이 지나도 효과가 유지되는 완벽한 냄새 마스킹Masking 능력에 고무돼서 성분을 분석해 보니 항균 성분이 탁월해 화장품에 사용하기 시작했다는 것이다.

이런 핵심/특화 원료들은 화장품에서 구성비는 작지만 가격이 높기 때문에 원료비에서 차지하는 비중은 크다. 히알루론산이나 더마 화장품의 핵심 원료로 사용되는 세라마이드의 가격은 글리세린 같은 일반 원료 가격의 100배에 이른다. 따라서 이런 특화 원료가 성공하면 수익성도 크게 높아진다. 과거 마치현 추출물의 영업이익률은 85%에 달했다고 한다.

다만 이런 원료들은 아주 미량을 사용하기 때문에 원료 회사 입장에서 절대적인 매출 규모는 크지 않다. 아울러 그런 핵심/특화 원료들에 대한 차별적인 판매, 즉 특허가 가능한지, 그 원료들이 얼마나 오랫동안 사용될지도 관건이다. 무엇보다 특정 원료의 유행 변화 가운데 실적이 꾸준히 좋아지려면 새로운 원료를 계속 개발해 낼 수 있는 R&D 인프라를 갖춰야 한다.

화장품 '물질'에 대한 특허는 대부분 풀린 상태이다. 따라서 지금 화장품 원료 시장은 누가 더 좋은 원료를 더 값싸게 공급할 수 있는지가 경쟁력이 되었다. 가격은 중국산이 좋지만, 안정성 우려와 'Made in China'에 대한 거부감 때문에 EU나 국산을 선호한다. 아울러 최근 화장품 산업에서 특허는 '물질'에서 '제형'으로 넘어가 내용물 또는 조성물 특허가 많다. 예를 들어 입자를 아주 작게 만들어 피부 흡수율을 높이는 나노에멀전, 리포좀, 세라마이드 함유 나노 전달체 같은 '기술'이다. 이런 기술은 ODM의 영역이기도 하기 때문에 코스맥스나 한국콜마에서 특허 등록이 상당히 이뤄지며 타사 기술 사용을 막기보다 자사 홍보를 위한 용도로 활용된다.

용기 :
없어서 못 판다

용기도 'K'다

K뷰티가 글로벌로 뻗어 나가면서 용기 업체들은 초호황을 누리고 있다. 상위 10개 업체 매출은 2023년 전년 대비 10% 증가했는데, 2024년 증가폭은 더 클 것으로 예상된다. 상위 업체들보다 하위 업체들의 매출 증가폭이 더 클 전망이다. 전체적으로 2014년보다 지금 수요가 훨씬 크고 안정감 있다는 게 각 업체들 경영진의 평가이다.

당시에는 아모레퍼시픽과 LG생활건강 등 대기업 위주여서 소수 거래처 의존도가 높았는데, 지금은 훨씬 많은 수의 브랜드로 분산되고, 주문 규모도 달라졌다. 한국보다 화장품 시장 규모가 큰 일본/미국 등으로 수출이 늘어나면서 예전에는 3~4만 개 주문하던 업체들이 어떨 때는 100만 개씩 주문을 넣기도 한다. 사출기가 모자라 사출을 아웃소싱하는 사례가 늘고 있으며, 조립 캐파가 부족해 병목 현상이 발생하고 있다.

펌텍코리아는 2023년 말 제3공장을 인수 가동했는데도 전체 가동률이 80%에 이르고 있고, 제4공장을 2025년 7월에 준공할 예정이다. 수요가 많은 펌프와 스틱은 여전히 수요를 따라가지 못하며, 사출의 70% 이상을 아웃소싱하는 상황이다. 심지어 사출기를 사서 외주 업체에 대여하는 방식으로 대응하고 있다. 특히 최근에는 인디 브랜드 수요가 크게 늘면서 프리몰드(범용 금형) 방식 생산 비중이 커져 용기 업체들의 생산 효율이 배가되고 있다.

프리몰드는 제조 업체가 보유한 금형을 사용해 용기를 생산하는 것으로 고객사 전용으로 용기를 개발하는 것보다 시간과 비용 측면에서 효율적일 수밖에 없다. 인디 브랜드 입장에서도 디자인/설계/개발 등의 과정을 거치지 않아 비용을 절약할 수 있다는 장점이 있다. 현재 펌텍코리아 용기 매출 중 프리몰드 비중은 76%에 달한다. 2년 전에 비해 15%p 이상 상승한 수치이다.

화장품 밸류체인상 원료와 용기는 국내 업체들로 향하는 모멘텀의 정도가 다르다. 국내 화장품 생산에 소요되는 용기의 90% 이상이 국산이다. 그래서 전방산업의 실적 개선이 밸류체인을 따라 그대로 이어질 수 있다. 한국 화장품 시장에는 벤처/인디 브랜드들이 즐비한데 그 어느 나라보다 다품종 소량생산의 성격이 강할 뿐 아니라 리드타임(주문부터 납기까지 기간)이 짧으며, 무엇보다 국내 업체들의 기술력이 탁월하기 때문에 화장품 제조 업체들이 굳이 수입할 필요를 느끼지 못하는 듯하다. 자동차나 전자제품 제조가 중국으로 넘어간 것처럼 화장품 용기 산업도 중국에 뺏기지 않을까 우려하는 시각이 있다. 하지만 국내 화장품 용기 시장에서 중국산 저가 용기 침투율이 올라가기에는 한계가 있다.

첫째, 다품종 소량 생산이라 운송비 부담이 크다. 중국 시장 내에서도 부자재는 각 '성'을 넘지 않을 정도이며, 부자재 인프라가 잘되어 있는 광저우로 화장품 생산 업체들이 몰리는 이유이기도 하다. 인디 브랜드 전성기인 지금은 더욱 다품종 소량 생산 성격이 짙기 때문에 중국산 용기에 대한 수요가 제한적이다. 물론 미국이나 일본 시장에서 '대박'이 난다면 100만 개, 200만 개 대량 주문이 나올 수 있다.

실제로 최근 미국 판매가 증가하면서 중국산 용기 사용 사례가 늘어나고 있다. 중국도 단순한 개별 용기에 대해서는 품질이 양호한 제품이 많아지고 있다. 로레알 등 글로벌 브랜드 업체들의 중국 현지 공장 가동률이 떨어지면서 국내로 싸게 공급하고자 하는 중국 용기 업체 영업이 늘었기 때문이기도 하다. 하지만 가장 큰 요인은 국내 용기 업체들의 캐파 부족이다. 국내 상위 용기 업체들은 2~3개월 생산 일정이 모두 잡혀 있다.

용기 업체들은 ODM 업체들에 비해 생산 캐파를 좀 더 빠듯하게 운영하는 경향이 있다. 이건 사업 규모의 차이 때문으로 봐야 할 듯하다. 코스맥스와 한국콜마 등 국내 대표 ODM 업체들은 매출 규모가 2조 원이 넘는 글로벌 톱 기업이다. 글로벌 화장품 시장 동향에 민감하게 반응하며 해외시장 공략과 투자도 공격적이다. 생산 캐파도 여유 있게 가져가는 편이다. 캐파 부족 때문에 주문을 받지 못하는 경우는 발생하지 않는다. 반면 국내 용기 업체들의 매출 규모는 가장 큰 펌텍코리아가 3,000억 원 정도이다. 상대적으로 사업 규모가 작다 보니 신규 투자도 좀 더 보수적으로 접근하는 경향이 있다. 최대한 아웃소싱과 초과근무로 대응하다가 가동률이 한계에 이르러야 증설을 결정한다.

둘째, 화장품은 원가율이 낮다. 용기 디자인과 아이디어는 카피가 쉽기 때문에 진입 장벽에 대해 의심할 수 있다. 디자인과 기능이 유사할 경우 후발 사업자, 즉 중국 업체들의 싼 용기를 선택하지 않을까 하는 우려가 있다. 하지만 브랜드 업체들 입장에서 원가율을 생각해 보면 이야기가 전혀 다르다. 두 회사 용기 가격 차이가 30% 난다고 할 때, 액면 그대로 용기만 비교해 보면 가격 차이가 커 보인다. 하지만 브랜드 업체들 입장에서 보면 작은 수치이다.

일반적으로 화장품 소매가격에서 용기가 차지하는 비중은 10% 정도이다. 화장품의 원가율은 25% 내외이며, 럭셔리 화장품의 경우 20% 이하까지 하락한다. 용기 가격 차이가 30%일 경우 원가에서 차지하는 비중은 3% 이하가 된다. 화장품은 수요의 가격탄력성이 낮다. 3% 정도는 충분히 소비자 가격에 전가시킬 수 있다. 굳이 펌텍코리아와 연우의 용기를 써야 하는가에 대한 문제가 아니라, 굳이 선두에 서 있는 펌텍코리아와 연우의 용기를 쓰지 않을 이유가 없다.

셋째, 하자에 대한 위험부담이 높다. 화장품에 대한 소비자의 불만은 주로 용기 때문에 발생한다. 내용물의 경우 이미 성분의 안정성 검사가 충분히 끝난 50여 종의 원료를 배합하는 것이기 때문에 큰 문제가 발생하지 않는다. 만일 피부 트러블이 발생하면 본인 피부에 맞지 않을 뿐이라고 생각한다. 하지만 용기가 파손됐을 때는 다르다. 본인이 특별히 힘이 세거나 미숙해서 문제가 발생했다고 생각하지 않는다. 용기가 잘못된 것이라고 간주하고, 판매 업체 또는 브랜드 업체에게 컴플레인_{complain}을 하는 경우가 많다. 제품을 사용할 수 없게 되거나 손가락이 베일 수도 있다.

사고의 근본적인 문제가 용기에서 발생했을 경우 브랜드 업체는 부자재 업체에게 구상권을 청구할 수 있다. 럭셔리 브랜드일 경우 그 금액이 얼마까지 증가할지 모른다. 제품 전체 매출은 물론 운송료까지 모두 책임져야 할 수도 있다. 럭셔리/대형 브랜드 업체일수록 자본력이 약한 소형 용기 업체나 기술력이 검증이 안 된 용기 업체들의 제품을 사용하지 않는 이유이다.

작은 플라스틱 용기에 담긴 피와 땀

　2018년 남북경협 관련하여 북한 소비 시장 분석을 위해 신의주와 인접한 북한 단둥에 갔을 때 신의주 화장품 공장에서 생산한 '봄향기'가 북한의 대표적인 프리미엄 화장품이라고 해서 사 봤다. 그런데 봄향기 살결물(스킨케어) 뚜껑을 잡고 들어 보니, 본체는 가만히 있고 뚜껑만 들렸다. 펌프를 누르니 어떤 때는 내용물이 너무 많이 나오고 어떤 때는 아예 나오지 않았다. 한 번은 손바닥에 펌핑할 때 갑자기 너무 세게 나와서 팔뚝까지 내용물이 튀었다. 펌프 한 번 누를 때마다 어디로 튈지 긴장해야 했다. 내용물의 퀄리티는 둘째치고 용기가 너무 형편없었다. 북한은 역분해 방식으로 휴대폰, 심지어 미사일까지 만드는 나라이지만 화장품 용기 같은 생활용품 기술은 상당히 낙후돼 있다.

　화장품 용기에도 화장품 내용물 못지않은 R&D가 녹아 있다. 디스펜서 펌프는 펌핑할 때마다 일정량의 내용물이 토출되도록 한다. 에어리스 펌프는 화장품 내용물이 외기와 접촉되면 변질이 우려되는 기능성 제품을 위해 개발되었다. 최근 나노 화장품, 기능성 화장품 등 내용물에 대한 발전과 신제품 개발이 이어지면서 그에 적합한 화장품 용기가 요구되고 있다.

　헤어젤과 같은 화장품 용기는 젤의 질감 특성 때문에 일반 스프레이병에는 담기 어렵다. 기능성 화장품은 '찌그러지는 튜브'에 담는데, 그 이유는 기능성 화장품에 레티놀이나 천연성분이 들어 있어 외부 공기가 들어가면 내용물이 변질되기 때문이다. 콤팩트 거울에는 일반 거울보다 2배 이상 선명하게 보이는 기술이 들어가 있다. 스킨과 로션은 병의 두께가 다르다. 스킨은 로션보다 더 많이 사용하기 때문에 두 제품을 동시에 다 사용하도록 로션 용기를 훨씬 두껍게 만든다. 아침에 바르는 화장품 용기는 가볍고 청량한 느낌의 재질을, 밤에 사용하는 화장품 용기는 부드러운 소리가 나게 무거운 재질을 사용한다.

아울러 최근 미국으로 화장품 수출이 증가하면서 한국 화장품 용기의 경쟁력이 더욱 빛을 발휘하고 있다. 태평양 위 100℃에 가까운 고온의 컨테이너 박스 안에서 수축과 팽창을 반복하다 보면 용기와 내용물의 변화가 나타날 수 있다. 특히 연질 튜브 용기들은 그런 위험이 크다. 그래서 K용기에 대한 선호도가 더욱 높아졌다.

화장품 용기 시장에서 연우를 빼놓고 이야기할 수 없다. 연우의 기중현 회장은 한국 화장품 용기 산업을 글로벌 톱 수준으로 끌어올렸다. 연우는 1990년 국내 최초로 화장품용 디스펜서 펌프를 개발했다. 펌프는 화장품 용기 시장에서 가장 큰 비중을 차지하는 필수 카테고리인데, 1990년 이전까지는 전량 수입에 의존했다. 연우가 화장품 용기 국산화의 물꼬를 튼 것이다. 연우는 1995년에는 에어리스 펌프까지 개발했고, 펜슬용 펌프, 크림형 펌프 등 시장을 선도하는 제품을 잇달아 내놓으면서 30여 년 동안 국내 화장품 용기 선두 기업으로 성장했다.

연우의 기술 개발과 성장에 자극을 받은 펌텍코리아, 삼화, 태성

산업 등 국내 메이저 용기 회사들이 함께 시장을 키웠다. 펌텍코리아는 1980년대에 물감 튜브를 만드는 회사였다. 이어서 치약 등 생활용품 등으로 영역을 확대하다가 화장품 용기로 사업을 확장했다. 핵심 화장품 용기인 펌프는 이미 연우가 선점하고 있었기 때문에 펌프 이외 용기에서 차곡차곡 매출을 쌓았다. 2002년 펌프튜브를 국내 최초로 출시하고, 2010년 에어리스 콤팩트, 2014년 선스틱을 잇달아 개발, 크게 히트 치면서 사업 규모를 키웠다. 최근에는 화장품용 튜브 수요가 크게 늘어나면서 자회사(지분율 47%) 부국티엔씨 매출(2024년 매출 781억 원, YoY 21%)도 급증하고 있다. 국내 최대 튜브 용기 전문 업체의 위엄이 새삼 화장품 시장에서 부각되고 있다.

이러한 용기 시장의 성장은 무엇보다 브랜드와 ODM 등 전방산업의 호황으로 그 수요가 크게 증가했기 때문이다. 특히 2000년대 원브랜드숍 시장 성장이 용기 시장 발전에 크게 기여했다. 제품 가격 하락으로 중저가 시장이 확대되면서 전체 용기 수요량이 늘어났고, 용기 업체들의 판로가 크게 확대되었다. 최근 벤처/인디 브랜드의 확대는 유사한 의미에서 우호적인 사업 환경이다. 브랜드 업체에 대한 가격 결정권도 높아졌다. 국내 업체들의 기술력은 세계 최고를 자랑하는 이탈리아, 일본에 견주어도 뒤지지 않는다는 평가이며, 플라스틱 용기를 중심으로 수출 비중도 높다. 펌텍코리아와 연우 매출의 40%가 수출이다. 럭셔리로 갈수록 수입 비중이 높아지는 원료와 대비되는 점이다.

한국 업체들의 가장 큰 장점은 아이디어가 풍부하다는 것이다.

연우의 경우 1990년대에 국내 화장품 업체들에게만 납품할 때는 몇몇 회사 콘셉트를 벗어나지 못했다. 2000년대에 수출이 본격화되면서 아이디어가 많이 나오기 시작했다. 국내외 400개 기업과 거래하면서 화장품 품목과 용기에 대한 데이터베이스를 구축하고 글로벌 트렌드에 대응할 수 있었다. 베스트셀러 납품 경험을 토대로 여러 컨설팅이 가능하다는 점은 추가적인 경쟁력이다. 화장품은 굉장히 트렌디하다. 매출을 올릴 만하면 미투 제품이 나오고 유행이 바뀐다. 이런 유행성은 아이디어가 풍부한 연우나 펌텍코리아 같은 선두 업체에게 유리하다.

연우는 디스펜서 펌프를 시작으로 에어리스 펌프를 거쳐 4세대 이상 기술 진보를 이어 가면서 기능 불량이 거의 제로에 가까워졌다. 기술의 '자기잠식'을 통해 하위 업체와 격차가 더 벌어졌다. 연우는 2022년 한국콜마에 피인수되었다. 한국콜마는 용기 생산 마진을 내재화할 수 있게 되었고, 연우는 한국콜마의 용기 수요를 흡수하면서 사업 규모를 키울 수 있게 되었다. 한국콜마의 국내, 중국과 미국 법인은 물론 콜마비앤에이치 등과 같은 한국콜마그룹 계열사들의 용기 수요를 포괄할 수 있게 된 것이다. 다만 아모레퍼시픽과 LG생활건강 럭셔리 용기 비중이 높았기 때문에 국내 럭셔리 브랜드들의 중국 사업 위축과 함께 2022년 매출이 크게 줄었다가 최근 회복세에 있다.

펌텍코리아는 2021년 이후 고객사가 빠르게 증가하면서 시장 점유율 확대를 도모하고 있다. 애초 비중국/벤처/인디 브랜드 매출 비

■ 표 10. 국내 주요 화장품 용기 제조 업체별 매출액 현황 ■

구분 (백만 원, %)	2017 매출액	2017 비중	2018 매출액	2018 비중	2019 매출액	2019 비중	2020 매출액	2020 비중	2021 매출액	2021 비중	2022 매출액	2022 비중	2023 매출액	2023 비중
펌텍코리아	133,096	17.0	151,233	16.5	161,859	16.5	143,748	16.9	159,474	17.4	173,637	19.9	212,802	22.1
부국티엔씨	38,676	5.0	46,300	5.1	48,109	4.9	51,451	6.0	47,570	5.2	45,970	5.3	55,101	5.7
펌텍소계	171,772	22.0	197,533	21.6	209,968	21.4	195,199	22.9	207,044	22.5	219,607	25.2	267,903	27.8
연우	228,722	29.3	271,933	29.7	292,405	29.7	245,653	28.8	279,680	30.4	222,882	25.6	227,846	23.7
삼화	89,080	11.4	104,476	11.4	105,014	10.7	90,199	10.6	104,990	11.4	134,978	15.5	151,442	15.7
태성산업	48,635	6.2	64,709	7.1	69,333	7.1	54,783	6.4	49,852	5.4	50,930	5.8	56,941	5.9
디린	48,473	6.2	50,945	5.6	59,809	6.1	63,451	7.5	73,646	8.0	63,352	7.3	55,155	5.7
탭코리아	41,405	5.3	55,700	6.1	61,249	6.2	49,611	5.8	41,080	4.5	52,478	6.0	51,030	5.3
장업시스템	51,729	6.6	53,314	5.8	43,892	4.5	32,985	3.9	43,194	4.7	35,178	4.0	50,930	5.3
아이팩	44,892	5.8	3,982	4.8	49,892	5.1	44,496	5.2	43,353	4.7	37,284	4.3	48,071	5.0
우성플라테크	26,791	3.4	29,085	3.2	36,243	3.7	49,773	5.8	44,189	4.8	31,260	3.6	34,599	3.6
하나	29,219	3.7	43,246	4.7	55,490	5.6	25,493	3.0	31,635	3.4	23,645	2.7	18,534	1.9
합계	780,718	100.0	914,923	100.0	983,295	100.0	851,643	100.0	918,663	100.0	871,594	100.0	962,451	100.0

자료 : 각 사, 메리츠증권 리서치센터

중이 높았던 사업 구조와 튜브 경쟁력 덕분에 최근 K뷰티 확산 수혜를 톡톡히 보고 있다. 2023년에는 연우를 제치고 확고한 국내 화장품 용기 1위 업체로 올라섰다.

펌텍코리아의 기세는 대단하다. 최근에는 인디 브랜드뿐 아니라 레거시 제약사들의 화장품 사업 진출이 활발해지면서 주문이 크게 늘어나고 있다. 동국제약의 '센텔리안24', 대웅제약의 '이지듀', 광동제약은 '데이지크'를 인수한 바 있으며, 종근당의 더마 화장품 '클리덤 Cleaderm'은 2024년 12월 다이소 론칭 4개월 만에 누적 판매량 100만 개를 돌파하면서 돌풍을 일으켰다. 이들은 풍부한 자본을 바탕으로 공격적인 마케팅과 영업을 전개하고 있다.

글로벌 고객사들의 주문도 만만치 않다. 유럽과 북미 지역 대형 브랜드들로부터 주문이 잇따르고 있다. 미국 A사의 초도물량은 330만 개에 달하고 있다. 사업 규모가 커지면서 홍콩 코스모프로프 외에도 뉴욕, 파리 등지의 크고 작은 해외 박람회도 많이 나가고 있는데, K뷰티 확대의 후광으로 펌텍코리아 부스를 찾는 바이어들이 크게 증가하고 있다. K뷰티의 혁신적인 용기를 어디서 만드는지 알고 싶어 하기 때문이다.

2025년 7월 제4공장 준공을 앞두고 있는데, 지속적인 캐파 증설로 인천 펌텍코리아 본사 주변은 '펌텍코리아 타운'이 되어 가고 있다.

ODM :
글로벌 모멘텀의 최대 수혜

실적 모멘텀은 하위 업체로 갈수록 크다

화장품 업계 동향을 살펴보기 위해 펌텍코리아부터 올리브영까지 화장품 밸류체인을 따라 관련 회사들을 둘러보던 차에 화장품 제조 업체 A사 대표를 만났다. 5년 전에도 만난 적이 있는데 그 당시 A사는 제조 역량은 뛰어나지만 브랜드력이 제한적이라 향후 방향에 대해 고민이 많았다. 그런데 이번에는 그때와는 사뭇 다른 분위기였다. 사장실 문을 열자마자 아주 호탕한 웃음으로 맞아 주었다. 그럴 만했다. 2024년 들어 ODM 발주 증가 때문에 실적이 어마어마하게 좋아지고 있었다. "우리한테까지 이렇게 발주가 커질지 몰랐어요. 지금 보니 우리 회사가 ODM 시장에서도 꽤 순위가 높더라고요!"

실제로 ODM 업황은 이루 말할 수 없이 호황이다. 코스맥스와 한국콜마는 이미 8시간씩 2교대 근무로 풀가동하고 있고, 충진까지만 하고 포장은 외주로 맡기는 경우가 많아지고 있다. 한국콜마의 경우 2024년 5~6월에는 더 이상 주문을 받지 못할 정도로 가동률이 높았다. 실적 모멘텀은 하위 업체로 갈수록 크다. 가동률 상승 폭이 1~2위 업체보다 높기 때문이다. 국내 ODM 3위 업체 코스메카코리아의 경우 아누아, 티르티르, 스킨1004 등 글로벌 히트 브랜드들의 수주가 연이으며 2024년 국내 사업 매출이 전년 동기 대비 22%, 영업이익은 94%나 증가했다. 중국 모멘텀이 꺾이면서 실적 부진으로 잉글우드랩 인천 공장 1개를 매각하던 때를 생각하면 격세지감이다.

ODM 4위 업체 씨앤씨인터내셔널의 국내 매출은 2024년 YoY 50% 이상 증가했다. 이 회사는 롬앤과 클리오, 어뮤즈 등 국내 주요 색조 브랜드의 포인트 메이크업 제품 생산을 담당하는데, K뷰티의 일본 색조 시장 진출 수혜를 가장 크게 봤다. 한편 마스크팩 ODM 업체 제닉은 미국에서 바이오던스의 '바이오 콜라겐 리얼 딥 마스크'가 말 그대로 '대박'이 나면서 2024년 3분기부터 실적이 바로 점프해 버렸다. 2분기까지 60~70억 원에 머물던 분기 매출이 3분기부터 갑자기 150억 원을 넘어선 것이다. 이대로 가면 2025년 연간 매출은 1,200억 원 이상이 될 것으로 예상되는데, 2022년 매출의 4배에 해당하는 수치이다.

브랜드는 당신 것, 처방전은 내 것

식품이나 패션, 화장품 등 소비재 업종에서 OEM/ODM 사업은 일반화돼 있다. 업종을 막론하고 OEM/ODM 업체들의 핵심 경쟁력은 높은 기술력과 원가 경쟁력이다. 브랜드 업체들이 원하는 제품을 되도록 값싸게 공급할 수 있는 능력이 핵심이다. 업종에 따라 기술력과 원가 경쟁력의 비중은 좀 달라진다.

예를 들어 패션/의류의 경우는 디자인 이외에 특별한 경쟁력을 확보하는 것이 어렵기 때문에 제품을 얼마나 싸게 생산할 수 있는가가 경쟁력이다. 대체로 ODM보다 OEM이 많다. 핵심 가치라고 할 수 있는 디자인은 브랜드 업체가 담당하고, OEM 업체는 원단 소싱과 생산을 담당한다. 식품은 ODM이 많다. 식품은 제조 특성상 카테고리마다 생산 라인이 완전히 다르기 때문에 원천 기술을 ODM 업체가 갖고, 다양한 신제품을 개발해서 브랜드 업체에 제안한다.

의류의 원단은 일정하게 정해져 있다. OEM 업체들이 하는 작업은 원단을 디자인대로 재단/봉제/포장하는 일이 대부분이다. 한세실업 베트남 공장을 가 보면 한 건물 안에서 수백 명의 재단사가 재봉틀 수백 대를 돌리며 동일한 작업을 하는 것을 볼 수 있다. 2014~15년 영원무역과 한세실업의 실적 모멘텀은 원가의 중요성을 잘 설명해 준다. 중국이 임금 상승과 임차료 부담 등으로 글로벌 생산 지역으로서의 의미가 빠르게 퇴색할 무렵, 방글라데시와 베트남 등지에 이미 생산 시설을 확보해 놓은 두 업체에 글로벌 의류/스포

츠웨어 브랜드 업체들의 수주가 몰려들었다.

물론 이러한 가격 경쟁력은 시장 원리에 의해 시간이 지날수록 낮아질 수밖에 없다. 경쟁 업체가 캐파를 확대하고 해당 지역에 인플레이션이 발생하면 경쟁력이 떨어지고 성장도 둔화될 수밖에 없다. 이러한 의류 OEM 업체들의 전략은 같은 시기에 코스맥스와 한국콜마 등 화장품 ODM 업체들이 중국 소비 시장의 부상을 염두에 두고 중국 현지 생산 기지를 오히려 확대한 사실과 대조를 이룬다.

화장품 업종은 ODM 방식이 많다. 코스맥스와 한국콜마, 코스메카코리아와 씨앤씨인터내셔널 모두 ODM이 주력이다. 이들은 막대한 R&D 투자와 설비, 기술력으로 높은 진입 장벽을 세우고, 중저가 매스 시장의 다양한 트렌드 변화에 맞춰 수많은 히트 상품을 내놓고 있다. 코스맥스와 한국콜마는 국내뿐 아니라 글로벌 화장품 ODM 시장에서도 1, 2위를 차지하고 있다. 처방전을 브랜드 업체가 아닌 ODM 업체가 갖기 때문에 한 번 사업 파트너가 되면 사업 지속성이 대단히 높다. K뷰티의 글로벌 모멘텀 시기에 가장 안정적이고 큰 수혜 업체라고 볼 수 있다.

2015년 A사 시트마스크가 중국에서 크게 히트 치면서 국내 생산 캐파가 부족할 때였다. 물량 공급이 다급했던 A사는 다른 ODM 업체를 찾아가 해당 제품 실물을 내 보이며 똑같이 만들어 달라고 부탁했다. 자신들의 제품이지만 ODM 제품이라 레시피가 없었기 때문이다. 2012년에는 에이블씨엔씨가 SK-II의 피테라 에센스 미투 제품인 레볼루션 에센스를 만들어서 크게 히트 친 적이 있다. 성능은 차치하고 발효 화장품 특유의 향이 매우 비슷했다. 화장품의 내용물은 다양한 원료를 처방전에 따라 배합한 것이기 때문에 원료의 구성과 비율이 눈에 보이지 않는다. 그래서 미투 제품을 만들 수는 있어도 카피는 불가능하다.

코스맥스와 한국콜마는 한국 시장 커리어를 기반으로 2010년 초·중순에 중국에 진출하였고, 현지 로컬 업체들을 대상으로 비즈니스를 전개하면서 차별적인 성장세를 보였다. 현지 업체와 기술 및 캐파 격차가 워낙 크기 때문이다. 코스맥스나 한국콜마처럼 ①

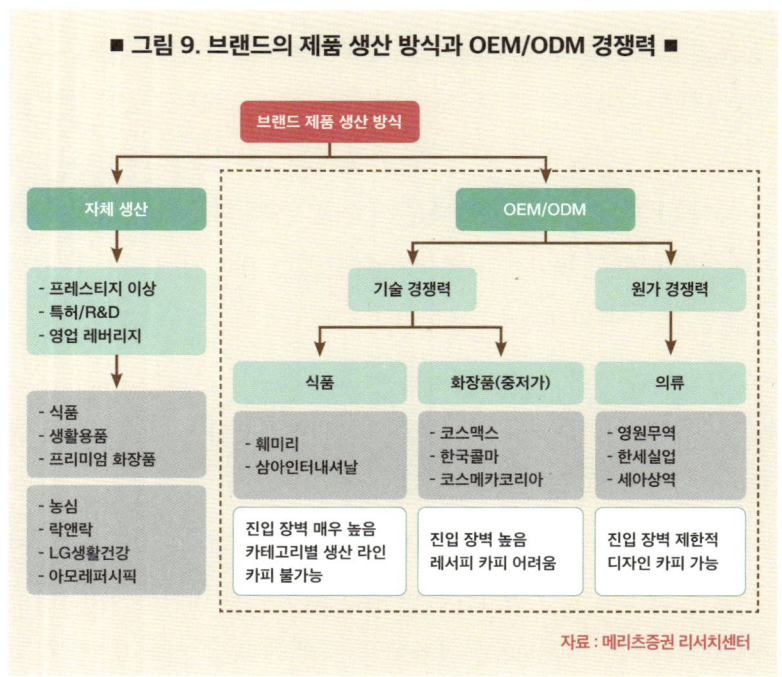

막대한 양의 ② 많은 SKU를 ③ 단기간에 공급할 수 있는 ODM 업체가 중국 현지에는 없다. 시가총액은 LG생활건강이나 아모레퍼시픽에 대비해서 훨씬 뒤지지만 그건 사업 구조와 확장성의 차이 때문이다. 화장품 산업에서의 글로벌 인지도는 아모레퍼시픽보다 코스맥스나 한국콜마가 위일 수도 있다. ODM 업체들의 중·장기 성장 여력이나 투자 가치도 웬만한 글로벌 브랜드 업체들보다 높다.

영업이익률이 중요한 게 아니다

과거에는 브랜드 업체들의 실적이 좋지 못한 경우, 어느 정도는 ODM 업체들에게 가격 전가가 이루어졌다. 하지만 인디 브랜드의 비중이 상승하면서 신규 바이어 풀이 확대되고, ODM 업체들의 시장 내 지위가 상승하면서 가격 전가가 만만치 않게 되었다. ODM 업체들은 바이어들이 넘치는 상황이라 더 이상 마진이 낮은 대형 브랜드 업체의 OEM 생산을 하지 않는다. 글로벌 화장품 ODM 1위 코스맥스는 아모레퍼시픽 제품을 생산하고 있지 않다.

물론 수익성은 브랜드 업체와 비할 바가 아니다. 화장품은 전통적인 고마진 상품으로 생산 원가가 20%밖에 안 되기 때문에 브랜드 업체들의 영업이익률은 상황에 따라서 30%를 넘을 때도 있다. 브랜드력이 높은 제품은 가격에 대한 소비의 탄력도가 떨어지기 때문에 고마진이 가능하다. LG생활건강 화장품 부문 영업이익률은 럭서리 브랜드 후의 매출 비중 상승으로 2013년 14%에서 2018년에는 20%까지 상승한 바 있다. 하지만 ODM 업체들은 산업 고유의 성격에 의해 영업이익률이 높지 않다. 그 이유는 3가지이다.

첫째, 브랜드 업체와 달리 특별한 브랜드 로열티가 없기 때문이다. 코스맥스가 기술력이 우수한 것은 사실이지만 반드시 코스맥스에 생산을 의뢰해야 할 이유는 없다. 특히 OEM의 경우 가격 조건에 따라 언제든지 다른 업체와 계약할 유인을 갖고 있다. 이에 따라 ODM 업체 역시 기술력 제고로 원가율을 낮출 수 있을 때 영업이익률을 올리기보다 가격 경쟁력을 제고하여 고객사를 추가로 확보하는 경향이 있다. 외형 확대로 이익 증대를 도모하는 것이다.

이는 볼륨과 평판이 중·장기적인 성장성을 확보할 수 있는 기본 요소이기 때문이다. 아울러 영업이익률 상승이 고객사로부터 추가적인 마진 하락의 압박으로 이어질 수 있기 때문이기도 하다. 비상장 ODM 업체들은 상장 시 회사 수익성이 공개되는 것에 대해 상당한 부담을 느낀다.

둘째, 주로 저마진, 다품종 소량 생산 제품을 ODM으로 맡기기 때문이다. 아모레퍼시픽은 라네즈 이하 색조 화장품에 대해 주로 아웃소싱한다. 프리미엄 제품에 비해 생산 효율성이 떨어지기 때문이다. 일반적으로 화장품 ODM 시장은 색조 시장 성격이 짙다. 색조는 기초 화장품에 비해 원가율이 높다. 한국은 원브랜드숍이라는 독특한 비즈니스 모델 때문에 ODM 업체들의 매출에서도 기초 비중이 상대적으로 높지만, 이건 예외적인 경우이다. 색조는 기초와 달리 색감이 제품의 핵심 요소이고, 별색으로 생산하는 게 아니기 때문에 눈에 보이는 미세한 차이로 고객사의 클레임이 빈번하다. 조색 공정에 시간이 많이 걸릴 수밖에 없고 그만큼 비효율적이다. 그래서 조색을 빨리 정확하게 하는 것이 기업의 노하우이자 경쟁력이 된다. 코스맥스는 스마트 조색 AI시스템을 개발하여 2024년부터 가동 중인 색조 전용 평택2공장에 적용하고 있다.

아울러 색조 화장품은 대표적인 다품종 소량 생산 제품이다. 기초에 비해 카테고리와 모양이 훨씬 다양하기 때문에 상대적으로 자동화 설비가 잘돼 있지 않다. 컨베이어 벨트에 공정마다 인력이 배치되게 마련인데, 틴트의 경우 뚜껑을 닫는 작업과 조이는 작업 가운데 하나는 수동인 경우가 많다. 팔레트의 6가지 섀도를 일일이 무게를 재고, 내용물을 넣고, 프레싱해서 조립해야 한다. 신제품이나 기획세트는 100% 사람이 해야 한다.

색조 ODM 업체 씨앤씨인터내셔널의 영업이익률이 15%에 달했던 이유는 ① 남들이 하지 않는 소품종의 특수한 제형을 ② 대량 생산했기 때문이다. 점차 사업 규모가 커지면 필연적으로 거래처가 많아지고 다품종 소량 생산을 해야 한다. 영업이익률은 점점 하락한다고 보는 게 바람직하다.

최근 티르티르는 '마스크 핏 레드 쿠션'을 30개 셰이드로 확장 판매하고 있다. 코스맥스에서 생산하는데, ODM 업체 입장에서는 굉장히 비효율적인 제품일 수밖에 없다. 하지만 모든 생산 공정은 양만 많다면 문제가 없어진다. 이 쿠션은 애초에 내수용이 아니라 미국 시장을 타깃으로 모든 인종의 피부 톤을 커버하겠다는 야심찬 계획에서 시작했다. 최근 미국에 이어서 국내, 일본까지 30개 셰이드를 모두 출시했다.

사업 규모가 커지고, 특히 미국 수요가 크게 증가하면서 제품별 주문량이 달라졌다. 초도 주문량이 국내 브랜드 업체보다 10배 이상인 경우도 많다. 이에 따라 자동화 설비 투자에 대한 주요 ODM 업체들 경영진의 의사결정이 과감하고 신속해졌다. 자동화 설비 확대는 중·장기적으로 수익성 개선에 긍정적이며 높은 진입 장벽으로 작용할 수 있다.

셋째, 낮은 가동률 때문이다. 일반적으로 가동률은 70% 수준을 넘지 않는다. 화장품 ODM 산업은 B2B 비즈니스이기 때문에 여러 바이어에게 납품한다. 바이어 입장에서는 가동률이 너무 높으면 신규 주문을 꺼리게 된다. 자신이 원하는 제품의 물량을 원하는 날짜에 하자 없이 납품받을 수 있을지 불안하기 때문이다. 아울러 초과 근무도 어렵다. 8시간 3교대 근무와 같은 과도한 노동 환경에서 생산된 제품에 대해서는 하자 가능성을 높게 본다. 심지어 인권침해를 논하기도 한다. 로레알 같은 글로벌 브랜드는 아웃소싱에 관한 자체 규정에 가동률과 초과 근무 제한 항목이 별도로 있을 정도이다.

이런 수익성의 제약에도 불구하고 코스맥스와 한국콜마 등 주요 ODM 업체들의 실적은 최근 2년간 가파른 영업이익률 상승세를 보이고 있다. K뷰티 글로벌 모멘텀으로 수주가 크게 증가하면서 국내 사업 가동률이 빠르게 상승, 영업 레버리지 구간에 진입했기 때문이다. 수많은 인디 브랜드들의 요청으로 가격 협상력도 우위에 있다. 코스맥스(국내)의 경우 2024년 영업이익률이 10%를 넘겼는데 이는 2006년 이후 처음 있는 일이다. 한국콜마(국내) 역시 2024년 영업이익률은 12%에 이르렀는데, 2002년 이후 볼 수 없었던 숫자이다. 코스메카코리아와 제닉은 말할 것도 없다. 정상적이지 않다는 말이다. 지나치게 높다.

    기업은 단기적인 이익보다 중장기적인 성장을 좇는 게 정상이다. 더구나 화장품 ODM 기업은 더욱 수익성보다는 매출 확대, 시장 점유율 상승을 중요시한다. ODM 톱 2 모두 캐파 증설 계획이 잡혔다. 코스맥스는 2025년에 국내에만 20% 이상 캐파 증설을 계획하고 있고, 한국콜마는 2024년에 국내 6,000만 개, 2025년에 추가 1억 개 생산 능력을 더 늘릴 계획이다.

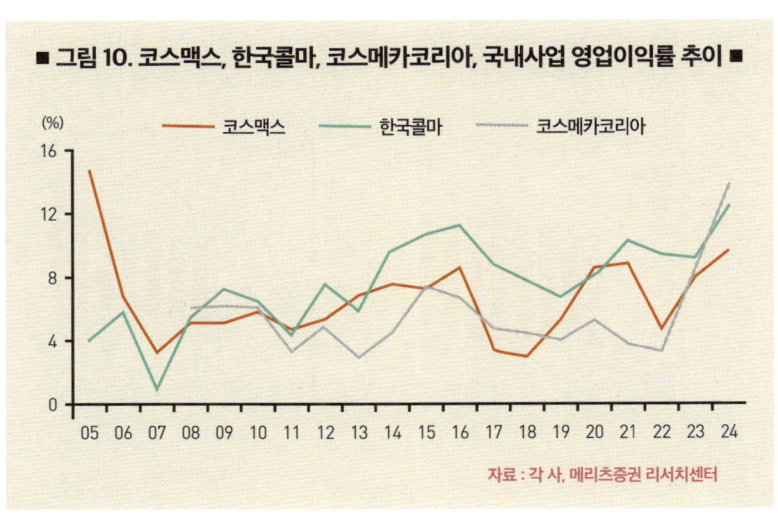

그림 10. 코스맥스, 한국콜마, 코스메카코리아, 국내사업 영업이익률 추이

자료: 각 사, 메리츠증권 리서치센터

따라서 ODM 업체들에 대한 투자 판단 기준은 영업이익률보다 캐파 증설과 매출 성장률에 초점을 맞추는 것이 바람직하다. 아울러 투자 회수기 진입을 가정하더라도 수익성 개선 폭을 크게 잡으면 실망할 가능성이 크다. 영업이익률이 떨어지는 상황에서 매출 증가율이 높은 것은 불경기에 가동률 상승을 목적으로 저마진 상품 비중을 늘린 것으로 판단할 수도 있다. 단기적인 실적에 아쉬움은 있을 수 있지만 부정적으로 볼 필요는 없다. 만일 수익성은 좋아지는데 매출 증가율이 크게 둔화되거나 역신장한다면 오히려 의심해 봐야 한다. 고정 인력과 함께 생산 캐파를 줄이고 있다는 말이고, 이는 시장 점유율 하락, 일정 수준의 철수를 뜻하는 것이기 때문이다. ODM 업체들은 웬만하면 그런 정책을 펴지 않는다.

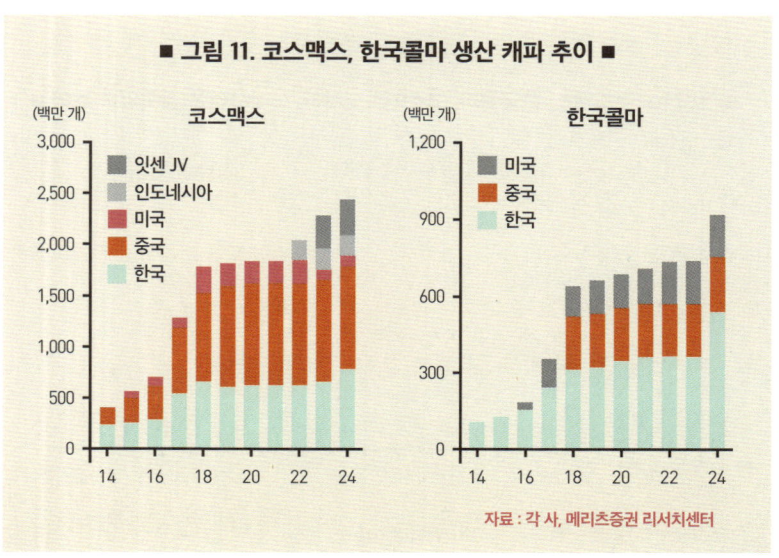

■ 그림 11. 코스맥스, 한국콜마 생산 캐파 추이 ■

자료 : 각 사, 메리츠증권 리서치센터

미국 수출 우려 요인 : MoCRA와 OTC

MoCRA : 85년 만에 바뀐 미국 화장품법

2024년 7월 1일부터 본격 시행된 미국 화장품 규제 현대화법MoCRA : The Modernization of Cosmetics Regulation Act에 대한 우려는 크지 않다. 2015년 전후 중국 모멘텀 당시 '위생허가' 강화 정도의 영향으로 보면 될 듯하다. 물론 취지는 다르다. 중국의 위생허가는 한국 화장품 수입을 까다롭게 하여 자국 화장품 산업과 브랜드를 보호 육성하고자 하는 정부 정책의 일환이었다면, 미국의 MoCRA는 무려 85년 동안 바뀌지 않았던 화장품 제조와 유통에 관한 법률을 '개정'하여 소비자의 안전을 보호하고자 함이다.

미국은 세계 최대 화장품 시장임에도 불구하고 화장품 분야에 대한 미국 FDA의 규제 수준이 높지 않았다. 1938년 제정된 '연방 식품/의약품 및 화장품법Federal Food, Drug, and Cosmetic Act, 이하 FFDCA' 아래에서 화장품 원료 및 제품을 규제해 왔으나 일반 화장품에 대한 제품 및 시설 등록, 테스팅, 허가 등이 반드시 요구되지는 않았다. 미국에 화장품을 수출하거나 판매하기 위해 특별히 요구되는 필수 규제는 없었던 것이다.

코로나19 이후 화장품 소비가 크게 증가하고 중국산 저가 화장품에 의한 소비자 피해 사례 등이 증가하면서 소비자단체를 중심으로 화장품 제품과 사용에 관한 규제 강화 목소리가 커졌다. 주요 내용은 시설 등록과 제품 리스팅, 유해 사례 보고 관리 등인데, 규제에 따른 요건을 충족할 수 있도록 미리 준비한다면 큰 문제는 없다. 초반에는 준비 작업으로 일부 매출이 지연될 수 있겠지만, 1년 정도 지나면 과거 중국의 위생허가 때와 같이 수출 시 거쳐야 할 의례적인 과정으로 인식될 것으로 본다.

다만 이러한 규제 강화는 과거 중국의 위생허가 때와 마찬가지로 대형 ODM 업체들에게는 시장 점유율 확대 요인으로 작용할 수 있다. 인디 브랜드 입장에서는 A부터 Z까지 모든 과정을 다 책임져 주는 톱 ODM사에 대한 의존도가 커질 수밖에 없기 때문이다. 중국 위생허가 강화 당시에는 꽌시까지 극성이어서 6개월 이상 소요되는 위생허가가 코스맥스를 통하면 1개월 만에 해결되곤 했다.

■ 그림 12. 미국 MoCRA 주요 내용 ■

시설 등록 및 제품 리스팅	안전성 입증 및 부작용 보고	라벨링 요건	GMP 규정 준수
- 미국 판매 화장품 제조/생산 시설 등록 의무화 - 미국 시판 화장품에 대한 제품 리스팅 의무화 - 제출 기한 2024년 7월 1일까지 연장	- 제품 안전성 입증 자료 구비 및 보관 - 필요 시 FDA에 제출 - 심각한 부작용은 보고받은 후 15근무일 이내 보고서 제출	- 전문가용 화장품에 전문가용임을 표기 - 부작용 보고를 위한 연락처 기재 - 알레르기 유발물질 표기	- 화장품 회사가 제품에 대한 GMP 요건을 구현하도록 의무화 - FDA에 GMP 규정 준수 여부 확인을 위한 기록 열람 및 시설 감사 권한 부여

자료 : 대한화장품산업연구원, 메리츠증권 리서치센터

OTC : 선크림이 약이라고요?

ODM 시장 리스크 요인은 미국 OTC^{Over-The-Counter} 화장품 규제이다. 자외선 차단제의 경우 미국, 캐나다는 OTC 약품으로 분류하고 있으며, 엄격한 기준을 갖고 있다. 한국에서 자외선 차단제를 만들 때는 20여 개 원료를 사용할 수 있지만, 미국은 유기 자외선 차단제의 경우 4가지, 무기 자외선 차단제의 경우 2가지 원료만 인정한다. 한국의 20여 개 원료가 많은 것은 아니다. 한국 식품의약품안전처도 기본적으로 유럽의 기준을 따온 것이기 때문에 전 세계에서 검증되고 보편적으로 사용되는 원료들이다. 바스프에서 판매하고, 세계 최대 자외선 차단제 원료회사 DSM에서 공급하는 원료들인데 미국에서만 안 된다.

아무튼 아직까지 한국의 자외선 차단제는 특별한 규제 없이 미국과 캐나다에서 판매되고 있다. 하지만 이는 엄격히 말하면 불법이다. 특히 한국 화장품 업체들이 판매하는 유기 자외선 차단제의 우수한 사용감 때문에 관련 매출이 빠르게 늘고 있다. 아마존 자외선 차단제 카테고리 베스트셀러 순위에서 한국 제품은 톱 30 안에 5~6개 제품이 항상 올라와 있다. 코스알엑스를 비롯해 조선미녀, 달바, 스킨1004, 이니스프리 등이 대표적인 브랜드들이다. 아모레퍼시픽은 2024년 애널리스트데이 행사에서 미국 시장 중장기 성장 동력으로 자외선 차단제를 언급했을 정도이다.

정권 교체에 따라 미국 행정부는 어디로 튈지 모르는 상황이다. 최근 미국에서 한국 화장품 수입이 크게 늘어난 것은 사실이고, OTC 규제는 언제든지 강화해도 이상할 게 없다. 자외선 차단제 매출 비중이 가장 높은 회사는 한국콜마이다. 높은 기술력을 기반으로 한국 화장품 시장에서 자외선 차단제 시장 점유율 70%를 구가하고 있으며, 한국콜마 국내 매출의 30% 정도가 자외선 차단제이다. 이 가운데 절반 정도가 수출로 추정된다. 2025년 한국콜마는 미국 현지 수요에 유연하게 대응하기 위해 미국에 OTC 전용 제2공장을 설립하고 가동에 들어갈 예정이다.

코스메카코리아는 미국 잉글우드랩 현지 공장에서 OTC 심의를 통과한 자외선 차단제를 생산하고 있어서 점진적인 실적 개선세가 기대된다. 코스맥스는 국내 공장이 OTC 인증을 잇달아 받고 있지

■ 표 11. 미국 선스크린 OTC 허가 원료 구분 ■

구분	기능	원료 이름
유기	피부 내로 흡수된 자외선을 화학 성분으로 방출	아보벤존, 옥토크릴렌, 옥틸 살리실레이트, 호모살레이트
무기	자외선을 물리적으로 반사하여 튕겨 냄	산화아연, 이산화티타늄

자료 : 선진뷰티사이언스, 메리츠증권 리서치센터

■ 표 12. 아마존 선케어 베스트셀러 내 한국 브랜드(2024. 11.) ■

순위	제품명	브랜드	제조사
7	COSRX Vitamin E Vatalizing Face Sunscreen SPF50	코스알엑스	
15	Beauty of Joseon Daily Relief Sunscreen for face Sun moisturizing with Oroad Spectrum SPF 40	조선미녀	한국콜마
18	Abib Airy Sunstick Smoothing Bar SPF50	아비브	코스맥스
19	d'alba Piedmont Waterfull Tone-Up Sunscreen Serum BROAD SPECTRUM SPF50	달바	한국콜마
35	Abib Quick Sunstick Protection Bar SPF50+	아비브	코스맥스
37	innisfree Daily UV Defense Sunscreen Broad Spectrum SPF 36	아모레퍼시픽	한국콜마

자료 : 아마존, 메리츠증권 리서치센터

만 상대적으로 매출 규모가 작다. 글로벌 자외선 차단제 시장 점유율을 높이기 위해 2025년 신규 투자를 크게 늘렸다. 아모레퍼시픽은 여차하면 자사 공장에서 생산한다는 복안이다.

5장

인디 브랜드 전성시대

아무리 사업 환경이 잘돼 있어도 진취적인 창업자들에 의한 새로운 시도들이 없다면 산업이 발전할 수 없다. 코스맥스가 중국에 들어가면서 중국 화장품 브랜드들의 질적 수준이 한 단계 상승하며 중국 화장품 산업의 성장에 크게 기여한 바 있다. 바이췌린부터 퍼펙트다이어리, 화씨즈까지 중국의 유명 로컬 브랜드는 모두 코스맥스 공장에서 나왔다. 아모레퍼시픽과 LG생활건강에서 중국 시장의 가장 큰 경쟁자는 중국 브랜드들이 아니라 코스맥스라고 볼멘소리를 했을 정도이다.

하지만 일본의 경우를 보면, TOA(구 일본콜마) 같은 우수한 기술을 가진 회사가 있어도 새로 화장품 브랜드를 만들어 보려고 하는 새로운 시도가 없다. 코스맥스가 중국 법인의 성공 모델을 그대로 일본에 옮기려다 일본 현지 ODM 수요의 뜨뜻미지근한 반응을 보고 주춤하고 있는 걸 봐도 알 수 있다.

결국 화장품 산업의 꽃은 브랜드이다. 확장성과 레버리지, 고객 충성도가 가장 큰 것도 브랜드이다. 무엇보다 중요한 건 그런 브랜드의 성공을 이끌어 내는 기업가 정신이다. 지금 한국 화장품 산업은 글로벌 최고의 ODM 업체들과 실리콘투라는 '천사' 무역 벤더를 전·후방 산업에 두고 최고의 인재들, 벤처 사업가들이 화장품 브랜드 창업에 뛰어들고 있다. 화장품 산업 전체로 보면 행복한 일이 아닐 수 없다.

인디 브랜드 대표들의 눈빛을 보면 반짝반짝거린다. 한국의 GDP 성장률이 2%도 안 될 듯하고, 주식 시장은 연일 하락세에 있는데도 이들의 자신감을 보면 전혀 딴 세상에 있는 사람들처럼 느껴진다. 실적을 보면 그럴 만도 하다. 최근 두각을 나타내고 있는 8개 브랜드(기업)의 매출을 보면 2024년 매출 규모는 전년 대비 최소 50%, 조선미녀, 티르티르, 아누아(더파운더즈), 라운드랩(서린컴퍼니), 넘버즈인의 비나우, 스킨1004의 크레이버 모두 전년 대비 2배 매출이 예상된다. 2020년에는 합산 매출이 채 3,000억 원도 되지 않던 작은 브랜드들이었는데, 2024년에는 3조 원을 바라보고 있다.

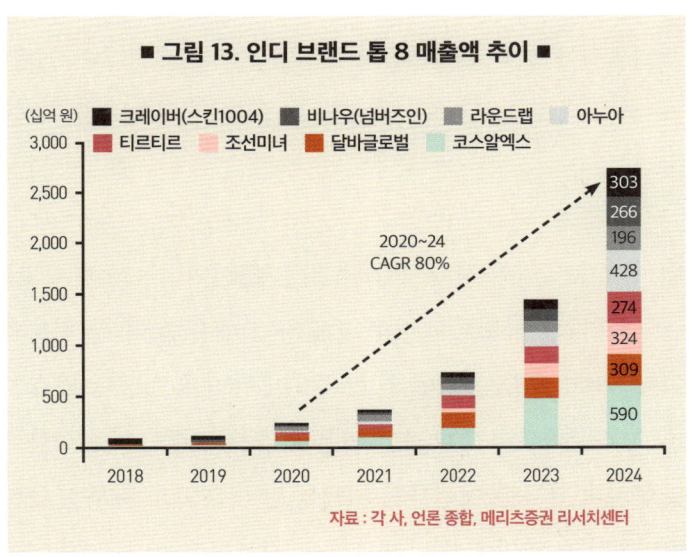

그림 13. 인디 브랜드 톱 8 매출액 추이

자료 : 각 사, 언론 종합, 메리츠증권 리서치센터

인디 브랜드
성공 스토리

　미국에서 K뷰티의 상징처럼 돼 버린 조선미녀는 구다이글로벌 천주혁 대표가 중국으로 총판을 담당하던 매출 20억 원 정도의 작은 브랜드였다. 2014년 국내 최초 온라인 뷰티 홈쇼핑 '우먼스톡' 운영사인 크라클팩토리가 온라인 전용 화장품 브랜드로 론칭한 것이다. '조선시대 상류층 여인들의 지혜를 담아 최고의 피부 보습 비법을 재현'했다는 의미에서 브랜드명을 지었다고 한다. 우먼스톡의 경영 상황이 악화하자 2019년 구다이글로벌에 브랜드를 매각했고, 구다이글로벌은 대대적인 브랜드 리뉴얼 후 친환경, 모던 한방 화장품 이미지로 미국 시장에 진입했다.
　구다이글로벌 천주혁 대표는 중문학을 전공하고 중국 시장을 겨

냥해 화장품 유통 사업을 시작했는데, 사드 보복 조치 등으로 사업이 어려워지자 2019년 조선미녀를 인수하여 제품 기획부터 유통까지 모조리 재정비하고 미국으로 방향을 틀었다. 모던 한방 콘셉트로 선크림, 세럼 등 라인을 확장하고, 기존 한방 이미지에서 탈피해서 MZ 세대 저격, SNS 마케팅 위주 전략으로 미국을 공략했다.

한국콜마와 협업해 탄생한 '맑은쌀 선크림'이 틱톡 등 SNS를 통해 미국 젊은 층을 중심으로 입소문을 타기 시작했다. 아마존에서 2022년부터 2년 연속 블랙프라이데이 기간 선크림 부문 1위를 기록했고, 올리브영 글로벌 선케어 매출에서도 1위를 차지했다. 2024년 현재 맑은쌀 선크림은 한 달에 200만 개씩 미국, 유럽, 호주, 인도 등 세계 100여 개국에 수출되고 있다. 구다이글로벌의 매출은 조선미녀 인수 첫해(2020년) 1억 원에서 2021년 30억 원, 2022년 410억 원, 2023년 1,400억 원, 2024년에는 매출 3,000억 원을 넘어섰다.

달바글로벌의 반성연 대표는 IT와 컨설팅 분야에서 경력을 쌓은 인물이다. 2010년까지 네이버에서 IT 업무를 담당했고, 이후 2016년까지는 국내 소비재 기업을 대상으로 디지털 전략 수립 및 컨설팅을 수행했다. 이 과정에서 화장품 업계를 접하고, 화장품 사업의 잠재력을 인식하게 되었다고 한다. 2016년 달바를 창업했는데, 당시 흔하지 않던 '럭셔리+비건'을 키워드로 포지셔닝하고, 원료 또한 화이트 트러플Truffle(서양송로버섯)을 사용하여 혁신적인 고급화 제품을 기획했다. 초기에는 하루 10~20개밖에 판매가 되지 않아 대출받아서 직원들 월급을 줬다고 한다.

이후 미스트를 뿌리고 나면 건조해지는 단점을 해소하기 위해 오일이 함유된 미스트 개발에 돌입했다. 그런데 분사가 잘 되지 않아 성분 연구와 분사 기술 개발에만 3년을 투자했다. 수백 종의 펌프 분사 테스트를 한 후 마침내 제품 론칭에 성공했는데, 바로 '달바 미스트 세럼'이다. 일명 '승무원 미스트'로 알려지면서 5,000만 병 이상의 판매고를 기록하며 회사의 사업 규모를 한 단계 올렸다.

티르티르의 창업자 이유빈 대표는 패션디자인을 전공하고 의류 쇼핑몰을 론칭했는데 완전 레드오션인 상태에서 들어가 파산 직전까지 몰렸다. 동생의 도움으로 급한 불을 끄고, 인플루언서로 수입 화장품을 '공구' 판매했다. 모델까지 직접 하다 보니 피부나 화장품 관련 질문이 많았다. 특히 고객들이 이유빈 대표의 물광 피부에 관심을 많이 보여, 본인만의 스킨케어 제품을 내놓게 됐다. 이유빈 대표가 직접 인스타그램을 통해 고객과 소통하면서 홍보하고 피드백을 반영하면서 브랜드를 성장시켰는데 인플루언서 브랜드로 인식하면서 무시당하기도 했다. 그래서 더 치열하게 화장품 관련 연구와 공부를 했다고 한다.

2018년 연 매출 100억 원에 도달했을 때, 320억 원 투자를 받아서 박서준, 현빈 등 유명 연예인 모델을 쓰면서 마케팅을 크게 확대했다. 코로나19 시기의 위기를 기회로 삼았다. 일본에서 손소독제가 너무 비싸서 사람들이 못 사고 있다는 뉴스를 보고, 티르티르 소독제를 일본 돈키호테 등 유통망에 모두 깔았다. 이게 200만 개나 팔리면서 유명해졌고, 이어서 야심차게 준비한 메이크업 제품 '마스크 핏 레드 쿠션'이 바이럴로 인해 대박이 났다. 일본 시장에서 성공을 거둔 이유는 현지화 전략과 효과적인 마케팅 덕분이라는 평가이다. '마스크 핏 레드 쿠션'은 일본 주요 뷰티 어워드에서 36관왕을 수상하면서 누적 판매 1,320만 개를 돌파하며 일본 국민템으로 자리 잡았다.

크레이버(스킨1004)의 창업자 이소형 대표는 맥킨지 컨설턴트로 커리어를 시작했다. 아프리카에서 일했을 때 한국 콘텐츠와 소비재 경쟁력을 실감하게 됐다고 한다. 한국의 엔터테인먼트 산업이 가까운 미래에 전 세계적으로 대중성을 갖출 것이라고 생각했다. 이어 한국이 경쟁 우위에 있는 산업에 머물러야 사업에 승산이 있다고 분석했고, 한류 문화와 연계한 소비재 산업에 미래가 있다고 봤다. 처음에는 국내의 다양한 화장품 브랜드를 해외 시장에 연결해 주는 역직구를 했는데, 특히 중국에 초점을 맞춰 2018년 매출이 675억 원까지 올라갔다. 하지만 한한령 등으로 중국 매출이 급감하면서 2021년 영업적자가 94억 원에 이르렀다.

이때 사업 모델을 바꿔 직접 브랜드 빌딩에 나서게 되었는데, 대표적인 브랜드가 '스킨1004'이다. 마다가스카르산 센텔라아시아티카 Centella Asiatica라는 메인 성분에 집중해 명확한 콘셉트로 마케팅을 확대했다. 2016년 인수 당시 연 매출 50억 원에 불과했던 스킨1004 매출은 2024년 상반기 1,029억 원으로 '1,000억 브랜드'로 이름을 올렸다. 마다가스카르 센텔라 앰플은 누적 판매량 300만 병을 자랑하는 히트 상품이다.

더파운더즈의 이선형, 이창주 공동대표는 서울대 창업동아리에서 만나 2017년 회사를 설립했다. 초기에 반려묘를 타깃으로 한 '프로젝트21'이라는 브랜드로 시작해서 아누아, 유즈, 라베나 등 스킨케어 브랜드로 확장했다. 모바일 환경이 보편화되면서 큰 자본 없이도 소비자들에게 쉽게 제품을 알리고 판매할 수 있기 때문에 제품 개발보다는 기획을 잘하면 될 것이라 생각했다고 한다.

어성초 토너는 피부과를 찾아가자니 부담스럽고 그냥 내버려 두자니 고민되는 피부 트러블에 대한 솔루션을 고민하면서 상품 기획이 시작됐다. 쉽게 접근할 수 있는 형태인 토너와 피부 진정 효과가 좋은 어성초 성분을 결합했다. '피부에 가장 효과적인 자연 유래 원료와 더마 성분으로 만든 스킨케어 브랜드'가 아누아의 브랜드 아이덴티티이다. "스킨케어에 4~5개 제품을 사용하는 한국과 달리 미국 현지 소비자들이 바르는 화장품 개수는 2~3개로 적은 편이라 더 빠른 침투가 가능했다."고 정준호 더파운더즈 CEO 스태프 리드는 말했다.[16] 2023년 매출 1,430억 원을 기록했는데, 2024년에는 4,280억 원으로 3배나 증가했다.

서린컴퍼니(라운드랩)의 정서린 대표는 화장품 회사 출신으로 자기 사업을 해 보고 싶어서 독립했다. 대규모 마케팅을 거의 하지 않고 투자도 거의 받지 않았으나 독도 토너처럼 원료, 지역명 등을 활용한 클린 뷰티로 화해 플랫폼 상위 랭킹에 계속 들면서 유명해졌

---

[16] 비즈워치, 2025. 2. 24.

다. 비나우의 '넘버즈인'은 패키징이나 제품명을 화려하게 만들지 않고 모든 제품에 숫자를 붙여 쉽게 기억할 수 있도록 했다. 숫자만 봐도 어떤 라인의 제품이고 어떤 효능이 중심인지 알 수 있는 직관적인 제품을 바탕으로 효과적인 마케팅을 했다.

닥터지는 'PX 달팽이크림'으로 유명하다. 시작은 쉽지 않았다. PX에서 달팽이크림 입점 요청이 왔을 때 임원들의 반대가 컸다고 한다. PX에서 저렴하게 팔리면 브랜드 이미지에 타격을 줄 우려가 크다는 것 때문이었다. 당시 닥터지의 매출은 200억 원 수준이었다. 이주호 대표는 단호하게 말했다. "우리에게 잃을 인지도가 있나요?" 전향적으로 닥터지는 PX에 입점했고, 닥터지 매출은 2016년 200억 원에서 2018년 1,000억 원으로 퀀텀 점프하게 되었다.

20년 가까이 수많은 기업을 보고, 또 경영을 해 보니 숫자로 파악하기 힘든 느낌을 갖게 되었다. 중소기업 대표들을 만나 이야기를 나눠 보면 이 회사가 향후 얼마나 성장 여력이 있는지 대략 가늠할 수 있다. 중소기업 대표들은 통상 두 부류로 나뉜다. 어떤 대표들은 칭찬을 해도 겸손하다. 부족한 게 너무 많다고 어떻게 해야 회사를 더 키울 수 있을지 고민하고 질문한다. 본인 회사에 대한 말보다는 나의 아이디어를 들어 보려고 애쓴다. 반면, 어떤 대표들은 시장 현황과 내 의견을 들어 보려고 만남을 청했다고 하면서, 앉자마자 본인 이야기로 보따리를 푼다. 어떻게 어려움을 겪으면 회사를 지금까지 키워 왔는지 이야기가 끝날 줄 모른다.

전자의 대표들은 성장의 갈증이 크고, 후자의 대표들은 현재의 자부심이 큰 사람들이라고 할 수 있다. 현재에 대한 자부심이 지나치게 큰 사람은 성장하기 어렵다. 위험을 감수하려고 하지 않는다. 자칫하면 인생의 '금자탑'이 허물어지기 때문이다. 매출 200억 원이 어떤 대표에게는 조금도 훼손돼서는 안 되는 인생의 금자탑이지만, 어떤 대표에게는 '잃어버릴 매출'도 아닌 것이다. 필자가 만난 화장품 인디 브랜드 업체 대표들 가운데 매출이 500억 원, 1,000억 원이 넘는 회사의 대표도 여럿 있었지만, 누구도 현재 사업을 금자탑으로 생각하지 않았다. 다들 어떻게 하면 더 성장할 수 있을지에 대한 물음표를 던졌다. 이런 인디 브랜드 창업자들의 성장에 대한 목마름과 끊임없는 도전정신이 K뷰티의 가장 큰 성장 원동력이지 않을까?

화장품만한 사업이 없다

　수많은 한국 인재들이 화장품 사업에 출사표를 던지는 이유는 물론 완벽한 ODM과 국내외 유통 파이프라인 때문이지만 기본적으로 화장품이 사업적으로 굉장히 매력적인 분야이기 때문이다. 화장품 사업의 특징에 대해 같은 소비재 범주 안에 있는 의류와 식품 등과 비교해 보자. 화장품 사업의 구조적인 특징과 장점을 알고 있어야 화장품 브랜드 업체들과 유통 업체의 공급 가격 협상과 사업 확장의 메커니즘을 이해할 수 있다.

　첫째, 마진이 좋다. 화장품과 의류는 대표적인 고마진 카테고리이다. 흔히 옷장사와 먹는장사는 망하지 않는다는 말을 하는데, 워낙 원가가 낮기 때문이다. 옷은 원가율이 25~35% 정도로 50% 할인을 해도 마진을 남길 수 있다. 이월 상품에 대해 가격 하락폭이 가장 큰 것도 옷이다. 아웃렛 매장에 옷이 가장 많은 이유도 여기에 있다. 옷을 바겐세일한다는 말은 해도 원가에 판다는 말은 하지 않는다.

반면 가구/가전은 원가에 판다는 광고를 종종 보지만 별로 싸지 않다. 원가율이 80%에 이르기 때문이다. 식품도 원가율이 거의 80%에 이르는 저마진 상품이다. 판매 단가도 낮기 때문에 원가/물류비에서 10원을 줄이려는 싸움을 한다.

화장품의 원가율은 20% 이하로 옷보다도 더 낮다. 백화점은 바잉파워가 높기 때문에 판매 수수료율이 30%를 넘어간다. 그래서 일반적인 패션 브랜드들은 백화점을 마케팅 창구로 생각할 뿐 마진을 남기려고 하지는 않는다. 유명 백화점 입점 브랜드라는 네임밸류를 갖고 가두점 전개를 통해 수익을 창출하는 게 일반적인 방식이다. 물론 한섬의 '타임' 같은 럭셔리 브랜드들은 다르지만 일반적으로 그렇다. 그런데 이런 백화점에서도 화장품 브랜드들은 10% 이상 마진을 남긴다.

현재 올리브영과 실리콘투 등 화장품 유통/무역 회사들의 영업이익률은 15~20%를 보일 정도로 높은 바잉파워를 자랑한다. 올리브영의 매익률은 50%를 넘는다. 그런데도 화장품 브랜드 업체들은 이익을 낸다. 심지어 다이소에서도 20% 마진이 난다고 한다.[17]

---

[17] 물론 이 마진율은 고정비를 제외한 공헌이익률일 가능성이 크다.

둘째, 화장품은 소모품이기 때문에 실적 변동성이 작다. 옷은 준내구재로 한 번 사면 최소 5년은 입지만, 화장품은 비내구재 소모품으로 스킨케어의 경우 개봉 후 1년 정도가 사용 기한이다. 브랜드 로열티가 높다면 유행이나 계절성 상관없이 꾸준한 매출 규모와 성장률을 기대할 수 있다.

반면 의류/패션 업종은 상대적으로 유행과 날씨에 상당히 민감하고 사이클이 크다. FW시즌에 날씨가 춥지 않으면 옷이 많이 팔리지 않는다. 날씨가 덜 추우면 롱패딩보다는 숏패딩 수요가 높아진다. 패딩보다 코트가 유행할 때도 있다. 브랜드력이 높더라도 트렌드를 잘못 읽으면 낭패를 보기 쉽다. 올해 패딩을 샀는데, 그 다음 해에 패딩을 또 사지는 않는다. 항상 기저 효과가 작용한다.

아울러 화장품은 소모품이지만 소비기한이 상대적으로 길기 때문에 싸게 팔 때 쟁여 놓고 쓸 수 있다. 소비자들의 '재고 확충' 수요를 기대할 수 있다는 점도 실적 불확실성을 줄이는 요인이다. 화장품은 미개봉 상태에서는 소비기한이 일반적으로 2년이나 된다. 그래서 소비자들이 '올리브데이'만 기다리는지 모른다. 브랜드 업체 입장에서는 재고 소진에 용이하다.

하지만 같은 소모품이라도 식품 업종은 다르다. 상온 스낵 같은 제품들은 소비기한이 6~9개월밖에 되지 않는다. 소비기한 잔여율 70% 이하에서는 유통 업체가 가져가지 않고, 잔여율 50% 이하에서는 세일을 해야 한다. 소비기한이 6개월인 유탕 제품은 제조 3개월 만에 세일을 해야 하는 것이다. 잔여율 30%에서는 1+1 행사를 해도 소비자들이 잘 사지 않는다. 소비기한이 두 달 정도밖에 안 남았는데 쟁여 놓고 먹기가 부담인 것이다.

또한 화장품의 빠른 턴오버는 브랜드 업체 입장에서 자금흐름에도 유리하다. 옷은 시즌 전에 미리 만들어 놔야 하기 때문에 제작 후 최소 6~8개월이 지나야 현금화가 된다. 하지만 화장품은 소모품이기 때문에 제조 후 2~3개월 안에 투자 회수가 된다. 현금유동성에 제약이 심한 중소기업에게 유리한 업종이다.

셋째, 화장품은 재고에 대한 부담이 작다. 의류/패션 업종은 소비 트렌드 조사, 디자인, 원단 매입, 가공 작업에 긴 시간이 필요하기 때문에 1년 전부터 수요를 타깃화하여 제품을 미리 만들어 놓고 판매를 준비한다. 만일 판매가 부진할 경우 고스란히 재고 부담으로 다가온다. LF는 2011년 이후 몇 년 동안 리테일 가격 기준 약 3,500억 원의 라푸마 재고 소진에 애를 먹었다. 식품 역시 재고 부담이 크다. 전술한 바와 같이 소비기한이 짧기 때문에 자칫하면 상당한 재고를 폐기 처리해야 할 수도 있다.

반면 화장품은 원료 배합과 용기 디자인 및 생산에 소요되는 시간이 길지 않기 때문에 구조적으로 '반응 생산'이 가능하고 효율적이다. 물론 화장품 업체들도 늘 연말 재고 처분 손실이 있지만 그 규모는 의류/패션 업체에 비할 바가 아니다. 의류/패션 업체들도 반응 생산을 하고 있지만 생산 과정이 길고 시간이 많이 소요되는 업종이라 엄밀히 따지면 초과 수요로 발생할 수 있는 매출을 일정 부분 포기하는 방식을 에둘러서 표현하는 것이다. 지속적인 의류 소비 둔화로 재고 부담을 줄이고, 브랜드 인지도를 유지하기 위한 차선책일 뿐이다.

넷째, 화장품 브랜드 사업은 레버리지가 굉장히 크다. 장치 산업이 아니고, 오프라인 매장이 필요 없으며, 원가율이 20%밖에 안 될 뿐 아니라 소모품이기 때문에 턴오버가 빠르다. 제품 하나만 히트 치면 자본금 5억 원으로도 2~3년 안에 연 매출 500억 원을 올릴 수 있는 사업이다. 화장품은 중간이 없다. 매출 50억 원에서 바로 300억 원, 1,000억 원으로 퀀텀 점프할 수 있다.

인디 브랜드 업체와 미팅을 하다 보면 올해 매출은 불과 50억 원 정도 예상되는데 ODM 생산을 위한 운영자금은 20~30억 원이 필요한 업체들이 종종 있다. 제품이 히트 치면서 일본 버라이어티숍이나 올리브영 신규 진출, 실리콘투와 신규 계약 등으로 주문량이 급증했기 때문이다. 원가가 20억 원이면 매출은 100억 원, 크게는 200억 원까지 가능하다. 두 달에 한 번 생산해서 납품한다고 하면 이 회사의 매출은 올해 50억 원에서 이듬해 500억 원으로 점프하는 것이다.

이런 일이 다른 산업보다 화장품에서 발생할 수 있는 기본적인 이유는 한국의 막강한 ODM 생산 인프라 때문이다. 식품의 경우 아무리 히트 쳐도 OEM/ODM 업체들의 규모와 캐파가 한정돼 있기 때문에 중소기업 매출이 이렇게 크게 뛰기는 어렵다. 하지만 화장품은 글로벌 1~2위 ODM 업체가 한국에 있기 때문에 히트만 치면 얼마든지 제품을 공급할 수 있다. 코스맥스와 한국콜마는 물론 코스메카코리아, 씨앤씨인터내셔널까지 선재적인 투자를 해 놓고 여전히 공격적인 영업을 지속하고 있다. 식품이나 패션 산업에서는 볼 수 없는 현상이다.

K뷰티가 글로벌 모멘텀으로 시장을 크게 확장하면서 인디 브랜드의 퀀텀 점프 경우의 수는 더 커지고 있다. 인디 브랜드들은 이 시기에 자금이 많이 필요할 수밖에 없고 차입과 자금유치 수요가 증가하게 된다. 이 시기만 잘 넘기면 엄청난 기업가치 제고를 기대할 수 있게 된다. M&A 가격은 통상 PSR(Price Selling Ratio, 주가매출비율) 2배 이상이다. 5억 원을 투자해서 500억 원의 매출을 일으키고, 1,000억 원에 매각하면서 엄청난 수익을 취할 수 있는 환경이다. 초기 사업 자금이 적은 반면, 성공할 경우 막대한 매각 차익을 기대할 수 있기 때문에 창업에 대한 동기부여가 대단히 높다.

다섯째, 화장품의 브랜드 로열티가 아주 높다. '나는 타임만 입는다.'라는 소비자를 만나기는 쉽지 않다. 반면 화장품의 경우 한 번 설화수 에센스를 바르고 자고 일어났을 때 피부가 살아나는 느낌을 갖게 되면 그 소비자는 이후 설화수만 쓰게 된다. 그래서 화장품이 의류/패션보다 반복구매율과 시장 점유율이 더 높다. 아모레퍼시픽과 LG생활건강의 국내 화장품 시장 점유율은 모두 10% 정도 되지만, LF와 한섬 등 국내 톱 5 업체의 시장 점유율은 합쳐 봐야 10%가 조금 넘을 뿐이다.

여섯째, 화장품은 '짝퉁'에 대한 수요와 공급이 제한적이다. 수요 측면에서 옷이나 명품 시계와 가방 등 내구재는 짝퉁에 대한 수요가 일정한 시장을 형성하고 있다. 몇 년 전까지만 해도 동대문 야시장에서 가짜인 줄 알면서 루이비통 가방을 사는 사람이 적지 않았다. 중국 여행을 가면 유명 시계 짝퉁 시장을 둘러보는 게 여행 코스이기도 했다. 하지만 화장품은 피부에 직접 바르는 제품이다 보니 짝퉁에 대한 기본적인 수요가 없다.

아울러 화장품은 공급 시장도 제한적이다. 화장품은 일정한 설비가 필요하고, 내용물은 카피가 어렵기 때문에 미투 제품은 있어도 짝퉁을 전문적으로 만드는 곳은 없다. 반면 패션의 경우 '타임'에서 잘 팔리는 신상품은 몇 주일 후면 동대문시장에서도 볼 수 있다. 의류/패션은 카피하기가 대단히 쉽다. 디자인을 창안하는 것이 어려울 뿐 원단은 표준화되어 있으므로 똑같은 원단을 구해서 재단하고 봉제하면 끝이다. 대단한 설비가 필요한 것도 아니다. 동대문시장 상인들도 같은 이유로 중국인들을 힘들어했다. 동대문시장에서 디자인을 카피하여 중국 현지에서 생산/판매하는 업체가 많았기 때문이다.

일곱째, 물류 효율이 좋다. 화장품은 크기와 무게에 비해 가격이 높다. 수입 가구가 비싼 이유는 물류비용이 너무 비싸기 때문이다. LCD TV가 수출에 용이한 이유는 패널이 가격에 비해 차지하는 공간이 작기 때문이다. 코로나19 당시 항공기의 고객용 좌석을 떼어내고 그 자리에 LCD 패널을 싣고 수출하여 항공사 손익을 보전했을 정도이다. 아마존 블랙프라이데이에 TV 판매와 수입이 좋은 이유도 동일하다.

물류에서는 크기가 상당히 중요하다. 스낵의 경우 40ft 컨테이너 기준 3.5만 개, 도매가격 3만 달러에 불과하지만 동일 면적에 화장품은 180ml 스킨 10만 개, 도매가격 100만 달러도 가능하다. 그러니 요즘 한국을 찾는 무역 벤더들은 상대가 식품회사이든 패션회사이든 기-승-전-화장품은 없냐고 묻는다. K뷰티의 인기가 좋기도 하지만 무역 벤더 입장에서는 훨씬 남는 장사이기 때문이다.

활발한 M&A는 건강한 화장품 생태계를 만든다

 신세계인터내셔날은 아마 중국 화장품 모멘텀의 마지막 주자였을 것이다. 비디비치의 매출이 급증하면서 2019년 주가가 30만 원을 넘었다. 1년 사이에 주가가 3배 이상 상승한 것이다. 2017년에 갑자기 기존에는 없었던 화장품 매출이 600억 원 이상 생겼고, 2019년에는 3,600억 원을 넘어 전체 매출의 30%에 근접했다. 홀세일 매출 비중이 높아서 영업이익에서 차지하는 비중은 80%에 달했다. 2019년 비디비치의 매출은 2,300억 원이었는데, 대부분 중국 수요였다. 내수도 아니고 중국 소비 시장을 대상으로 막대한 매출이 발생한 것이다. 의류/패션 업체에서 화장품 브랜드 회사로, 내수 업체에서 수출 회사로 변모하면서 밸류에이션도 크게 상승했다.

하지만 신세계인터내셔날의 중장기 전망에 대해서는 회의적이었다. 중저가 화장품이었기 때문이다. 화장품은 브랜드력이 전제되어야 중장기 실적 가시성이 높아지는데, 이는 일반적으로 럭셔리 브랜드들이다. 럭셔리 브랜드는 올해 실적이 좋을 경우 내년 실적은 더 좋을 가능성이 크다. 럭셔리 반열에 오르기는 어렵지만 한 번 그 트랙에 올라타면 브랜드 로열티가 지속적인 매출 성장을 담보하는 울타리가 된다. 40ml 크림을 30만 원이나 주고 산다는 건 웬만큼 제품에 대한 확신과 로열티 없이는 불가능하다. 그만큼 반복 구매 가능성이 높다.

반면 중저가 브랜드는 매우 트렌디하기 때문에 올해 실적이 좋다면 오히려 내년 실적은 부진할 가능성이 있다. 2021년 클리오의 히트 상품 프로아이팔레트는 2022년 경쟁 브랜드들의 미투 제품들이 쏟아지면서 주춤했다. 2022년 여의도 IFC몰 세포라 매장에 팔레트 제품만 수십 개 깔렸다. 2012년 미샤의 레볼루션 에센스가 그랬고, 2014년 잇츠한불의 달팽이크림, 2015년 리더스코스메틱도 단발성에 그쳤다. 미국 화장품 소비자들은 틱톡에서 브랜드를 보는 게 아니라 제품을 본다. 그래서 '티르티르'가 아니라 '셰이드가 30개나 있는 쿠션'으로 바이럴을 탄 것이다.

브랜드 업체 입장에서는 단기적인 실적을 크게 기대할 수 있지만, 실적의 연속성 측면에서는 불확실성이 클 수밖에 없다. 잇달아 히트 상품을 내놔야 하는데, 그건 다분히 운도 작용한다. 그렇다면 향후 히트 상품이 나올 수 있는 R&D, 상품 기획 인프라를 갖춰야 하는데, 인디 브랜드들에게 그런 고정투자를 기대하기는 쉽지 않다.

중국 모멘텀 당시 K뷰티는 개별 브랜드력보다 'Made in Korea' 프리미엄을 통해 사업 규모를 키웠다. 현재 미국이나 일본에서의 K뷰티 붐 역시 한국 화장품이라는 배경이 기본적인 신뢰의 울타리가 되고 있다. 로레알이 프랑스 화장품이라서 사는 게 아니고, 에스티로더도 마찬가지다. 삼성이나 LG가 한국 제품이라고 구매하는 사람은 드물다. 'Korea'보다 삼성과 LG를 먼저 알았다는 외국인이 많다. 중장기적으로 K뷰티의 글로벌 지속 성장을 위해서는 역설적으로 K뷰티의 울타리를 넘어서야 한다.

K뷰티의 울타리 안에 안주하기도 어렵고, R&D 고정투자를 크게 기대하기도 힘든 한국의 인디 브랜드들은 어떻게 해야 할까? 포트폴리오를 형성해야 한다. 1개의 브랜드가 잇달아 히트 상품을 내놓을 수 없다면 여러 브랜드를 한데 모아 A브랜드가 쉴 때 B브랜드가 히트 상품을 내놓고, 이어서 C브랜드의 신상품이 나오는 구도이다. 로레알 같은 화장품 브랜드 군단이 필요하다. 아모레퍼시픽이나 LG생활건강은 그런 군단의 선장이 될 수 있다.

현재 구다이홀딩스가 티르티르부터 스킨1004까지 유명 인디 브랜드들을 잇달아 사들이고 있다. 엘앤피코스메틱도 마녀공장 인수 후 큰 투자수익을 거두고 있다. 구다이홀딩스나 엘앤피코스메틱이 그런 역할을 할 수 있다. 기업이 일정 수준 규모에 오르면 영업과 마케팅 이외에도 인사/재무/법률 등 다양한 관리적인 측면이 중요해진다. 창업자들에게는 또 하나의 도전이고 부담이다. M&A는 창업자들로 하여금 그런 부담을 크게 덜어 준다. 제품만 잘 만들면 언제든지 큰 부자가 될 수 있다는 기대가 있다. 활발한 M&A는 한국 화장품의 생태계를 더 건강하게 하는 기본 요소이다.

6장

K뷰티는 어떻게 세계로 나갈 수 있었나?

중소기업
1위 수출 품목, 화장품

2023년 국내 화장품 판매 업체는 3만 1,524개로 처음으로 3만 개를 넘었다. 2024년에는 3만 6,000개에 달할 것으로 예상된다. 2017년 1만 개를 넘어선 지 7년 만에 거의 4배로 급증한 것이다. 글로벌 화장품 ODM 1위 코스맥스의 매출은 2024년 2.2조 원으로 전년 대비 22% 성장했다. 2023년 기준 약 2,900개 고객사를 두었는데, 2024년 약 3,300개로 연간 400개가 늘었고, 2025년에는 3,800개까지 증가할 것으로 예상하고 있다.

인디 브랜드 창업자들이 국내 내수 시장의 성장을 보고 뛰어들지는 않았을 것이다. 결국은 수출에 대한 기대이다. 2024년 상반기에 기록한 48억 2,000만 달러(약 6.6조 원) 화장품 수출액 가운데 33억

■ 표 13. 2024년 상반기 중소기업 수출 10대 품목 ■

순위	구분	수출액(억 달러)	비중(%)	% YoY	역대 상반기 순위
1	화장품	33.1	5.8	+30.8	1위
2	플라스틱 제품	25.9	4.5	+8.0	3위
3	자동차	22.5	3.9	-10.6	2위
4	자동차부품	21.8	3.8	+1.7	9위
5	반도체제조용장비	19.0	3.3	+14.7	1위
6	합성수지	17.1	3.0	+6.4	9위
7	기타기계류	15.7	2.8	+19.7	2위
8	반도체	13.6	2.4	+5.7	9위
9	전자응용기기	13.1	2.3	+4.1	1위
10	기계요소	11.6	2.0	-2.4	4위
	상위 10대	193.4	33.8	+8.1	-
	전체	571.3	100.0	+4.4	-

자료 : 중소벤처기업부, 메리츠증권 리서치센터

달러(약 4.5조 원)가 중소기업 수출 실적이다. 화장품은 중소기업이 수출한 1위 품목으로 올라섰다. 기존 주력 시장이던 미국, 중국과 더불어 신흥시장으로 수출국을 다변화한 것이 수출 증가 주 요인이다. 같은 기간 대기업 화장품 수출이 23% 줄어든 것과도 대조적이다.[18]

사실 중소기업은 '무역'이라는 말만 나와도 어깨가 위축된다. CI Commercial Invoice, FOB Free on Board, L/C Letter of Credit, TT Telegraphic Transfer 등 아

---

18 세계일보, 2024. 7. 24.

에 새로 공부해야 하는 영역이다. 제대로 하려면 영업담당자를 새로 뽑아야 하는데, 일 좀 할 만한 해외영업 경력자는 부르는 게 값이다. 제한적인 자본력과 관리 역량으로 해외지사 설립은 부담스럽다. 국가별로 상이한 규정도 수출을 어렵게 하는 요인이다. 특히 화장품은 성분 및 라벨링에 대한 규제가 상당히 엄격하기 때문에 각 제품에 사용된 원료가 해당 국가에서 허용되는 것인지 확인해야 한다. EU에 수출하려면 CPNP(Cosmetic Product Notification Portal)에 사전 신고해야 하며, 미국에서는 FDA 승인 등록이 필요하다. 자외선 차단제는 EU와 중국/일본/인도에서는 화장품이지만 미국/캐나다에서는 OTC이다. 더구나 미국에서는 MoCRA(화장품 규제 현대화법)이 새로 시행되고 있다.

그래서 소비재 완제품 수출은 주로 대기업이 담당하고 있는 게 현실이다. 식품도 삼양식품과 농심을 중심으로 수출이 늘었다. 화학과 자동차에서 중소기업 수출 품목은 이미 바이어가 명확하게 정해져 있는 부품이나 원료, 중간재들이다. 이런 구조적인 한계에도 불구하고 한국 화장품의 수출은 눈부시다. 해외 사업에서 성과를 일궈 낸 코스알엑스부터 조선미녀, 아누아, 달바, 티르티르, 스킨1004 같은 주요 브랜드들의 2024년 매출은 대체로 전년 대비 2배 이상 증가한 것으로 예상된다. 이런 괄목할 만한 인디 브랜드 수출 성장의 배경에는 실리콘투라는 든든한 사업 파트너가 있다.

실리콘투 아니었으면 어림도 없었다

반도체 무역회사였다고?

화장품 무역과 수출에서 중소기업의 한계를 한 번에 해결해 준 회사가 실리콘투이다. 실리콘투는 대규모 물류 인프라를 기반으로 국내외 430개의 화장품 브랜드를 직매입해서 180개국 글로벌 온/오프라인 유통 채널에 전개하고 있다. 회사 이름에서 알 수 있듯이 2002년 당시만 해도 반도체 무역이었다. 한국에서 생산된 메모리반도체를 MP3, 전자사전 등을 제조하는 외국 가전기기 업체에 내다 파는 사업이었는데, 이 모든 기능을 탑재한 스마트폰이 등장하면서 수요가 뚝 끊겼다. 창업자 김성운 대표는 국면 전환을 위한 새 아이템을 찾던 중 마케팅 효율이 잘 나오는 화장품을 선택했다.

김성운 대표의 사업 철칙은 '무자료 거래는 하지 말자.', '단순 수출대행에서 그치지 말고 현지 마케팅까지 도와주자.', '오프라인보다 온라인 판매에 적합한 시스템을 갖춰 놓자.'는 것이었다.[19]

실리콘투는 중국에서 눈을 돌려 미국 시장을 바라봤다. 현지 창고를 마련하고 마케팅 전략도 당시 뜨고 있는 인스타그램, 틱톡 등 SNS를 활용했다. 실리콘투의 직매입은 재고 소진과 현금유동성 확보라는 측면에서 인디 브랜드 업체들에게 천사 같은 유통 업체이고, 현지 물류센터 운영을 통한 충분한 재고는 현지 유통 업체들에

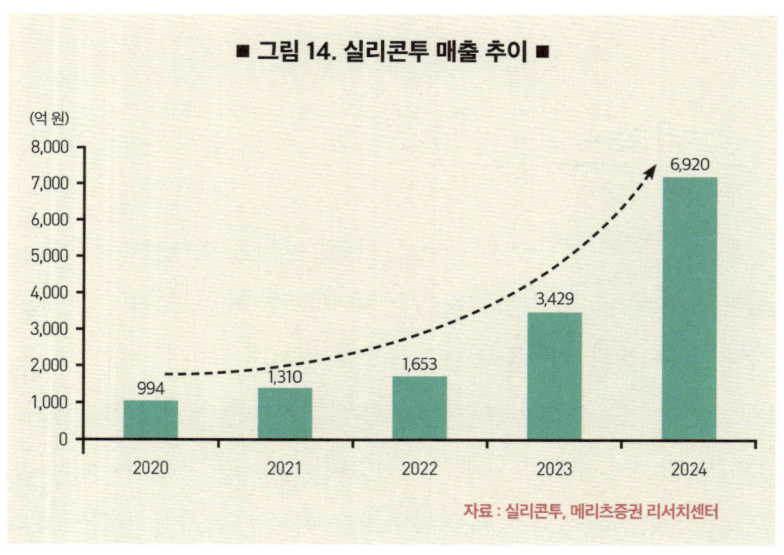

---

[19] 매경이코노미, 2024. 10. 4.

게 천사 같은 무역 벤더이다. 독보적인 사업 모델로 실리콘투의 매출은 급격하게 증가해 2020년 990억 원에서 2024년 6,920억 원으로 7배 성장했다.

너무나 완벽한 수출 파트너

실리콘투에 대한 우려와 기대가 공존한다. 대부분은 진입 장벽에 대한 갑론을박이다. 아무래도 독특한 사업 구조를 갖고 있기 때문일 것이다. 일반적인 무역 벤더 측면에서는 진입 장벽이 낮지만, 실리콘투의 인프라를 보면 다른 무역 벤더가 따라 하기 힘든 양상이다.

먼저 진입 장벽에 대한 범위부터 생각해 보자. 화장품 무역 벤더로서 진입 장벽은 2가지로 나뉜다. 유통 업체 입장에서는 화장품 소싱처로서 실리콘투의 지위와 차별적 경쟁력, 인디 브랜드 업체 입장에서는 화장품 해외 판매를 위한 중간 벤더로서 실리콘투의 지위와 차별적 역량이다.

현지 유통 업체 입장에서 완벽한 벤더

미국이나 유럽 등 현지 유통 업체 입장에서 살펴보자. 북미를 비롯하여 유럽 각지에 K뷰티에 대한 유통 수요가 굉장히 많아지고 있다. 그런데 현지 유통 업체들은 한국 화장품을 유통해 본 적이 없다. 이들 유통 업체들은 3가지 요건을 갖춘 무역 벤더를 원한다.

① 유통 업체가 원하는 브랜드를 모두 소싱할 수 있어야 한다. 여러 무역 벤더를 접촉하기에는 번거롭고 시간과 노력이 너무 들어가서 한 업체에서 다양한 상품을 다 공급해 주길 원한다. 조선미녀, 아누아, 코스알엑스, 스킨1004 등은 기본이다.

② 한국 화장품 유통에 대한 경험이 없기 때문에 한국 화장품에 대해서 잘 알고 있는 무역 벤더면 좋겠다. 어떤 제품이 한국이나 다른 지역에서 유행이고, 어떻게 매대를 구성하는 게 좋은지, VMD(Visual Merchandising)를 설치해야 하는지에 대한 종합적인 컨설팅이 가능하면 플러스 알파이다.

③ 재고를 안정적으로 확보해 주어야 한다. 유통 업체로서는 어떤 제품이 잘 팔릴지 아직 감이 없다. 일단 초도 상품을 깔아 놓는데, 품절이 되고 주문을 했을 때 바로 입고시킬 수 있어야 한다. 매대가 비어 있으면 안 된다. 결품은 유통 업체들, 특히 오프라인 유통 업체들이 가장 싫어하는 현상이다. 미관상도 좋지 않다. 유통 업체로서 역량이 부족하다고 소비자에게 보일 수 있다. 무엇보다 빈 공간에 대한 기회비용이 너무 아깝다. 저 매대에 다른 상품을 팔수도 있었다. 또한 결품이 아니었다면 얼마나 더 매출이 많이 나올 수 있었을까? 이런 생각에 MD들이 신제품 입점 여부를 결정할 때 가장 먼저 제조 업체(또는 중간 벤더)에 확인하는 것이 '결품' 가능성 여부이다. 더구나 태평양 건너 한국에서 오는 제품이다. 한 번 오는 데 한두 달은 족히 소요되고, 통관의 불확실성이 상존하기 때문에 안정

적인 재고 관리는 더 중요한 가중치가 된다.

이런 현지 유통 업체들의 니즈에 대해 실리콘투는 완벽한 대안이 된다.

첫째, 유통 업체가 원하는 브랜드들을 한 번에 다 공급할 수 있는 무역 벤더는 실리콘투밖에 없다. 한국 화장품을 이제 막 유통하려는 현지 로컬 유통 업체는 올리브영 톱 10, 아마존 톱 10을 매장에 깔기 원한다. 코스알엑스, 조선미녀부터 시작해서 라운드랩, 최근 뜨고 있는 메디큐브, 리들샷, 바이오던스까지만 하더라도 10개를 넘기는 것은 우습다. 조금 매입가가 비싸더라도 일단 집객을 위해서는 어쩔 수 없는 선택이다.

이런 브랜드들은 작은 무역 벤더들이 중개할 수 있는 레벨이 아니다. 이제 인디 브랜드라고 하기에도 민망할 정도로 매출 규모가 2024년 기준 2,000억 원을 다 넘어설 것으로 예상되는 브랜드들이다. 이런 규모의 브랜드들은 실리콘투를 중심으로 이미 북미와 유럽까지 지역마다 무역 벤더를 선정해 놓고 있다. 굳이 영세한 무역 벤더와 신규로 계약을 체결해서 작은 유통 업체에게 제품을 납품할 유인이 없다. 결국 새롭게 한국 화장품을 유통하고자 하는 글로벌 온/오프라인 중소형 유통 업체들은 실리콘투에 문을 두드리지 않을 수 없다. 현재 실리콘투만이 올리브영 톱 10 또는 톱 30 브랜드를 모두 한꺼번에 공급할 수 있다. 중소형 무역 벤더들이 넘보기 힘든 굉장히 높은 진입 장벽이다.

둘째, 한국 화장품에 대한 이해와 마케팅 솔루션이다. 북미, 일본에도 무역 벤더는 정말 많다. 최근 세계 전 지역에서 활동하는 한국인 무역상들은 모두 한국 화장품 무역을 하려고 혈안이다. 인디 브랜드들도 연락을 엄청 많이 받는다. 문제는 대부분의 무역상이 한국 화장품 산업에 대한 이해가 굉장히 낮다. 브랜드 입장에서는 자기 제품이 이상하게 유통될까 봐 겁나고, 현지 유통 업체 입장에서는 너(무역 벤더)도 모르고 나(유통 업체)도 잘 모르는 화장품을 대충 갖다 놓고 파리 날리는 '바보들의 행진'이 될까 봐 겁난다.

실리콘투는 인플루언서를 섭외하여 일일이 상품에 대해 마케팅을 직접 진행할 정도로 한국 화장품에 대해 이해도가 높다. 이미 글로벌 판매 데이터를 가장 많이 보유한 업체로 가장 합리적인 제품 판매 전략을 공유하고 제시할 수 있다. 다른 무역 벤더가 넘을 수 없는 차별적인 경쟁력이며 진입 장벽이라고 할 수 있다.

셋째, 재고 관리, 즉 제품의 안정적 공급 역량이 압도적이다. 미국을 중심으로 인도네시아, 베트남, 폴란드 등에 물류센터를 세우고 현지 유통 업체가 원하는 시기에 제품을 받을 수 있는 인프라를 확보해 놨다. 결품에 대한 걱정 없이 유통 업체들이 상품을 판매할 수 있게 하는 유일한 파트너이다. 해외 현지에 물류센터를 세우고 B2B 서비스를 제공하는 방식은 상당히 돈도 많이 들고, 재고 부담이 큰 위험한 사업이다. 그만큼 드물다. 또 그만큼 진입 장벽이 높다고 볼 수 있다.

인디 브랜드 입장에서 해외 진출의 완벽한 지원군

이제 인디 브랜드 입장에서 생각해 보자. 전술한 바와 같이 우선, 실리콘투는 직매입해 준다는 사실이 엄청난 매력이다. 직매입은 영세한 인디 브랜드 입장에서 재고 부담과 현금유동성 문제를 모두 해소시켜 준다는 점에서 최고의 매입 형태이다. 중소기업의 경우 매출채권에 돈이 묶여 있으면 원재료 구매비용을 마련하기도 빠듯하다. 그런데 실리콘투는 구매대금을 며칠 뒤 바로 입금해 준다. 일반적으로 유통 업체의 대금 시기는 입고 후 60일 정도이며, 아무리 빨라도 1개월 후이다. 항상 현금이 모자란 인디 브랜드 입장에서 실리콘투는 '천사'이다. 마케팅에 쏠 돈을 넉넉하게 보장해 준다. 이 현금흐름이 인디 브랜드들에게 얼마나 엄청난 혜택인지 일반적인 경우와 실리콘투의 경우를 비교해 보자.

일반적인 유통 업체의 경우

예를 들어 ODM 업체에 발주한 제품을 받고 5억 원을 지출했다. 얼마 후 A사에게 제품을 납품했다. 대금은 2개월 후에 입금된다. 마케팅을 하려면 자금을 확보하기 위해 차입을 해야 한다. 담보 없이 은행을 찾아가면 퇴짜 맞기 일쑤다. 제2금융권은 이자가 비싸다. 인건비와 임대료 등 고정비와 이자비용까지 감안하면 마케팅비 예산을 확보하기가 쉽지 않다.

2개월 후 유통 업체로부터 연락이 왔는데 자금 사정이 좋지 않다고 대금을 세 번에 걸쳐 입금해 준다고 한다. 어쩔 수 없다. 유통 업체가 '갑'이다. 판매대금 10억 원 가운데 3억 원밖에 입금이 안 됐다. ODM 업체에 생산 의뢰를 해야 하는데 돈이 부족하다. 또 차입을 해야 한다. 직원들 임금도 줘야 한다. 마케팅비 예산은 점점 더 줄어든다. 마케팅을 제대로 하지 않으니 제품 판매가 제한적이다. 재고 소진이 늦다고 유통 업체에서는 추가 발주 시기를 늦춘다.

실리콘투의 경우

ODM 업체에 제품을 받고 5억 원을 지출했다. 얼마 후 실리콘투에 제품을 넘기면서 바로 10억 원의 현금이 들어왔다. 다음 로트 생산을 위해 5억 원 정도를 빼 놓더라도 5억 원이 남는다. 인건비와 임대료 등 고정비를 제외하고 마케팅비로 3억 원 이상을 사용할 수 있다(일반적으로 메이저 브랜드 업체들의 마케팅비 비율이 매출의 30% 정도 된다. 이 회사의 매출은 10억 원이다). 마케팅을 많이 하니 매출도 많이 오른다.

2개월 후 실리콘투로부터 추가 발주가 들어왔다. ODM 업체에 생산 비용 5억 원을 지출하고, 즉시 또 10억 원을 받았다. 고정비에 쓸 돈은 이미 지난 대금으로 충분하다. 마케팅비를 4억 원까지 쓸 수 있다. 마케팅비 증가로 매출은 더 많이 오른다. 재고 소진 시기가 빨라지고 실리콘투로부터 추가 발주가 1개월 후에 들어왔다. ODM 업체에 생산 비용 5억 원을 지출하고, 즉시 또 10억 원을 받았다. 고정비에 쓸 돈은 여유가 있고, 마케팅비를 충분히 쓰고 나서도 1억 원이 남는다. 영업이익이다.

고성장하는 인디 브랜드일수록 이런 현금흐름의 목마름은 더 크다. 한 인디 브랜드 업체는 연 매출 규모가 50억 원밖에 안 되는데 제품이 아마존에서 히트 치면서 여기저기서 주문이 밀려들고 있다. ODM 추가 발주와 운영자금으로 30억 원이 필요한 상황이다. 담보가 없고, 업력이 짧은 인디 브랜드 업체로서는 난감한 상황이다. 바이어가 없는 게 아니라 발주할 돈이 없다는 게 일반적으로 납득하기 힘들지만 실제로 그런 업체가 적지 않다. 사업 규모가 한 단계 올라서기 전의 인디 브랜드 업체들에게 자주 발생하는 성장통이다. 이런 업체들에게 실리콘투는 얼마나 훌륭한 지원군이겠는가? ODM 대금 지급 기일보다 매출로 인한 현금흐름이 먼저 발생하게 되는 구조에서는 많은 자금 문제가 해결될 수 있다.

늘 변하는 무역 벤더와 유통, 브랜드의 삼각관계

유통 업체는 커지면 직접 브랜드를 찾기도 한다

먼저 유통 업체 입장에서 생각해 보자. 유통 초기에는 그럴 수밖에 없다. 소비자가 원하는 상품을 적절한 시기에, 적절한 가격으로, 적절한 양을 매입할 수 있는 MD 역량이 제한적이기 때문이다. 그러다가 업력이 쌓이면서 브랜드 보는 눈도 생기고, 화장품 매장으로 소비자들에게 각인도 시키면서 좀 더 규모를 키우고 나면, 좀 더 정교한 MD를 진행하게 된다. 브랜드 발굴이다. 아직 소비자에게 알려져 있지 않지만 앞으로 잘 팔릴 수 있는 브랜드를 들여와 독점 공급하는 방식이다.

이는 마진 측면에서도 훨씬 유리하고, 경쟁 유통 업체 대비 소비자에게 차별적인 소구점을 전달한다는 측면에서 중요한 유통 역량이다. 한국에서도 올리브영이 MD 역량에서 랄라블라와 롭스 대비 우위에 있었기 때문에 결국 시장의 패자가 된 것이다. 여기서 더 나가면 PB까지 갈 수 있다. 유통 마진에 브랜드 마진까지 취하는 유통업의 최종 단계인데, 현재 올리브영의 웨이크메이크, 바이오힐보 등 PB 매출 비중이 7%까지 올라왔다. 이런 유통 업체들의 태도 변화는 모든 전 세계 유통 업체의 공통적인 과정이다.

실리콘투에만 의존해서는 최신 유행을 따라가기 힘들다는 한계를 느낄 수 있다. 최근 실리콘투의 인디 브랜드 운용 캐파도 한계에 다다르고 있다. 자선사업가가 아닌 이상 신제품에 대해서 직매입을 무한정 늘릴 수는 없다. 최근 실리콘투의 직매입은 어느 정도 매출 규모를 갖춘 성장 가능성과 제품력이 실적으로 확인된 인디 브랜드에 한정되는 상황이다. 그러다 보니 MD에 자신감이 붙은 현지 유통 업체들이 직접 소싱에 나서는 유인이 강해졌다.

아마존이 그렇다. 아마존은 K뷰티 인디 브랜드의 매출이 가파르게 오르자 한국 화장품 브랜드 전문 소싱팀을 한국에 두고 참신한 인디 브랜드 발굴에 열을 올리고 있다. K뷰티의 가파른 매출 상승과 소비자 호감도를 보면 실리콘투와 리셀러들의 브랜드 공급에만 의존하기에는 답답함 감이 있을 수 있다. 올리브영 톱 10도 무시하고 있다. 직접 좋은 브랜드를 찾아 소싱, 판매하여 차별성과 수익성을 제고하겠다는 전략이다.

2023년까지 아마존의 K뷰티 인디 브랜드 매출은 주로 실리콘투에서 제품을 공급받는 리셀러들에 의해서 발생했다. 이제는 아마존이 K뷰티의 높은 성장성을 눈여겨보고 직접 소싱에 나서면서 인디 브랜드들이 직접 아마존에 전개하는 3P 방식이 크게 증가하고 있다. 좀 더 적극적인 소싱을 통해 글로벌 K뷰티 확대의 주도권을 잡고자 함이다.

더구나 아마존은 매출 규모를 보지 않는다. 입점 기준은 제품력과 함께 마케팅 역량과 의지이다. 현재 이뤄지고 있는 틱톡 마케팅을 보고 가능성이 있다 싶으면 매출이 작아도 미국 아마존에 판매 기회를 주고 있다. 실리콘투의 까다로워진 매입 기준을 감안하면 파격적인 혜택이다.

결국 아마존의 인디 브랜드 소싱은 실리콘투 입장에서 보면 1차 스크린 장치 역할이 될 수 있다. 인디 브랜드의 글로벌 채널 확장 전략은 1차 아마존, 2차 실리콘투 입점이다. 아마존에서 인지도와 매출을 키운 인디 브랜드들이 실리콘투의 문을 두드린다. 실리콘투의 직매입 메리트는 엄청난 것이다. 그런 면에서 실리콘투와 아마존의 직소싱 확대는 이해가 상충되지 않는다.

브랜드는 커지면 다른 유통 벤더도 찾는다

이제 인디 브랜드 입장에서 생각해 보자. 실리콘투를 통해서 자본이 축적되고 브랜드 인지도가 높아지면 실리콘투의 한계에 아쉬움을 느낄 수 있다. 브랜드의 글로벌 확장 국면에서 실리콘투가 모든 지역과 채널을 모두 관리할 수 있는 것은 아니기 때문이다. 브랜드의 글로벌 지역 전략에서 실리콘투가 커버하지 못하는, 예를 들어 일본 같은 경우는 별도의 무역 벤더가 필요하다. 아울러 연락도 많이 온다. 얼타뷰티나 타깃Target 같은 대형 유통 업체로부터의 입점 제안은 높은 브랜드 인지도를 입증한다. 아마존이나 큐텐의 랭킹을 보고 유럽/중동/남미에서 찾아오는 바이어들도 크게 늘었다.

또한 브랜드 업체 입장에서 실리콘투에 납품하는 제품은 어디에서 어떻게 소비자에게 전달되는지 파악이 안 된다. 브랜드 인지도 관리와 가격 통제, 마케팅 전략 측면에서 막연한 불안감이 있다. 항상 브랜드는 소비자 통계에 대한 무한한 욕심을 갖고 있다. 여러 가지 마케팅 전략을 세우는 데 핵심 자료로 사용될 수 있기 때문이다.

그런데 직매입으로 유통 업체에 제품을 납품하게 되면 소비자 통계는 유통 업체로부터 받아야 한다. 유통 업체들한테 받을 수 있는 통계량은 한정적이다. 이런 브랜드 업체들의 욕심 때문에 꼭 자체 온라인몰을 운영한다. 아모레퍼시픽도 이런 이유 때문에 오랫동안 온라인 판매를 아모레몰에 한정하는 전략을 고수했다.

아모레퍼시픽이 온라인 판매를 아모레몰에 한정했던 또 하나의 이유는 가격 통제이다. 브랜드력은 곧 가격 통제라는 말이 나올 정도로 브랜드에게 채널별 가격 균형은 대단히 중요하다. 중국에 들어갈 때 더페이스샵의 가격 통제가 깨지면서 브랜드가 무너지는 모습을 봤기 때문에 해외 진출 시 가격 통제는 굉장히 민감한 문제이다. 최근 클리오가 일본에서 오프라인 판매를 전개하기 시작하면서 온라인 매출을 의도적으로 줄이는 모습을 봐도 알 수 있다.

매출은 기업에게 생명이다. 물론 이익을 내기 위해서 매출을 일으키는 것이지만, 이익은 매출 없이 나올 수 없다. 매출을 줄이면서까지 오프라인을 전개한다는 것은 단식을 통해서 몸의 체질을 바꾸겠다는 의지와 같다. 오프라인 사업에 대한 강한 의지를 엿볼 수 있는 부분이며, 브랜드 업체로서 가격 통제의 중요성을 다시 한 번 실감하게 하는 대목이다.

따라서 인디 브랜드가 커지면 아마존 리셀러를 줄이고, 오히려 아마존 3P 비중을 높일 수 있다. 자금이 충분히 여유 있기 때문에 실리콘투가 그다지 절실하지 않게 되었다. 이들은 실리콘투와 리셀러로 인한 가격 통제의 불확실성을 더 심각하게 생각한다. 그래서 직접 가격 통제가 가능한 아마존 3P를 선호할 수 있다. 그렇다고 실리콘투와 리셀러에 공급을 중단하지는 않지만 브랜드가 직접 판매에 나서면 자연스럽게 리셀러 비중이 하락한다. 현재 코스알엑스의 아마존 매출에서 3P 비중은 70%에 달하는 것으로 파악된다. 하지만 오프라인 영업은 여전히 실리콘투와 함께 한다. 직접 전 세계 영업망을 관리하는 것은 굉장히 비효율적이기 때문이다.

'들어오는 브랜드'와 '나가는 브랜드'를 합리적으로 고려해야 한다

자본주의 시장경제에서 이러한 유통 업체와 브랜드 업체의 변심은 사업 규모가 커지면서 발생하는 당연한 수순이다. 투자자 측면에서 실리콘투의 실적을 추정할 때 '들어오는 브랜드'만 생각하고 '나가는 브랜드'는 생각하지 않는다면 실망이 클 수 있다.

대부분의 인디 브랜드가 실리콘투를 향하는 것은 맞지만 이 인디 브랜드들이 실리콘투에만 머물러 있는 것은 아니다. 실리콘투의 유통력이 전 세계, 전 채널을 커버할 수 없기 때문이다. 현지 유통 업체와 한국의 화장품 업체들, 그리고 실리콘투 모두 자신들의 사업 확장을 위해 부지런히 움직이고 있다. 시장원리에 어긋나는 행동은 없다.

유의할 점은 브랜드 업체들의 '이탈'이 아니라 '일탈'이다. 화장품 밸류체인상 경제주체들은 종종 자신의 역할에서 벗어난 '일탈'의 유혹에 빠진다. ODM 업체들은 늘 브랜드를 내고 싶어 한다. 어차피 자신들이 만드는 제품인데 그걸 2배 이상 마진을 붙여서 파는 게 배 아프다. 브랜드 업체들은 직접 유통을 하고 싶어 한다. 어차피 자기 제품을 파는 건데 50% 마진을 붙여서 파는 게 배 아프다.

대부분 업의 경계를 넘어서는 선택은 패착이었다. 아모레퍼시픽의 자사몰 아리따움에 대한 고집이 그랬고, 나이키와 아디다스의 부진도 아마존에서 철수를 선언한 시점과 겹친다. 브랜드 업체들이 커지면 자꾸 유통을 통제하고자 하는 욕심을 갖는다. 때로는 아예 해외지사를 차리고 현지 유통 업체에 직접 영업을 하려고 한다. 마땅한 유통 벤더가 없다면 어쩔 수 없지만 실리콘투 같은 걸출한 벤더가 있는데 굳이 그렇게 인력과 돈을 허비할 필요가 있을까?

유통은 유통 업체에게 맡기는 게 맞다. 브랜드는 브랜드 업체들이 키우는 게 바람직하다. ODM과 브랜드, 유통은 업의 본질이 다르다. 제품을 잘 만든다고 브랜드가 되는 게 아니다. 브랜드는 제품력에 많은 우연한 사건과 역사가 어우러진 결과이다. 브랜드력이 높다고 모든 소비자가 찾지 않는다. 제품의 소구 포인트에 맞는, 소비자들이 많이 찾는 곳에 제품을 내놔야 유통이 되는 것이다.

결론적으로 ① 아마존의 직접 소싱은 인디 브랜드의 미국 진출 1차 단계로 실리콘투와 상충하지 않는다. ② 인디 브랜드가 대형화됐을 때 실리콘투의 비중이 줄어들 수 있기 때문에 마이너스 요인인 것은 분명하다. ③ 하지만 실리콘투에 입점하려는 신규 인디 브랜드들이 넘쳐나고 있기 때문에 실리콘투의 실적 전망에 얼마나 큰 부정적 영향을 미칠지는 지켜봐야 한다. 실리콘투의 톱 10 업체들은 조선미녀와 아누아 정도를 제외하고 계속 바뀌고 있다. 아울러 ④ 글로벌 유통은 오프라인 채널 비중이 85%에 이르는 만큼 실리콘투의 2024년 이후 오프라인 채널 확대 전략을 감안하면 여전히 성장 여력은 충분하다. 이탈하는 브랜드보다 글로벌 신규 물류센터 투자와 지역별 영업본부 설립 계획을 더 눈여겨봐야 하지 않을까?

실리콘투만
갖고는 안 된다

실리콘투 혼자 커버할 수 없는 수준

　한국 화장품 산업의 발전이라는 측면에서 오히려 문제는 실리콘투 같은 무역 벤더, 무역 유통 업체가 1개밖에 없다는 점이다. 신규 브랜드가 지난 3년 사이에 2배 가까이 증가했는데, 이들 브랜드들은 모두 글로벌 진출을 목표로 하고 있다. 한국의 창업자들은 화장품 브랜드 사업의 진입 장벽이 대단히 낮다는 것을 다 알고 있다. 하지만 중국 수요는 꺾였고, 내수 시장은 정체돼 있기 때문에 창업에 엄두를 내지 못하고 있었다. 그런데 미국에서 코스알엑스, 조선미녀를 필두로 잇단 '성공신화'가 들려오자 가로등의 불나방처럼 수

많은 화장품 브랜드 창업이 이뤄지고 있는 것이다.

하지만 미국이 어떤 시장인가? 화장품뿐 아니라 전 세계에서 모든 날고 긴다는 각 분야 최고의 '꾼'들이 모여서 승부를 가리는 시장이다. 한국 브랜드들의 성공 사례가 많이 보이지만, 엄밀히 따지고 보면 그 경우의 수는 모래사장에서 바늘 찾는 것만큼 드물고 어려운 일이다.

아마존이 한국 인디 브랜드들의 '천사'가 될 수 있을까? 아마존은 기회를 줄 뿐이다. 마케팅을 해 주거나 직매입해 주지 않는다. 배송과 통관에 관한 비용 부담은 온전히 브랜드 업체의 몫이다. 아마존 사이트에 올라갈 수는 있지만 거기부터는 완전경쟁시장이다. 아마존은 '시간'과 '공간'의 제약 없이 입점 브랜드를 무제한 늘릴 수 있다는 온라인 유통의 특징을 십분 활용하여 FBA의 가동률을 올렸을 뿐이다. 사실 인디 브랜드 입장에서 아마존 입점 비용은 그 성공 가능성에 비하면 상당히 부담스런 지출이다.

화장품에서 중소기업 수출이 이렇게 많이 나온 것은 실리콘투가 있었기 때문이다. 다시 말해 이런 인디 브랜드의 수출과 한국 화장품 산업의 성장이 이어지기 위해서는 실리콘투 같은 무역 벤더의 역할이 대단히 중요하다.

실리콘투도 한계가 있다. 4만 개의 브랜드를 실리콘투 혼자 다 커버할 수는 없는 노릇이다. 예전에는 그랬을지 모른다. 어차피 조선미녀도 매출 규모 10억 원도 채 되지 않는 미생이었다. 하지만 이제 실리콘투는 인디 브랜드를 다 받아주지 않는다. 매출 규모 300

억 원은 넘어야 직매입을 하고 마케팅을 해 준다는 말도 들린다. 이제 '메이저리그'만 운용하는 것이다. 실제로 실리콘투 매출의 70%가 톱 10 브랜드에서 나오고 있다. 신규 인디 브랜드 입장에서 본다면 자신들의 창업과 제품 출시와 마케팅이 굉장히 공허한 몸부림일 수 있다.

움트고 있는 경쟁

실리콘투 입장에서는 경쟁자 없는 지금 같은 국면이 이상적이겠지만, 한국 화장품 산업의 지속 성장이라는 대명제 앞에서는 불확실성 요인이다. 이렇게 무역 파이프라인에 병목 현상이 심화되면 해외 진출에 대한 희망이 사그라지면서 벤처/인디 브랜드들의 숫자도 줄어들 가능성이 있기 때문이다. 그래도 글로벌 무역 쪽에서는 새로운 사업자들이 꿈틀꿈틀 움직이고 있다. 무역상들은 시장의 변화와 사업성을 가장 먼저 본능적으로 알아챈다. 이들은 시장 트렌드 파악에 늘 촉각을 곤두세우고 새로운 상품을 찾는다.

아직 해외 현지에서 무역중개업을 하는 개인이나 법인 가운데 한국 화장품에 대해서 이해하고 있는 사람은 거의 없다. 하지만 과거 2015년 전후 대중국 무역을 전개했던 사람들은 화장품에 대한 이해도가 어느 정도 있다. 구다이글로벌(조선미녀)과 크레이버(스킨1004)도 대중국 무역으로 시작한 업체이다. 그들이 다시 일본을 비롯해 다양한 국가로 한국 화장품을 팔기 위해 뛰어다니고 있다. 젊고 패기 있는 무역 벤더들이 우후죽순 늘어나고 있다. 고용시장에서 해외영업 인재들을 찾는 리크루팅은 끊임없고, 부르는 게 값이 되어가고 있다. 점점 실리콘투와 같은 인프라 투자를 따라 하는 업체들도 생겨나고 있다. 돈이 된다는 것을 실리콘투가 증명했기 때문이다. '예스아시아', '아시아비엔씨', '예스비(아이오앤코코리아)' 같은 업체들은 빠르게 입지를 확대하고 있다.

예스아시아는 홍콩에 물류센터를 두고 글로벌 화장품 유통을 전개하고 있는데, 2023년 매출이 약 2,760억 원으로 전년 대비 56%나 증가했다. 아직 실리콘투에 비해 매출 규모는 작지만 최근 빠르게 물류센터를 확장하면서 실리콘투를 추격하고 있다. 물류센터를 직접 운영하면서 직매입을 통해 브랜드 업체의 재고 부담을 덜어 주는 방식은 동일하다.

2016년 설립된 아시아비엔씨의 2023년 매출 규모는 740억 원 수준이다. 한국 화장품 브랜드를 약 60개국에 수출하는 유통 전문 기업으로 발돋움하고 있는데, 롬앤의 글로벌 중간 벤더로 잘 알려져 있다. 2024년 6월에는 태국 팝업스토어 행사를 크게 열어 롬앤의 태국 진출에 발판을 만들었다.

예스비는 2022년 매출 280억 원의 규모는 크지 않은 무역 벤더이지만 최근 일본 시장 진출에 속도를 내고 있다. 오사카에 근거지를 두고 있다. 원래 중국 화장품 벤더를 하다가 일본으로 고개를 돌린 케이스이다. 돈키호테에 특화돼 있는 중간 벤더로 일본에 진출하려는 초기 인디 브랜드들을 돈키호테에 많이 넣고 있다. 현지 유통 벤더 KOLLECTION와 전략적 제휴를 맺고 버라이어티숍, 드럭스토어, GMS General Merchandise Store 등 5,500개 이상의 오프라인 리테일 점포에 입점시켰다.

올리브영은 왜 수출 벤더를 하지 않을까?

여기서 한 가지 의문이 생긴다. 올리브영이다. 어차피 올리브영에서 검증된 제품이 HS코드를 받고 수출되고 있다. 국내 최대 화장품 유통 회사로 압도적 바잉파워를 자랑한다. 자본은 충분하다. 인력은 모으면 된다. 그런데 올리브영은 왜 수출 벤더 시장에 출사표를 던지지 않고 있을까? 우선 B2C 채널로 해외 진출에 대한 자신감이 상당히 붙었다. 전술한 바와 같이 올리브영은 외국인 매출 비중이 25%에 달하면서 외국인들에게 한국 화장품의 대표 매장이 되었다. 이에 올리브영은 인천 공항에서 서울 명동까지 편도로 운행하는 무료 버스인 올영 익스프레스를 운영할 정도이다.

또한 서울 성수에 마련한 자사 최대 규모의 매장인 '올리브영 N(엔) 성수'를 오픈하는데, 이를 통해 가장 주력하는 부분은 '글로벌 K뷰티 랜드마크'가 될 거점을 확보하는 것이라고 한다. 중장기적으로 이런 K뷰티 성지, 외국인에게 높은 채널 인지도를 그대로 뉴욕과 도쿄에 심는다는 전략이다.

아울러 회사 내부적으로 무역업이라는 새로운 사업 형태에 부담이 작용하는 듯하다. 원래 CJ는 소비재 콘텐츠/제조 업체라고 할 수 있다. 애초 유통 업체의 DNA와 다소 거리가 있었다. 어쩌면 그런 콘텐츠 업체로서 제품에 대한 디테일을 좇는 기업 문화 때문에 유통 대기업인 롯데쇼핑, GS리테일과의 H&B 채널 경쟁에서 승자가 됐는지도 모른다. 올리브영은 B2C 채널로서의 정체성을 기본 바탕에 두고 사업을 확장한다는 방침인 듯하다. 이에 따라 올리브영의 해외 진출 전략은 글로벌몰 강화, PB제품 수출을 두 축으로 두고 있다. 2024년부터 '글로벌 K뷰티 1위 플랫폼'으로 도약을 본격화하고 있다.

전략 국가는 당연히 미국과 일본이다. 2024년 5월 일본 법인을 신설하고 바이오힐보, 웨이크메이크, 컬러그램 등 PB 제품 수출을 크게 늘리고 있다. 2025년 2월에는 미국 LA에 현지 법인을 설립하고 미국 시장 공략을 본격화했다. 오프라인 1호점 출점 준비도 하고 있다. 인디 브랜드 업체들은 환영이다. 글로벌몰을 통해 또 하나의 해외 진출 파이프라인이 형성되기 때문이다. 하지만 현지 진출에는 여러 장애물이 존재한다.

특히 일본의 경우 대표적인 화장품 전문점 '앳코스메'는 색조의 절반이 이미 한국 제품이다. 인테리어와 콘셉트도 일본 기존의 드럭스토어나 버라이어티숍에 비해 훨씬 트렌디하고 모던해서 올리브영으로서는 만만치 않은 상대이다. 마진 구조도 부담스런 상황이다. 국내 화장품 브랜드 업체들이 올리브영과 해외 무역 벤더에게 주는 공급 가격에 차이가 있다.

전술한 바와 같이 올리브영 공급가격은 리테일 가격의 50% 정도이다. 한편 국내 브랜드 업체들이 일본 현지 1차 벤더사에 수출 공급하는 가격은 소비자가의 25~30% 정도 선으로 알려져 있다. 1차 벤더사가 '이다' 같은 일본 총판 업체에게 소비자가의 40% 가격으로 납품하고, 이다는 로프트 같은 리테일 업체에 소비자가의 60% 가격에 공급하는 구조이다. 현재 국내 올리브영 매입 가격으로 통관과 물류비 등을 감안하면 마진을 확보하기가 쉽지 않다. 어쩌면 도쿄 올리브영(가칭)은 차라리 일본 1차 벤더사한테 제품을 공급받는 게 합리적일 수 있다. 미국도 마찬가지다. 실리콘투한테 제품을 받아 유통하는 게 나을지 모른다.

여기서 한 가지 의문이 있다. 언뜻 공급가만 놓고 보면 브랜드 업체 입장에서는 수출하는 것보다 올리브영에 공급하는 게 더 유리하다. 하지만 실제로는 그렇지 않다. 수출은 무역 벤더를 통해 선적하고 대금을 받으면 거래가 끝난다. 하지만 올리브영에는 다양한 마케팅과 VMD 제작 비용, 심지어 판매도우미도 고용해서 매장에 보내야 하는 경우도 있다. 실질적인 마진율은 수출이 더 높은 것으로 파악된다. 최근 대부분의 화장품 브랜드 업체에게 올리브영은 쇼룸 성격이 짙다.

7장

인디 브랜드 사관학교, 올리브영

올리브영
디테일의 승리

"요즘 해외에서는 현지 시장의 특성과 상황에 맞는 제품보다는 실제로 한국인들이 쓰는 제품이나 올리브영에 입점해 있는지를 본다.…한국 화장품이 퀄리티가 좋은 데다 가격도 경쟁력이 있는 만큼 K뷰티 열풍은 계속 이어질 것으로 예상된다."[20]

뷰티 업계 관계자의 인터뷰 내용이다. 앱으로 실시간으로 공개되는 올리브영의 랭킹 순위는 글로벌 유통 업체들과 소비자들이 주목하고 있는 K뷰티의 '빌보드 차트'이다.

2010년대 초반 올리브영이 점포를 연간 50개씩 새로 열면서 투

---

[20] 데일리안, 2024. 10. 28.

자를 확대할 때 많은 전문가들이 올리브영의 성공 가능성에 회의적이었다. 이미 서울 시내 주요 지역마다 원브랜드숍이 빠짐없이 포진하고 있었기 때문에 경쟁 심화를 극복하기 어렵다고 봤다. 그런데 지금 오프라인 화장품 로드숍은 올리브영만 남았다고 해도 과언이 아니다. 우선 소비자들이 원브랜드숍의 한정된 카테고리에 권태를 느꼈을 수 있다. 초창기 원브랜드숍은 화장품 시장에 신선한 충격이었지만, 10여 년간 10여 개의 한정된 브랜드가 진부한 리뉴얼만 반복하는 시장으로 굳어진 것이다.

반면 2015년 전후 한국 화장품 산업 역량은 그 어느 때보다 높은 상태였다. 10여 년간 치열한 경쟁과 성장으로 인적/물적 자원은 풍부했다. 다양한 신규 카테고리가 소비자의 권태와 니즈를 충분히 충족시킬 수 있는 상황이었다. 아울러 일본과 미국/유럽 등 화장품 선진국에서 검증된 중저가 브랜드들도 호시탐탐 한국 시장 진출을 노리고 있었다. 키스미는 올리브영을 통해 일본보다 한국에서 히트친 브랜드이다.

지금 와서 평가하자면, 원브랜드숍은 개인형 멀티브랜드숍(2003년 이전 '화장품 나라' 등)에서 기업형 멀티브랜드숍으로 넘어가는 과도기적 유통 모델이었다고 할 수 있다. 결국 H&B 스토어 확대로 화장품 로드숍 시장은 10년 만에 멀티브랜드숍으로의 귀환이 이루어졌다.

H&B 스토어 채널 확대는 화장품 산업에 큰 영향을 미쳤다. 클리오, 닥터자르트, 메디힐 등 새로운 브랜드들이 H&B 스토어를 기반으로 사업 규모를 키웠으며, 올레이Olay와 메이블린Maybelline 같은 중저

가 수입 브랜드들도 자리를 잡게 되었다.

어쩌면 한국 화장품 산업은 올리브영에 감사해야 할지도 모른다. 한국 중저가 화장품 시장의 다양성을 한 차원 끌어 올리면서 벤처 인디 브랜드들의 채널 갈증을 풀어 주었기 때문이다. 올리브영은 신규 인디 브랜드의 등용문 역할을 하고 있다. 올리브영을 통해 신규 브랜드들과 접점이 많아지면서 소비자들은 가격과 품질, 선호에서 선택의 폭이 훨씬 넓어졌다.

2015년경까지도 화장품 신규 브랜드를 전개한다는 말은 오프라인 점포를 내는 과정으로 바로 연결되었다. 당시 브랜드 업체들의 경영진은 브랜드뿐 아니라 유통까지 직접 신경 써야 했다. 화장품 사업을 시작한 중소기업 대표들을 만나면 항상 오프라인 점포 내는 것에 대해 고충을 토로했다. 좋은 제품을 만드는 건 자신 있는데, 대체 점포를 어디에 어떻게 내야 하는지, 임대차와 프랜차이즈 계약 등 유통은 생각만 해도 머리가 지끈거린다고 했다. 로드숍을 직접 열어야 했기 때문에 자본금도 더 많이 필요했다. 이는 또 하나의 진입 장벽으로 작용했다.

클리오는 중저가 브랜드 회사로는 드물게 클리오/페리페라/구달 3개 브랜드가 균형을 잡고, 지속적으로 히트 상품을 내면서 견조한 실적 개선을 이어 가는 대표적인 색조 전문 업체이다. 최근에는 일본, 미국까지 외연을 확장하고 있다. 신제품의 콘셉트나 리뉴얼 성공률 등을 보면 제품 개발 능력을 인정하지 않을 수 없다.

하지만 클리오에도 흑역사가 있는데, 2016년 상장 후 중국과 한국에 모두 오프라인 원브랜드숍 점포 '클럽클리오'를 대대적으로 신규 오픈했다가 철수한 경험이다. 상장할 때 들어온 900억 원의 공모자금 가운데 약 400억 원을 고스란히 날렸다. 250억 원이 넘었던 연간 영업이익은 2018년 국내외 클럽클리오의 부진 때문에 영업적자로 전환했다.

원브랜드숍을 철수한 지금 클리오는 온전히 사업 역량을 제품 개발과 브랜드 빌딩에만 집중할 수 있게 됐으며, H&B와 온라인 채널을 중심으로 견조한 실적 개선을 지속하고 있다. 클리오는 올리브영 입점 브랜드 가운데 톱 3 안에 드는 메가 브랜드가 됐다.

원브랜드숍 시장 이후 화장품 브랜드와 생산이 분리되었고, 2015년 이후 H&B와 온라인 채널이 발달하면서 화장품 유통과 브랜드까지 분리되었다. 브랜드와 유통, 생산이 모두 분리되면서 특히 화장품 브랜드 시장의 진입 장벽이 크게 낮아졌다. 물론 경쟁이 치열하고, 글로벌 중저가 브랜드의 침투는 한국 브랜드 업체들에게 위기일 수도 있었다. H&B 스토어들의 PB 브랜드는 또 하나의 강한 경쟁 상대였다. 하지만 벤처/인디 브랜드 업체들에게 기회 요인인 것은 분명했다. 한국 화장품 산업의 역량이 정체되지 않고 지속 발전할 수 있는 중요한 기반이 되었다.

병목 현상이 생기고 있다

올리브영만 남았다

최근 한 화장품 중소형 브랜드 대표와의 티타임이 있었다. 꽤 유명한 아이라이너 제품을 보유한 곳인데, 국내보다 해외 매출이 2배 이상 큰 사업 구조를 갖고 있었다. 어떻게 내수보다 수출이 더 좋은 회사가 됐냐고 물어보니, 크게 웃으며 본인의 채널 전략 실책 때문이라고 했다.

회사 초창기에 올리브영 MD가 하도 깐깐하고 입점하기도 힘들어서 롭스와 랄라블라(당시 왓슨스)에 초점을 맞추고 국내 유통을 전개했다. 특히 롭스에 심혈을 기울였다. 롭스는 압구정점을 비롯해 핵심 점포의 영업허가증이 신격호 회장 이름으로 되어 있었다고 한다. 그걸 보고 '롯데에서 롭스를 엄청나게 키우려는 계획이구나!'라는 확신을 갖고 열심히 영업을 했다. 그런데 막상 올리브영 이외 업체들은 모두 도태됐고, 올리브영에는 미운털이 박힌 상황이라 어쩔 수 없이 해외로 눈을 돌렸다는 것이다.

실제로 2017~18년을 정점으로 GS리테일과 롯데쇼핑은 각각 랄라블라와 롭스의 점포 수를 크게 줄였다. 당시 올리브영의 점포 수 증가율 역시 눈에 띄게 둔화됐다. 이때 수익성 악화는 경쟁 심화로 인한 마케팅비의 확대, 최저임금 상승의 영향이 크다.

올리브영은 화장품과 생활용품은 물론 식품까지 취급하고 있으며, 점포당 면적이 원브랜드숍 대비 3배 이상 넓기 때문에 평균 6명 이상 직원이 필요하다. 이들에 대한 인건비가 2018년 16% 상승했다. 1,100개 점포를 기준으로 인건비가 약 200억 원 증가하게 된 것이다. 이익 개선을 기대하기 어려웠다.

2016년까지 원브랜드숍 점포 수도 계속 증가했다. H&B 업체들의 외형 확대 전략이 맞물려 병목 현상으로 임차료 부담은 커지기만 했다. 수익성과는 별개로 H&B 업체들의 매출 부진의 원인은 3가지로 정리할 수 있다.

첫째, 원브랜드숍의 버티기이다. 시장의 수요와 공급은 항상 시간차를 둔다. H&B 스토어의 확대와 원브랜드숍의 위축은 같이 일어났지만, 원브랜드숍이 1~2년 위축된다고 가맹점 수가 그만큼 빠르게 줄어들지는 않았다. 그 이유는 우선 대형 원브랜드숍 업체들이 10여 년간 축적한 보유 자금이 풍부했다. 유통망의 구조적 변화를 제대로 인식하지 못하고, 신제품 개발과 마케팅비를 확대하면서 어려움을 헤쳐 나가고자 하는 업체가 적지 않았다.

아울러 가맹점주들 가운데서도 변화를 싫어하는 사람이 많았다. 예를 들어 10년 이상 아리따움을 운영한 점주들 가운데서는 큰 문제만 없다면 현재 점포 형태를 유지하고자 하는 수요가 적지 않았다. 이미 자식들 교육은 다 시켜 놨고, 단골손님들도 있었기 때문에 월 300만 원 정도의 수익이면 만족했다.

아모레퍼시픽 회사 입장에서는 멀티브랜드숍으로의 전환이 필요하다는 사실을 알아도 가맹점주들을 설득하기 쉽지 않았다. 예를 들어 인기 좋은 닥터자르트나 AHC 제품을 아리따움에 들여와 판매한다고 할 때, 가맹점주 입장에서는 고마운 일이지만 자사 제품만 판매하던 아모레퍼시픽 입장에서는 매출과 수익성이 떨어질 수밖에 없다. 따라서 아리따움의 멀티브랜드숍으로의 전환은 아이오페/라네즈/마몽드 등 아모레퍼시픽 주요 브랜드들의 올리브영 진출을 전제하는 것이었다. 그렇게 해야 닥터자르트 때문에 줄어든 자사 브랜드 매출과 수익을 보충할 수 있었기 때문이다.

하지만 가맹점주들 입장에서는 아이오페/라네즈/마몽드의 올리브영 진출을 선뜻 찬성하기 어려웠다. 실제로 아모레퍼시픽은 2019년 아리따움의 멀티브랜드숍 버전 '아리따움 라이브'를 전향적으로 내놓았는데, 60여 개 직영점을 중심으로 이루어졌다. 아리따움 라이브는 2019년 300여 개까지 증가했지만, 이미 늦은 감이 있었다.

라이브 전환 점포 매출도 역신장을 벗어나지 못하자 2019년 말 아리따움 점포와 사업 자체를 축소하는 방향으로 선회했다. 2020년 코로나19 사태까지 발발하면서 그 속도는 더 빨라졌다.

둘째, 롯데쇼핑과 GS리테일 등 유통 대기업들의 경우 세부 운영에 문제가 있었다. 사업 전망이 좋다고 항상 성공하는 것은 아니다. 제도나 사업 자체보다 운영 방식이 문제인 경우가 많다. 먼저 입지 선정이다. 엄밀히 말하면 H&B 스토어는 원브랜드숍을 대체하는 채널이지 신규 채널이 아니다. 시내 중심가 위주로 전개해야 한다. 그런데 이미 주요 원브랜드숍 업체들이 좋은 자리를 꿰차고 있었다. 랄라블라는 어쩔 수 없이 상대적으로 준도심으로 들어간 사례가 많았다. 로드숍은 위치가 핵심이다. 블록 하나 차이로 매출이 20~30% 차이 나기도 한다. 점포 오픈에만 중점을 두고 연간 목표 점포 수 채우기에만 열중하다가 입지라는 디테일을 놓친 것이다.

MD 능력도 차이를 만들었다. H&B 스토어는 MD가 생명이다. MD 능력은 소비자의 기호와 트렌드를 정확히 파악해서 적절한 시기에 적절한 제품을 적절한 양과 가격으로 매입하는 역량이다. 랄라블라와 롭스는 상품 카테고리 믹스 측면에서 올리브영보다 열위에 있었다는 지적이 많았다.

올리브영은 다른 H&B 업체 점포에서는 볼 수 없는 차별적인 MD로 주목을 끌었고, 올리브영 어워즈 등 행사도 다양했다. 경쟁력 있는 벤처 브랜드들이 앞다투어 올리브영 입점을 위해 줄을 섰다. 올리브영이 시스템 면에서 신규 브랜드 MD에 가능성을 열어 두었기 때문이다. 당시 올리브영 구창근 대표는 "올리브영 MD의 경쟁력은 좋은 상품을 사 오는 것이 아니라 도입 단계부터 협력사와 모든 것을 같이 고민하는 것이다."라고 강조한 바 있다.

반면 랄라블라와 롭스는 다른 데서 늘 볼 수 있는 제품들로만 매대를 채웠다. MD와 입지의 디테일보다는 유명 브랜드로 구색을 맞추면서 점포 수와 외형 확대에 큰 의미를 두었다. 1990년대 고성장 시대 유통 전략을 답습한 결과이다.

셋째, 온라인 채널 침투이다. 필자는 2016년 전후 화장품 시장 분석에서 H&B와 온라인 채널이 원브랜드숍 시장을 대체할 것이라고 전망했다. 하지만 그 예측은 반만 맞았다. 온라인 채널이 H&B 채널

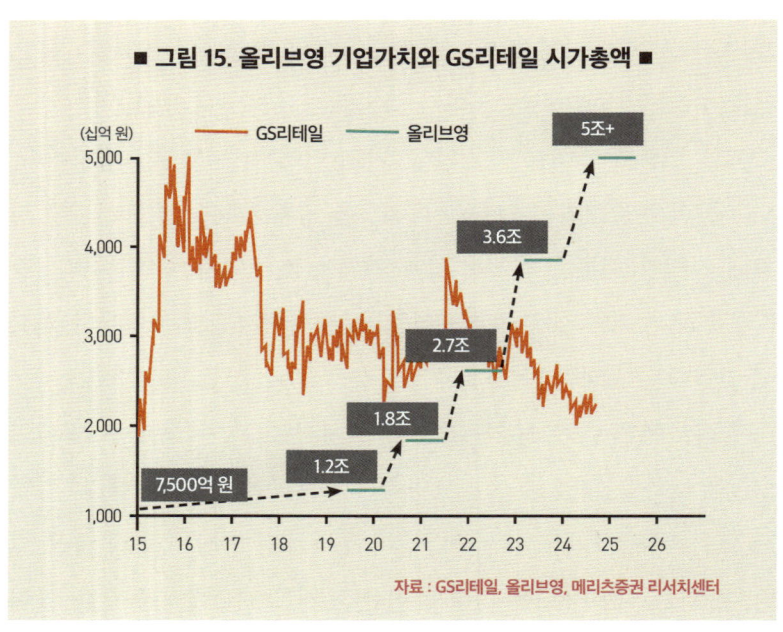

■ 그림 15. 올리브영 기업가치와 GS리테일 시가총액 ■

자료 : GS리테일, 올리브영, 메리츠증권 리서치센터

보다 훨씬 큰 파이를 가져갔다. H&B 채널은 2015년 7,900억 원 규모에서 2019년 2조 1,300억 원까지 올라온 이후로 정체 상태였다. 온라인 채널이 너무 크게 성장했기 때문이다.

현재 화장품 시장의 가장 큰 특징은 '온라인/인디 브랜드' 시대이다. H&B 스토어의 경우 인디 브랜드의 확대에는 수혜였지만, 이 채널 역시 오프라인이었기 때문에 온라인 채널 확대의 영향이 불가피했던 것이다.

롭스와 랄라블라 등 경쟁사들이 잇달아 사업을 축소하면서 올리브영이 절대적인 시장 점유율을 갖게 되었지만, 올리브영 점포 수는 2024년 말 기준 1,371개로 2020년 이후 110여 개 증가에 그쳤다. 반면 올리브영의 매출은 2024년 4조 7,900억 원으로 2020년 1조 8,600억 원 대비 2.6배 늘었다.

올리브영의 최근 가파른 성장은 옴니채널과 온라인 채널 확대에 있다. 주문자의 인근 올리브영 점포에서 1시간 이내 유료 배송 서비스를 제공하는 '오늘드림' 서비스는 대표적인 옴니채널 전략이다. 2024년 온라인 채널 매출은 1조 3,000억 원으로 전체 매출의 28% 비중까지 상승하며 외형 성장을 견인했다. 오프라인 점포 520개가 늘어난 것과 같은 효과이다. 이런 올리브영의 독주는 수익성으로 입증된다. 영업이익은 2020년 1,018억 원에서 2024년 6,077억 원, 영업이익률은 같은 기간 5.5%에서 12.7%까지 크게 상승했다.

수익성 개선 요인을 분석해 보면, 우선 바잉파워 확대 효과가 크다. 올리브영의 매입률은 50%가 넘는다. 브랜드 업체 입장에서 실질적으로 60%에 달한다는 말도 있다. 이제 면세점을 제치고 국내 최대 바잉파워를 자랑하게 되었다. 온라인 판매 확대 효과도 무시할 수 없다. 일반적인 온라인 유통 업체들은 치열한 가격 경쟁으로 유통 마진을 확보하기 어려운데, 올리브영은 달랐다. H&B 채널의 절대적 시장 점유율로 가격이 흔들리지 않았다.

아울러 올리브영 입장에서 온라인 채널, 오늘드림 서비스는 별추가 비용 없이 매출을 확대하는 고마운 채널이었다. 올리브영 오프라인 매장은 고정비가 많이 들어간다. 핵심 상권에 위치하기 때문에 임대료도 비싸고, 전술한 바와 같이 상품의 종류가 워낙 다양하기 때문에 직원 수도 많이 필요하다. 영업면적의 증가 없이 매장

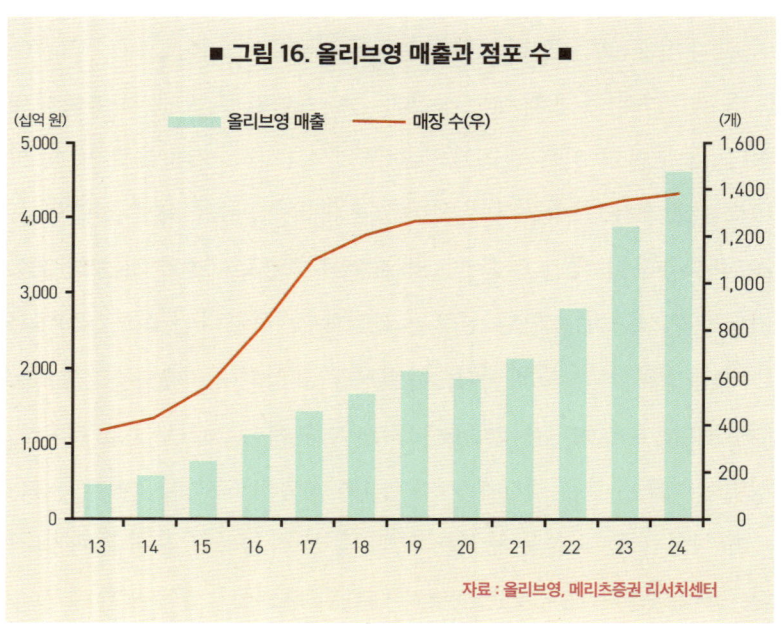

■ 그림 16. 올리브영 매출과 점포 수 ■

자료 : 올리브영, 메리츠증권 리서치센터

당 매출이 증가하면서 점포 효율성 제고에 크게 기여하였다.

올리브영의 오늘드림 서비스는 오프라인 점포를 많이 가진 대형 유통 업체가 어떻게 온라인 시장 확대에 효과적으로 대응할 수 있는지를 보여 준 대표적인 '퀵커머스'의 성공 사례로 회자된다. 이제 오프라인 매장 운영 부담도 많이 줄었다. 올리브영 입점 건물에는 올리브영 프리미엄이 붙고 있다. 스타벅스처럼 올리브영이 입점하면 그 주변 상권과 건물의 가치가 올라간다는 말이다. 그래서 임대료는 낮아지고, 심지어 인테리어를 건물주에 부담시키는 사례도 있다고 한다.

퇴색하고 있는 인디 브랜드 등용문

현재 한국 화장품 유통 시장에는 올리브영의 대항마가 없다. 올리브영으로서는 어마어마한 승리의 역사이지만 화장품 산업 측면에서 본다면 유통의 독점화는 바람직한 현상이 아니다. 이미 국내 화장품 시장에 다시 병목 현상이 생기고 있다. 하루에도 몇십 개씩 새로 생겨나는 벤처/인디 브랜드들이 소비자를 만날 접점이 없는 것이다. 2016년 8,000개까지 증가했던 원브랜드숍 수요를 과연 1,300여 개 올리브영 매장이 완전히 대체했을까? 선뜻 '그렇다'라는 대답이 나오기 힘들다. 절대적인 매장 수 자체도 접근성이 떨어지지만, 인디 브랜드 등용문으로서 올리브영의 역할이 퇴색하고 있기 때문이다. 그 이유를 살펴보자.

첫째, 올리브영이 게을러졌다. 지금 올리브영 MD는 더 이상 애써 신규 브랜드를 찾지 않는다. 줄 서는 벤더들만 해도 감당하기 벅차다. 1차 관문으로 올리브영 온라인몰에서 6개월 동안 월 매출 1억 원 이상 달성을 전제하기도 한다. 이에 따라 신규 인디 브랜드들의 오프라인 올리브영 입점은 상당히 높은 장벽이 되었다. K뷰티의 큰 경쟁력은 혁신성에 있고, 이는 돈과 아이디어만 있으면 누구나 진입할 수 있는 산업 구조 때문이었다. 그런데 그 돈이 예전과 같지 않다.

과거에는 자본금 5억 원이면 화장품 사업을 저울질해 볼 수 있었다. 하지만 지금 올리브영 입점과 운영을 하려면 50억 원 정도는 갖고 있어야 가능하다는 말이 나온다. 우선 1차 관문을 통과하는 데도 막대한 마케팅비가 수반된다. 고정 고객 없이 온라인몰에서 6개월 동안 월 매출 1억 원을 달성하기란 대단히 어려운 일이다. 올리브영 오프라인 매장에 입점해도 이익을 내기 어렵다. 50% 이상 판매수수료에 갖가지 추가적인 비용을 감안해야 한다. 올리브영 매대의 기회비용은 크다. 연매출 20억 원은 되어야 최소 자릿값을 하는 셈이다. 별도의 외부 마케팅을 하지 않으면 나오기 힘든 매출 규모이다. 초기 영업적자가 불가피한 것이다. 웬만큼 자본 여력이 없으면 올리브영 오프라인 매장에서 소비자를 만날 수 없게 되었다.

둘째, 올리브영이 세포라가 되어 가고 있다. 올리브영 매장에 들어가면 대체로 색조 매대가 가운데 공간을 차지하고 있는데, 웨이크메이크(PB)/클리오/에스쁘아/라카/어뮤즈/롬앤 등 국내 색조 시장 메이저 브랜드들로 일관되게 채워져 있다. 이들은 높은 소비자 인지도로 실적 가시성이 대단히 높고, 그만큼 올리브영에게 확실한 수익을 가져다주는 브랜드들이다. 클리오는 올리브영에서 1,000억 원 이상 매출을 기록하는데, 올리브영 입장에서는 매장당 2미터(클리오+페리페라) 남짓한 매대에서 500억 원의 수익이 발생하는 것이다. 올리브영에서 이런 브랜드를 줄이고 신규 인디 브랜드들에게 매대를 할애하기는 대단히 어려운 노릇이다. 최근에는 국내외 럭셔리 카테고리 Luxe Edit를 판매하기 시작했다. 국내 인디 브랜드 매대는 더욱 위축될 수밖에 없다. 어쩌면 이런 현상은 절대적 시장 점유율을 가진 대형 유통 업체의 당연한 귀결인지도 모른다.

셋째, 올리브영의 힘이 너무 세졌다. H&B 시장 점유율 90%는 압도적인 협상력으로 이어진다. 실질적인 매입률이 60%에 달할 때도 있다고 한다. 마케팅비를 브랜드에 전가하는 형국이 가능해졌기 때문이다. 2024년 올리브영의 영업이익률은 12.7%였는데, 백화점과 편의점과 같은 주요 유통 업체는 물론 최근 부상하고 있는 다이소와 비교해도 높은 수치다.[21]

---

[21] 백화점 영업이익률은 통상 총매출액 기준으로 산출하므로 회계자료 수치보다 낮다. 2024년 현대백화점 영업이익률은 2.8%, 신세계는 4.2%, BGF리테일은 2.9%, 다이소는 9.3%였다. 물론 백화점은 전성기가 지난 채널이고, BGF리테일은 프랜차이즈 구조로 직접 비교에 무리가 있지만, 이들 채널의 전성기 영업이익률과 ROE 등 다른 지표를 감안해도 올리브영의 수익성은 높은 수준이다.

이제 매대를 외운다

소위 화장품 덕후라고 하는 '코덕'들은 화장품 시장의 최전선에 있는 소비자들이다. 카테고리와 가격 변화를 가장 민감하게 잡아내는 이들이기도 하다. 따라서 코덕들의 올리브영에 대한 생각은 상당히 주관적이지만 어쩌면 멀지 않은 미래의 올리브영에 대한 일반 소비자 행태의 선행지표일 수 있다. 코덕들의 올리브영에 대한 불만이 높아지고 있다. 크게 2가지로 볼 수 있는데, 이는 필자도 동의하는 부분이다.

첫째, 신제품을 찾기 힘들다. 상품과 카테고리의 교체가 잘 이뤄지지 않고 있으니, 이제 색조는 매대를 외울 정도라고 한다. 그래서 신제품은 인스타그램 광고와 화장품 유튜버, 지그재그나 무신사 뷰티 같은 화장품 온라인몰에서 찾는다고 한다. 심지어 지그재그나 에이블리에서 판매 1위 하는 상품이 올리브영 온라인몰에 아직 올라와 있지 않은 경우가 종종 있다.

둘째, 가격이 비싸다. 세일 가격이라고 하더라도 쿠팡에 비해 가격이 높은 경우가 많기 때문에 '오특(오늘의 특가)'만 본다고 한다. '올영 랭킹' 확인 후 해당 브랜드의 자사몰이나 지그재그에서 구매하는 경우가 많다. 올리브영 대비 싸게 살 수 있는 꿀팁이 유행하기도 한다. 클렌징, 스킨케어 등 반복구매 제품은 쿠팡에서 사고, 급할 때만 '오늘드림'을 이용한다.

화장품 온라인몰도 올리브영의 대안이 되기에는 한계가 있다.

그림 17. 2024년 올영어워즈 랭킹

자료 : 올리브영

일단 직접 테스트해 볼 수 없다는 불편이 따른다. 그래서 지그재그의 경우 첫 출시 제품은 할인을 굉장히 많이 해서 소비자의 접근성을 높이고 있다.

쿠팡은 물론이고 지그재그, 무신사 뷰티, 에이블리 모두 화장품 전문몰은 아니다. 쿠팡은 종합몰이고 다른 3개 역시 기본적으로 패션에서 출발한 뷰티컬 플랫폼이다. 각각 장단점이 있다. 예를 들어 지그재그는 신제품 프로모션에 강하고, 무신사 뷰티는 참신한 브랜드 제품의 론칭이 많다. 에이블리는 배송비 무료가 매력적이다. 전체적으로 보면 이들 업체들이 화장품 MD에 많은 투자를 하는 것 같지는 않다.

헤매코랩은 화장품 전문몰로 뷰티숍이나 뷰티 유튜버와 신제품을 많이 내놓고 있는데 아직 규모가 너무 작다. 클린뷰티 콘셉트의 '화해'는 자회사의 스킨케어 브랜드 '비플레인'의 성장과 매출 기여도가 더 높아지고 있다.

아울러 올리브영 랭킹에 대한 신뢰도도 낮아진 상황이다. 엄청난 마케팅에 의해서 발생한 매출이라는 사실을 알고 있기 때문에 해당 제품이 제품력보다 인플루언서 마케팅에 의해서 만들어진 등수가 아닌지에 대한 의심이다.[22] 이에 따라 "코덕들은 이미 올리브영을 떠났다."라는 말까지 들린다.

인디 브랜드들이 올리브영을 포기하고 있다

인디 브랜드들은 곤혹스럽다. 일단 올리브영에 입점하는 것 자체가 쉽지 않고, 입점한다고 해도 올리브영의 높은 수수료와 할인 분담금이 기다리고 있고, 때로는 매대 사용료를 따로 지불해야 할 수도 있다. 비용이 너무 많이 들어간다. 올리브영에 입점하면 다른

---

[22] 뉴스저널리즘, 「광고냐 추천이냐…올리브영 'pick' 소비자 불신」, 2025. 3. 28.

몰에는 들어가지 못한다는 말도 들린다. 2024년 9월에는 무신사 뷰티 행사에 참여하면 올리브영에서 빼겠다는 올리브영의 '갑질'이 공정위에 신고되기도 했다. 즉 인디 브랜드 입장에서는 자의든 타의든 올리브영에 들어가면 올리브영밖에 운영할 수 없는데, 이마저도 실적 가시성이 높지 않다. 올리브영에 2,500개 브랜드가 입점해 있는데 그중 행사가 잡히는 브랜드는 연간 50개 정도밖에 되지 않으니 말이다.

그래서 최근에는 올리브영 입점을 아예 포기하는 인디 브랜드가 많아지고 있다. '신규 브랜드는 일단 올리브영 입점'이라는 공식이 약화되고 있는 것이다. 개별적인 SNS 마케팅(틱톡이나 무료 시딩키트 등) 후 해외 수출 방식을 모색한다. 문제는 이런 막연한 해외 진출이 벤처/인디 브랜드들에게 올리브영의 대안이 될 수 있을까 하는 것이다. 미국은 거대한 완전경쟁시장이다. 거기서 성공하기는 올리브영에 비할 바가 아니다.

이러한 병목 현상 때문에 최근 인디 브랜드들의 론칭 후 유통 전개 방식이 달라졌다. 예전에는 브랜드를 론칭하면 일단 국내는 올리브영, 해외는 실리콘투로 '입점'하는 게 1차 목표였지만, 지금은 두 회사의 진입 장벽이 크게 높아지면서 그 전 단계가 생겼다. 국내는 인스타그램 등 메타 광고나 뷰티 유튜버에게 시딩키트를 공급하고, 와디즈 등을 통해 마케팅하면서 자사몰 판매로 매출 규모를 키우고 있다. 해외는 틱톡 마케팅을 전개하면서 아마존에 입점하여 아마존을 쇼룸으로 글로벌 고객과 접점을 넓혀 나가고 있다. 국내외에서 입소문을 타고 제품력을 인정받고 인지도와 매출을 올리는 방식이다. 인디 브랜드들에게는 가장 어려운 각자도생의 시기라고 볼 수 있다.

이왕 말이 나온 김에 인디 브랜드들의 채널 확장 경로를 한 번 따라가 보자. 인디 브랜드들은 매출 규모가 증가하면서 채널을 더 확장한다. 국내에서는 지그재그와 무신사 뷰티, 에이블리 등 온라인 채널에 입점하고, 쿠팡에서는 3P 방식으로 판매한다. 해외에서는 무역박람회에서 명함을 줬던 작은 무역 벤더로부터 주문이 들어올 수 있다. 크고 작은 매출이 모여 매출 규모 100억 원 정도가 되면 퍼포먼스 마케팅을 확대한다. 올리브영 온라인몰에 입점하여 올리브영 오프라인 진출을 위한 초석을 쌓고, 일본 온라인 큐텐 등에 진출할 수도 있다.

이때 실리콘투에서 제안이 올 수 있다. 실리콘투를 통해 아마존 리셀러가 제품을 가져가고, 전 세계 오프라인 중소형 유통 업체에 제품이 깔리게 된다. 아마존에 SKU가 크게 늘고, 매출 규모가 빠르게 늘어난다. 이때쯤 되면 신규 투자를 받을 수 있다. 마케팅에서 여유 자금이 많이 생긴다. 이제 국내 셀럽 마케팅도 가능하며, 국내외 인플루언서 마케팅을 본격화하면서 매출은 더 탄력을 받는다. 일본의 경우 온라인 매출 규모가 커지면서 오프라인에서도 입점 제안이 온다. 버라이어티숍이나 앳코스메를 시작으로 돈키호테 매대에도 놓일 수 있게 된다.

인지도가 올라가면서 국내 홈쇼핑 채널 입점도 가능해진다. 드디어 올리브영 오프라인에서 입점 제안이 온다. 일단 주요 점포 300개부터 시작하여 운이 좋으면 1년 안에 1,400개 전체 점포까지 넓힐

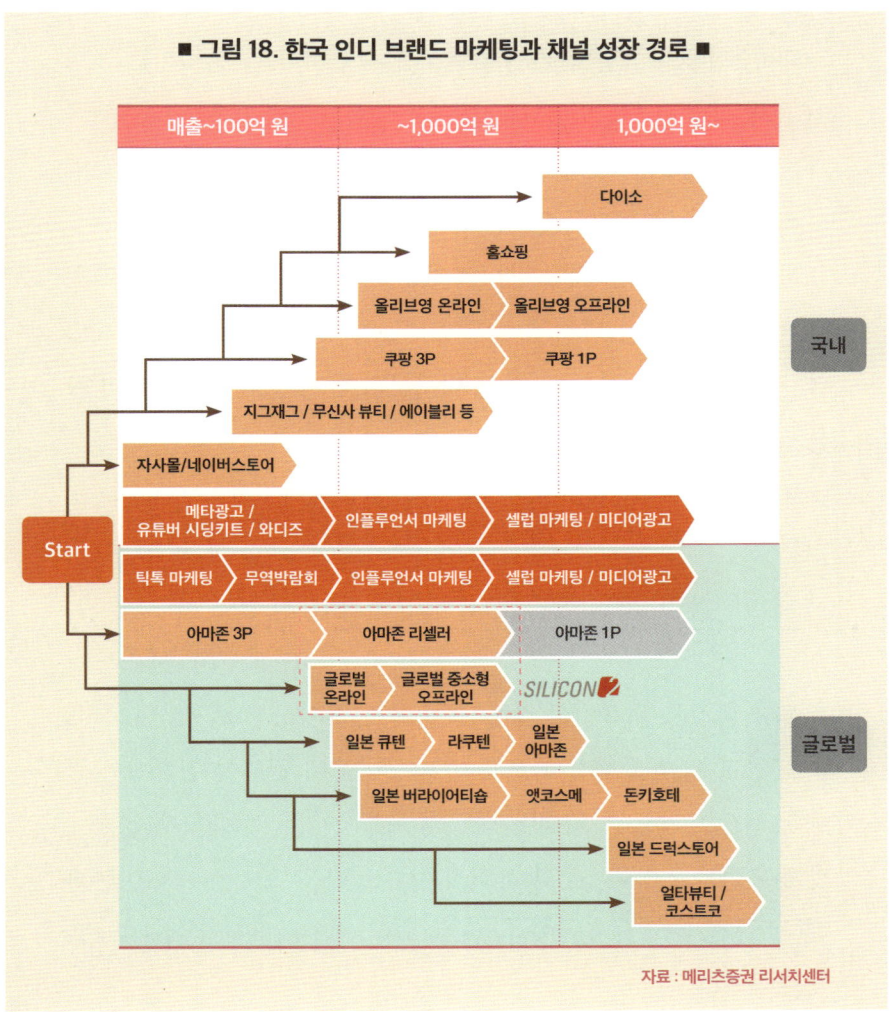

■ 그림 18. 한국 인디 브랜드 마케팅과 채널 성장 경로 ■

자료 : 메리츠증권 리서치센터

수 있다. 매출이 큰 폭으로 증가하는 계기가 된다. 이런 식으로 매출 1,000억 원 규모까지 성장할 수 있다.

쿠팡 로켓배송 팀에서 연락이 온다. 직매입해서 1P로 팔고 싶다고 한다. 갑자기 다이소로부터 연락이 온다. 단위 무게당 최저가로 5,000원 전용 제품을 만들어 공급하는 조건이다. 일본에서는 드디어 최대 화장품 채널인 드럭스토어에 조금씩 깔리게 된다. 수출 국가는 러시아, 중동, 동남아로까지 확대된다. 어느 날 드디어 미국 얼타뷰티에서 코스트코와 월마트에서도 팔고 싶다고 연락이 온다.

브랜드마다 성장 경로가 다르지만 대체로 이러한 과정을 거친다. 국내 오프라인 채널의 진입이 굉장히 늦다는 사실을 알 수 있다. 매출 규모 100억 원 이하인 대부분의 인디 브랜드 업체들이 다음 단계로의 도약을 꿈꾸며 분투하고 있다.

외국인 인바운드 증가는 독배였을까?

요즘 화장품 업계에서 가장 많이 쓰는 단어는 피보팅이다. SNS의 발달로 워낙 유행이 빠르게 변하기 때문에 글로벌 진출에 성공한 브랜드 업체들은 지역별/채널별 세부 전략을 그때그때 상황에 맞게 유연하고 빠르게 수정하면서 지속 성장을 도모한다. 아마존과 큐텐의 MD들이 대표적이다. 매일 상품 전략을 바꾸고, 늘 새로운 것을 원한다.

현재 올리브영과 아마존/큐텐의 간극이 벌어지고 있다. 이제 아마존 MD들은 더 이상 올리브영 랭킹을 참고하지 않는다. 큐텐도 마찬가지다. 큐텐은 1년 전과는 비교할 수 없을 만큼 많은 한국의 인디 브랜드와 더 밀접하게 연결되어 있다. 메가와리는 대표적인 일본의 화장품 할인행사로 자리매김했고, 일본 시장에서 K뷰티 랭킹을 따로 매기고 있다. 글로벌 유통 업체들도 신제품 소싱에 올리브영 랭킹 이외의 제품을 원하는 경우가 많아졌다. 이미 너무 유명한 제품이 많아 식상하다는 것이다.

2024년 4분기 올리브영 실적을 보면 매출이 전년 동기 대비 19% 증가했지만, 점포당 월 매출은 2억 1,800만 원으로 전 분기 대비 거의 증가하지 않았다. 이렇게 분기 매출이 정체된 것은 2022년 이후 처음 있는 현상이다. 앞으로 이런 정체가 이어진다면 사업의 피크 아웃 Peak Out 가능성을 염두에 두어야 한다. 이런 고민을 좀 더 일찍 시작했어야 했는데, 그동안 실적이 너무 좋았다. 거기에는 '운'도 많이 작용했다.

올리브영의 외국인 관광객에 의한 매출 비중은 2024년 전체 오프라인 매출의 25%에 이르렀다. 2022년 외국인 관광객의 입국이 본격화되면서 이들의 매출 기여도가 커지기 시작했는데, 2021년 이후 올리브영 오프라인 매출 증가분 1조 8,200억 원 가운데 약 7,000억 원이 외국인에 의해서 발생한 것으로 추정한다.

2024년 외국인 입국자 수는 1,637만 명(YoY 48%)으로 2019년 1,750만 명의 90% 수준까지 다다랐다. 지금 추세로 간다면 2025년

입국자 수는 1,800만 명 이상 역대 최고치에 도달할 수 있을 것이다.

K뷰티의 글로벌 인지도 상승으로 방한 외국인들의 명동 올리브영 쇼핑은 여행의 필수 코스가 되었다. 명동에만 올리브영 점포가 5개나 있을 정도이다. 이들은 K뷰티에 대한 관심 증가로 찾아오게 된 고객들이다. 참신한 신제품보다 아마존이나 올리브영 톱 30 제품에 관심이 많을 것이다. 올리브영의 정교한 MD와 신제품 소싱 같은 마이크로적인 경쟁력 제고와는 별개로 늘어난 매출이라는 점을 직시할 필요가 있다.

의미 있는 세컨티어의 필요성

외국인 관광객이 많아짐에 따라 화장품 쇼핑 수요도 크게 증가해서 명동은 평일 한낮에도 외국인 관광객들로 북적인다. 하지만 의외로 화장품 매장은 별로 보이지 않는다. K뷰티의 인기와 외국인들의 수요가 이전보다 떨어진 것 같지는 않은데, 2014년 200개가 넘게 명동 거리를 주름잡았던 화장품 가게들이 2024년에는 불과 몇십 개밖에 보이지 않는다. 그 가운데 절반은 'K-Beauty Shop', 'Royal Skin' 등 개인이 직접 운영하는 소규모 점포들이고, 인테리어와 상품 구색이 그럴듯한 매장은 올리브영을 비롯하여 에뛰드하우스, 네이처리퍼블릭, 더샘 등 일부에 불과하다.

외국인들이 두루 인기 제품을 구매할 수 있는 MBS 점포는 올리브영이 유일하다. 올리브영은 명동에만 5개 점포가 있는데, 문전성시를 이루고 있다. 2014년 명동 거리와 2024년 명동 거리를 비교해 보면 오히려 현재의 모습이 더 촌스럽다고 느껴질 정도이다. 명동의 부동산 중개인은 "팬데믹 이전에는 중저가 화장품 쇼핑이 많았다면, 최근에는 뷰티 기능은 올리브영에 집중되고, K패션 브랜드들의 임차 수요가 높다."고 말한다. 성수역과 홍대앞도 마찬가지다. 유동인구는 북적이지만, 과연 K뷰티가 인기 있는 게 맞나 싶을 정도로 거리에서 화장품 숍이 잘 보이지 않는다.

점포는 올리브영밖에 없는데, 올리브영에서는 상품 구색의 다양성이 떨어지고 신제품도 잘 보이지 않는다. 이러다 보니 많은 인

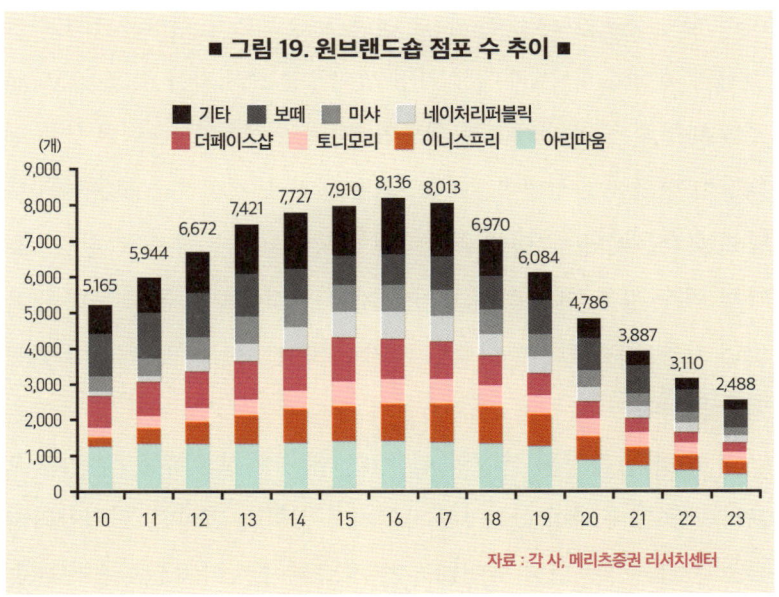

디 브랜드가 "어떻게 소비자와 접점을 찾아야 할지 모르겠다."고 고충을 토로한다. 올리브영은 진입 장벽이 너무 높아졌고, 인플루언서 마케팅 비용도 굉장히 높아졌다. 반면 톱 인플루언서에 대한 소비자 신뢰도는 떨어지고 있다. 한정된 예산을 불확실한 인플루언서 마케팅에 들여야 하는지에 대해서도 물음표가 있다. 틱톡 마케팅을 하지만 밑 빠진 독에 물 붓기는 아닌지 걱정이 많다. 아마존과 큐텐을 먼저 공략하는 게 맞는지도 의심스럽다. 한국에서 검증되지 않은 제품이다 보니 무역 벤더에 대한 협상력도 떨어진다. 통관부터 입점수수료까지 추가 비용이 계속 올라간다. 현재 신규 인디 브랜드들은 '마케팅의 공황 상태에 빠져 있다.'고 볼 수 있다.

사실 조선미녀와 코스알엑스, 아누아 등의 해외 성공은 상당히 이례적인 경우였다. 많은 무역 벤더가 올리브영 랭킹을 참고하는 것처럼, 한국은 전 세계에서 가장 까다로운 소비자를 갖고 있고, 글로벌 화장품 산업의 테스트 베드가 된 지 오래이다. 글로벌 무역 벤더들이 한국에서 성공한 브랜드를 우선 찾을 것이라는 것은 너무나 당연한 추론이다. 그런데 지금처럼 한국에서 유통이 병목 현상으로 막혀 있을 경우, 제품력은 좋지만 자금 사정이 여유롭지 못한 많은 인디 브랜드는 제대로 시험도 치지 못하고 '고사장'을 떠나야 하는 억울한 상황이다.

현재 한국 화장품 산업의 밸류체인에서 가장 아쉬운 부분은 오프라인 유통에 의미 있는 2위 사업자가 없다는 점이다. 랄라블라와 롭스가 지금까지 남아 있었더라면 좀 숨통이 트이지 않았을까 하는 생각이 든다. 소비자와 브랜드 모두 수요가 있다. 하지만 아무도 나서지 않고 있다. GS리테일이나 롯데쇼핑은 처절한 패배에 트라우마가 가득하고, 현대백화점은 한섬을 통한 브랜드 사업에 좀 더 무게를 싣고 있다. 신세계는 시코르를 기존 해외 유명 브랜드 중심에서 K뷰티 브랜드를 50% 이상 확대하는 방향으로 선회하며 리뉴얼해서 오픈했지만 큰 변화가 느껴지지는 않는다.

올리브영의 대항마로 다이소가 거론되곤 한다. 다이소는 2023년 브이티의 '리들샷'을 단돈 3,000원에 판매해 전국 매장에서 품절 사태를 빚었다. 에이블씨엔씨의 '어퓨'도 다이소 덕분에 매출이 급증했다고 한다. 다이소는 이미 국내외에서 인지도가 높은 중저가 브랜드를 다이소 포맷에 맞게 재구성(1,000원/3,000원/5,000원)해서 다이소 전용 상품 또는 전용 브랜드로 판매하고 있다. 올리브영 상품과 겹치는 브랜드가 많을 수밖에 없다. 동일 용량 기준으로 가격이 워낙 싸기 때문에 올리브영을 비롯하여 다른 온라인 거래처의 불만이 제기될 수 있지만 용량은 물론 원료와 용기도 다른 상품이기 때문에 용인된다. 2021년 4개에 불과했던 화장품 브랜드 수는 2024년 5월말 기준 40개 브랜드, 304개 SKU로 크게 늘었다. 아직 다이소의 화장품 매출 규모는 밝혀지지 않았지만, 최근 10대들의 방과후 필수 코스로 다이소가 언급될 정도이니 화장품이 다이소의 신규 성장 카테고리로 중요한 역할을 하고 있는 것은 분명해 보인다.

따라서 다이소가 이미 인지도 높은 '메이저리그' 브랜드들의 신규 매출처가 되는 동시에 올리브영의 견제 역할을 어느 정도 할 수 있겠다는 생각이 든다. 하지만 '마이너리그' 인디 브랜드들의 신규 채널로 기대하기에는 한계가 있다. 다이소는 1,500개가 넘는 점포와 2024년 예상 매출 4조 원을 자랑하는 대형 유통 업체인 만큼 입점하고자 하는 브랜드들이 줄을 설 것이 자명하다. 더구나 화장품은 원가율이 낮기 때문에 다이소 규격을 맞추더라도 마진을 남길 수 있다. 다이소 입장에서는 굳이 오프라인의 한정된 매대 공간에 애써 신규 인디 브랜드를 발굴, 전개할 하등의 이유가 없다.

편의점도 다이소의 논리와 크게 다르지 않다. CU의 경우 화장품 카테고리 매출에서 10~20대가 70% 이상을 차지[23]할 정도로 최근 잘파세대(Z세대+알파세대)의 '가성비 뷰티' 트렌드에 편승하고 있다.

■ 표 14. 다이소 주요 화장품 브랜드 ■

브랜드명	VT(브이티)	에이블씨엔씨	클리오	더샘	투쿨포스쿨
다이소 브랜드	VT(브이티)	어퓨 더퓨어	트윙클팝	드롭비	태그
제품명	리들샷 100	티트리 스팟 세럼	퓨어 글래스 틴트	탄탄 광채 앰플	무드블러쉬빔
제품사진					
가격	3,000원	3,000원	3,000원	5,000원	5,000원
용량	2ml×6	8ml	3.8ml	40ml	9g

자료 : 다이소, 메리츠증권 리서치센터

---

[23] 10대 42%, 20대 32%이다. 아시아경제, 2024. 10. 3.

다이소와 편의점 둘 다 올리브영 대비 가성비 높은 화장품 구매 채널로 인식될 수 있지만, 두 채널 모두 화장품을 수많은 식품/생활용품 카테고리 가운데 하나로 취급할 뿐이다. 화장품 전문 판매 채널로서 초기 올리브영과 같은 정교한 MD와 카테고리 수를 기대하기는 무리이다.

**How K-Beauty Revolutionized
the Global Beauty Landscape**

8장

어떻게 더 나아갈 것인가?

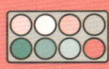

한국 화장품 수출의 핵심은 현재 일본과 미국이다. 대일본, 대미국 수출의 지속적인 증가는 한국 화장품 산업의 성장과 투자 측면에서 매우 중요한 지표가 되고 있다. 그만큼 일본과 미국 시장의 특징과 향후 방향성을 면밀히 검토해 볼 필요가 있다. 일본 유통 시장의 특징은 높은 오프라인 비중에 있다. 한국 화장품이 온라인에서 성공했지만 지속 성장하기 위해서는 결국 중심 채널인 오프라인으로 진입해야 한다. 그건 미국도 마찬가지다.

카테고리 측면에서 일본은 기초가 메인이다. 반대로 미국은 상대적으로 색조 비중이 대단히 크다. 한국 화장품은 채널 측면에서나, 카테고리 측면에서나 지난 3년 동안 틈새시장에서 성공하면서 위상을 올리기 시작했다. 빈틈이었던 만큼 그 속도는 대단히 빨랐다.

이제 필연적으로 메인 시장에 문을 두드려야 하는 때가 올 것이다. 일본과 미국의 오프라인, 일본의 중저가 기초, 미국의 중저가 색조 카테고리가 그것이다. 핵심 시장인 만큼 기존 로컬 브랜드의 위상은 높고 견고할 것이다. 유통 업체들은 보수적일 것이다. 한국 화장품을 매대에 들이려면 다른 걸 빼야 하는데 그 의사결정이 빠를 것 같지도 않다. 이들 채널의 주 고객은 장년층이다. 이들의 구매 패턴의 변화는 10~20대들의 그것보다 훨씬 느릴 것이다. 그래서 이전 온라인에서 판매할 때보다 매출 증가가 더딜 수 있다. 하지만 그 성장의 중장기 여력은 생각보다 훨씬 클 수 있다.

한 무역 벤더의 말을 빌리면, 미국에서 보기에 한국 화장품은 이제 시작인데 한국의 투자자들은 피크아웃을 논하고 있고, 미국에서 보기에 얼마 되지 않는 매출 규모를 한국의 투자자들은 굉장히 큰 금액으로 평가하고 있다고 한다. 약간 조롱 섞인 말처럼 들리기도 하지만 새겨들어야 할 부분이다. 글로벌 시장에서 성장 여력은 좀 더 긴 호흡으로, 좀 더 크게 보고 접근해야 한다.

일본, 기초를 들고 오프라인으로

일본은 오프라인 유통 비중이 90%에 달한다. 반복해서 말하지만 대부분의 나라는 우리와 다르다. 한국만큼 인구와 경제력이 서울/경기 한정된 지역에 집중돼 있는 곳이 없고,[24] 택배가 주문한 지 7시간 만에 도착하는 나라가 없고, 한국처럼 문 앞에 택배를 맘 놓고 쌓아 놓을 수 있는 나라는 더욱 없다. 주요 국가의 유통 시장에서 온라인 채널 비중이 50%가 넘는 나라는 중국과 한국밖에 없다.

더구나 일본은 이커머스의 발달이 구조적으로 어렵다. 65세 이상 노령 인구 비중이 28%나 될 정도로 고령화돼 있고, 아날로그 문

---

[24] 쿠팡은 짧은 시간에 집중 투자로 한국 온라인 유통 시장을 선점할 수 있었다.

화가 팽배해 직접 소량 구매하는 생활 습관, 현금 중심의 거래 문화, 비싼 택배비, 아울러 택배를 직접 수령하지 않으면 반송되는 경우가 많기 때문에 이커머스의 대중화가 더디다.

일본의 화장품 주 유통 채널은 사실 온라인이 아니다. 드럭스토어, 버라이어티숍, 백화점과 방문판매 같은 오프라인 채널이다. 백화점과 방문판매 비중은 각각 13%, 11% 정도이다. 백화점은 중국 인바운드 확대의 최대 수혜 채널이기도 하다. 2010년 이후 백화점 채널 비중은 꾸준히 상승하고 있으나, 내수 수요라기보다는 인바운드 관광객 증가 효과로 보는 게 타당하다. 이 두 채널은 럭셔리/프리미엄 중심으로 한국 화장품과 거리가 멀다.

매스티지 화장품의 대부분은 버라이어티숍과 드럭스토어, 온라인에서 발생한다고 볼 수 있다. 화장품 카테고리의 경우 온라인 채널 비중이 높다고 하지만 그래도 13%(2021년 기준)에 불과하다. 그런데 온라인은 한국 화장품의 일본 판매에서 45%를 차지하는 절대적 채널이다. 일본 화장품 시장에서 드럭스토어 비중은 37%로 가장 높지만, 한국 화장품의 일본 판매에서 드럭스토어 비중은 21%에 머물러 있다.

향후 한국 화장품 업체들이 일본 시장 점유율을 확대하기 위해 어떤 채널 전략을 펼쳐야 할지 화살표가 그려지는 부분이다. 특히 한국 화장품이 주 타깃으로 생각하는 매스티지 가격대로 본다면 일본 매스티지 화장품 매출의 절반이 드럭스토어에서 발생한다고 볼 수 있다. 지금부터 오프라인 채널별 특징과 한국 화장품 업체들의

■ 그림 20. 일본 화장품 유통 채널 비중 ■

구분(%)	2010	2011	2012	2013	2014	2015	2016	2017	2018	2019
프레스티지	25.0	25.2	25.4	25.7	25.8	25.5	25.9	26.9	26.9	26.6
백화점	8.8	8.8	9.0	9.1	9.6	10.4	11.0	12.1	12.6	12.6
방문판매	14.4	14.4	14.2	14.2	13.6	12.3	11.9	11.6	10.9	10.6
공항면세	1.8	2.0	2.2	2.4	2.6	2.8	3.0	3.2	3.4	3.4
매스티지	75.0	74.8	74.6	74.3	74.2	74.5	74.1	73.1	72.8	73.3
드럭스토어	37.2	37.1	36.9	36.4	36.1	36.2	36.2	35.8	35.6	36.6
공식 통신판매	8.4	8.3	8.4	8.4	8.5	8.6	8.7	8.6	8.5	8.5
화장품점/약국	10.8	10.8	10.2	10.0	9.7	9.3	9.1	8.6	8.0	7.8
양판점	10.4	10.5	10.5	10.4	10.2	9.7	9.3	8.6	8.0	7.8
기타	8.2	8.1	8.6	9.1	9.7	10.7	10.8	11.5	12.7	12.6

자료 : NITE, 메리츠증권 리서치센터

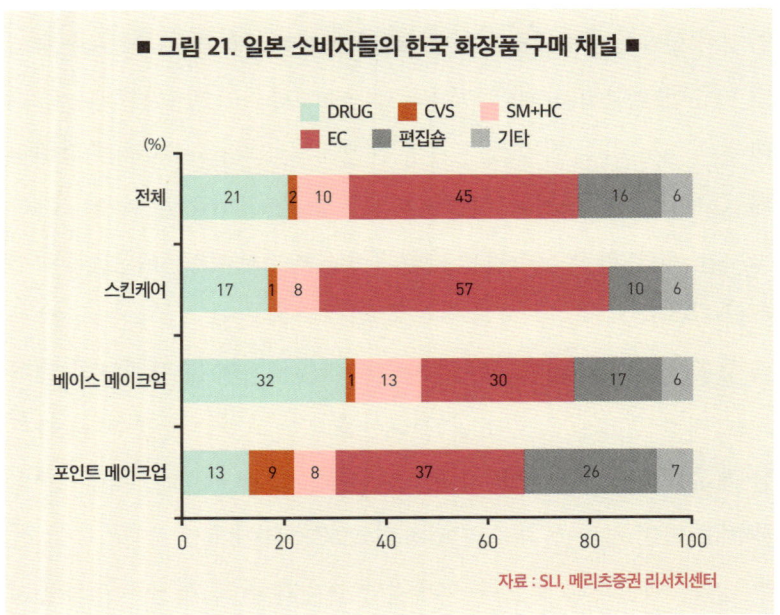

■ 그림 21. 일본 소비자들의 한국 화장품 구매 채널 ■

자료 : SLI, 메리츠증권 리서치센터

진출 현황에 대해서 자세히 살펴보자.

드럭스토어가 가장 크다

버라이어티숍

버라이어티숍은 가정용품부터 문구류, 패션 액세서리까지 다양한 종류의 상품을 판매하는 일본의 소매점인데, 화장품 매출 비중이 50%에 달할 정도로 핵심 카테고리는 화장품이다. 한국 화장품이 일본 오프라인에 진출했다고 하면 주로 버라이어티숍에 입점했다는 말과 같다.

버라이어티숍은 주로 신주쿠와 시부야 같은 번화가에 위치하면서 10~20대 매출 비중이 높아 유행을 가장 선도하는 핵심 채널이

■ 표 15. 일본 내 버라이어티숍 점포 수 순위(2024.6.) ■

순위	기업명	점포수	매출액
1	로프트(LOFT)	161	1,071억 엔(2024.02.)
2	플라자(PLAZA)	132	475억 엔(2023.04.)
3	아인즈&토르페(AINZ&TULPE)	83	3,998억 엔(2024.02. 아인즈그룹 연결)
4	한즈(HANDS)	80	605억 엔(2024.02.)
5	샵인(shop in)	44	N/A
6	잇츠데모(ITS'DEMO)	40	N/A
7	앳코스메(@cosme STORE)	32	428억 엔(2023.06.)

자료 : KOTRA, 메리츠증권 리서치센터

다. 대표 매장인 로프트LOFT, 플라자PLAZA, 핸즈HANDS(옛 도큐핸즈)가 늘 상위 3개 기업으로 꼽힌다.

코로나19 이후 아인즈토르페AINZ&TULPE가 빠르게 점포 수를 확장해 2024년 6월 기준 점포 수를 83개까지 늘리면서 매장 점포 수 3위에 올라섰다. 아인즈토르페는 화장품 매출 비중이 90%에 이를 정도로 화장품 전문점에 가깝다.

돈키호테

최근 한국 화장품 관련하여 일본 화장품 시장에서 두각을 드러내는 유통 업체로는 돈키호테와 앳코스메가 있다. 돈키호테는 일본 최대 할인 유통 업체로 저렴한 가격으로 생활필수품을 판매하면서 저성장과 소비 부진에 허덕이는 일본에서 차별적인 고신장을 이뤄내고 있다. 300㎡의 작은 규모부터 10,000㎡에 달하는 '메가돈키호테'까지 다양한 타입의 매장 470여 개를 보유하고 있다. 보통 4~6만개, 최대 10만여 개에 달하는 SKU는 드럭스토어의 2배를 넘는다. 일용잡화 상품을 대량 구매해서 최저가에 판매하고 있는데, 외국인 관광객들에게 반드시 들러야 하는 관광 명소로 인식되고 있다.

돈키호테는 독특한 진열 방식으로도 유명하다. 일반 리테일 매장과 달리 제품을 좁은 매장 공간에 쌓아 놓고 미로 같은 동선으로 고객을 유도한다. 상당히 불편할 것처럼 보이지만 마치 정글에서 보물찾기하듯 운이 좋으면 굉장히 싸고 좋은 상품을 찾을 수 있기 때문에 오히려 소비자들의 호기심을 자극하는 트래픽 증가 요인으

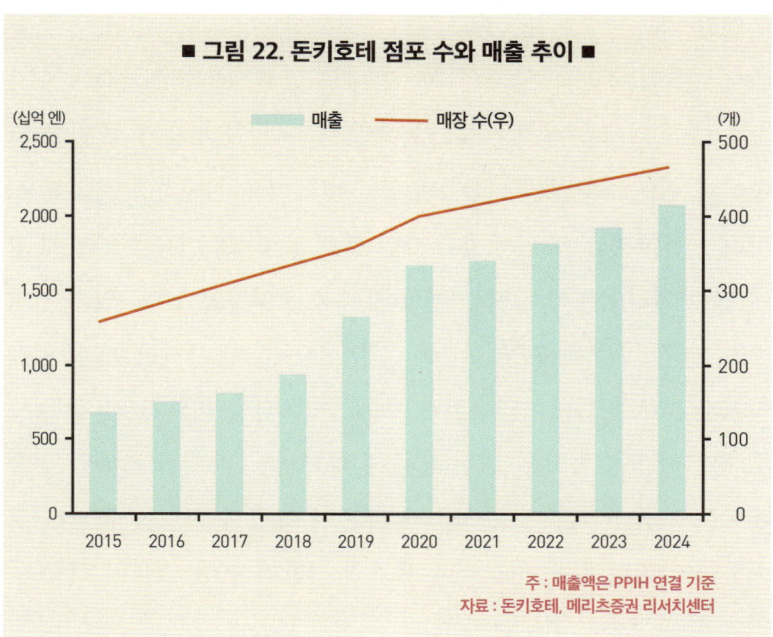

■ 그림 22. 돈키호테 점포 수와 매출 추이 ■

주 : 매출액은 PPIH 연결 기준
자료 : 돈키호테, 메리츠증권 리서치센터

로 작용하고 있다.

원래 돈키호테의 화장품 매대는 주로 일본 유명 중저가 기능성 화장품 중심으로 채워졌으나 최근에는 '한국 화장품' 전용 매대가 생길 정도로 한국 화장품에 대한 수요가 커지고 있다. 티르티르, 아누아, 메디힐, 닥터지, 롬앤 등 대표적인 한국 중저가 브랜드들이 입점해 있다. 애초에 돈키호테는 가공할 만한 바잉파워로 롬앤을 비롯하여 일부 한국 브랜드들에게 다른 버라이어티숍에 입점할 것 같으면 들어오지 말라는 배짱을 부렸다. 하지만 소비자들의 수요가 계속 증가하자 단독 입점 욕심을 포기하고 매대를 열었다.

앳코스메

앳코스메는 한국으로 따지면 '화해'와 같다. 제품 후기를 모으고 그에 따라 랭킹을 매기는 뷰티 플랫폼이다. 월간 사용자 수 1,650만 명이며, 20~30대 일본 여성 2명 중 1명이 이용하는 화장품 리뷰 서비스로 알려졌다. 최근에 오프라인 플래그십 스토어를 번화가에 크게 열고 온라인에서 취합한 랭킹에 따라 진열하고 있다. 일본 전역에 약 50개 매장을 운영 중이다. 점포 수는 많지 않지만, 매장 인테리어가 기존 버라이어티숍이나 드럭스토어와는 비교가 안 될 정도로 굉장히 모던하고 트렌디하다. 올리브영의 일본 오프라인 진출 계획이 보류된 이유가 앳코스메 때문이 아닐까 의심이 들 정도로 화장품에 진심이다. 앳코스메 색조의 절반이 한국 제품일 만큼 이미 한국 화장품의 침투율이 높다.

편의점

편의점은 새로운 한국 화장품의 마케팅 채널이 되고 있다. 일본에서 편의점 화장품은 여행 갈 때나 급하게 쓸 화장품이 없을 때 사는 '긴급 수요형' 상품이었다. 그러나 최근 상대적으로 적은 용량에 여러 제품을 경제적으로 사용할 수 있다는 장점이 부각되면서 편의점 화장품을 찾는 고객이 늘고 있다.

니혼게이자이신문의 조사에 따르면 세븐일레븐, 훼미리마트, 로손의 대형 3대 편의점 업체 고객은 40~50대가 49%를 차지한다. 훼미리마트는 매출의 절반을 20~50대 남성이 차지한다. 그러다 보니

10~20대 여성 고객을 유치하기 위한 일환으로 화장품 카테고리를 선택한 것이다.

아이패밀리에스씨에서 2023년 로손과 협업 상품으로 내놓은 '아이섀도 팔레트'가 한 달 만에 140만 개 팔렸는데, 이는 로손에서 판매하는 다른 화장품의 연간 판매량 수준이었다. 세븐일레븐은 2024년 5월 클리오 브랜드 '트윙클팝' 제품을 협업 상품으로 2만 개 점포에서 일제히 판매하기 시작했다. 세븐일레븐 매대에 새로운 메이크업 브랜드가 들어온 것은 20년 만이라고 한다.

한국 브랜드 업체로서는 소비자가 쉽게 접할 수 있는 편의점에 전용 판매대를 설치함으로써 매출을 늘리고 고객 접점을 넓힌다는

■ 표 16. 일본 오프라인 소매 주요 6개 채널 ■

구분	특징	주요 업체
버라이어티숍	신제품 소개와 트렌드 선도	로프트(LOFT), 플라자(PLAZA) 아인즈&톨페(AINZ&TULPE), 핸즈(HANDS) 앳코스메(@cosme)
드럭스토어	많은 점포 수에 기반을 둔 판매력과 반복구매 고객 확보력	마츠모토키요시(Matsumoto-kiyoshi) 코코카라화인(cocokara fine) 웰시아(Welcia), 츠루하(Tsuruha)
GMS	지방 소비시장의 큰 축	이온(AEON), 이즈미(IZUMI), 유니(UNY)
백화점	구매력 높은 소비자들의 고급화 매장	타카시마야(Tajashimaya) 킨테츠(Kintetsu), 한큐(Hankyu) 다이마루(Daimaru), 미츠코시(Mitsukoshi)
균일가숍	가성비 중시 소비 시대에 접어들수록 높아지는 영향력	다이소(DAISO), 세리아(SERIA) 쓰리코인즈(3COINS), 캔두(CANDO)
편의점	숨은 강자 후보, 최근 한정상품, PB상품으로 화제	세븐일레븐(Seven-eleven) 패밀리마트(Family mart), 로손(Lawson)

자료 : KOTRA, 메리츠증권 리서치센터

데 의미가 있다. 일본 편의점 업체로서는 일본의 젊은 여성들 사이에 인기가 높은 한국 화장품을 통해서 매출 증대와 신규 고객군 확보를 기대할 수 있게 되었다. 실제로 엑스ˣ나 틱톡 등 일본 MZ 세대가 많이 이용하는 SNS에서는 '편의점 코스메틱'에 해시태그(#)를 단 한국 화장품 관련 글과 사진이 자주 올라온다. 다만 편의점은 점포 수는 많지만(2024년 3월 기준 5만 5,620개) 화장품 매출 비중은 작기 때문에 매출보다는 인지도와 노출도를 높이기 위한 채널이라고 봐야 할 듯하다.

드럭스토어

일본 화장품 시장에서 가장 비중이 높은 채널은 드럭스토어이다. 한국의 H&B 스토어, 약국, 슈퍼의 기능을 합쳐 놓은 잡화점이라고 보면 된다. 버라이어티숍에 비해 화장품 매출 비중은 상당히 낮아 18% 남짓이지만 점포 수가 많다. 버라이어티숍이 주로 대도시에 한정돼 있고 매장 수가 1,200개 남짓한 데 비해, 드럭스토어는 일본 전국에 2만 개 이상 점포가 퍼져 있기 때문에 규모와 매출 측면에서 버라이어티숍에 비할 바가 못 된다.

드럭스토어는 주로 1,500엔 이하의 저가 화장품을 취급한다. 대부분 의약품 판매 허가를 받은 매장들이고, 의약품이 워낙 고마진 상품이기 때문에 수익 창출의 주 카테고리는 의약품이다. 역설적으로 화장품을 비롯한 다른 카테고리의 상품 판매에는 가격 하방에 여유가 있어서 드럭스토어 채널의 화장품 가격 압박은 상대적으로 제한적이다.

2021년 드럭스토어 시장 규모는 8.5조 엔으로, 일본 소매 판매의 약 12% 비중을 차지한다. 일본 전국에 2,760여 개 매장을 갖고 있는 드럭스토어 1위 업체 웰시아Welcia는 연매출 약 1조 1,442억 엔(2023년 2월 기준)으로 일본 유통 업체 가운데 매출 8위이다. 이어서 츠루하, 마츠모토키요시 등의 순이다.

드럭스토어는 높은 가격경쟁력과 다양한 상품 카테고리를 기반으로 일본 소매 판매 시장 성장률을 지속적으로 아웃퍼폼해 왔다. 한편 2024년 2월 이온AEON 주도의 웰시아-쓰루하 경영통합 협의가 이뤄지고 있다는 발표가 있었다. 거대 드럭스토어의 탄생으로 해외 진출까지 거론되는 상황이며, 일본 내 유통 영향력 또한 더욱 커질 가능성이 크다.

한국 화장품 브랜드 브이티는 8,000개 점포에 입점했을 만큼 침투율이 높다. 드럭스토어는 채널 특성상 제약/헬스케어가 가장 높은 비중을 차지하고 있다. 따라서 K뷰티의 진입 여력이 많이 남아 있다기보다 드럭스토어 업체들이 상품 구성에서 화장품 카테고리를 얼마나 늘릴 것이냐는 것이 관건이다. 매장에 들어가면 점원이 개별적으로 안내하기 때문에 점원들의 추천을 이끌어 낼 수 있는 정교한 마케팅 전략이 필요하다. 실제로 한국도 올리브영 행사 상품에는 브랜드 업체들이 직원을 직접 파견하는 경우가 있으며, 하나로마트에도 입점 업체들이 매월 비용을 지급하면서 매대 점원들에게 자사 제품 안내를 맡기고 있다. 드럭스토어는 중장년층 비중이 높고 가격도 상대적으로 높다. 버라이어티숍이나 돈키호테에서 지명도가 높아져야 입점이 가능한 구조이다.

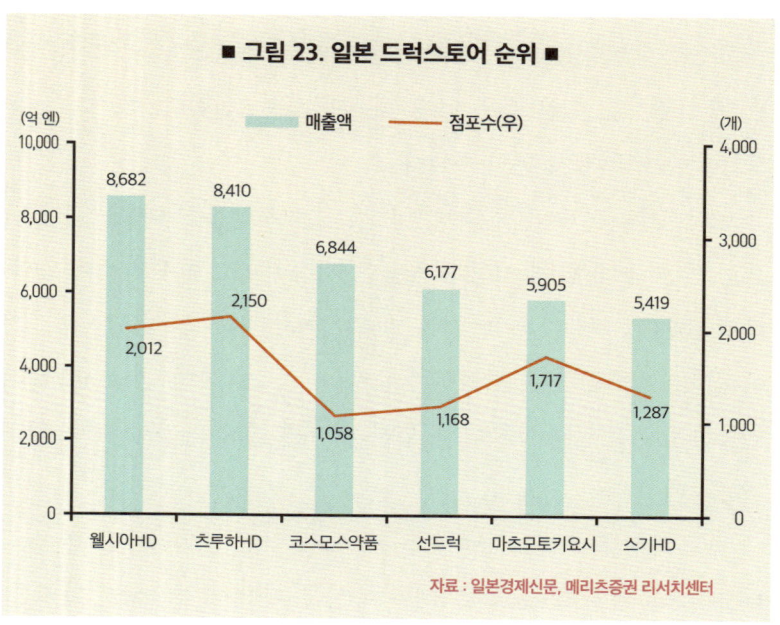

그림 23. 일본 드럭스토어 순위

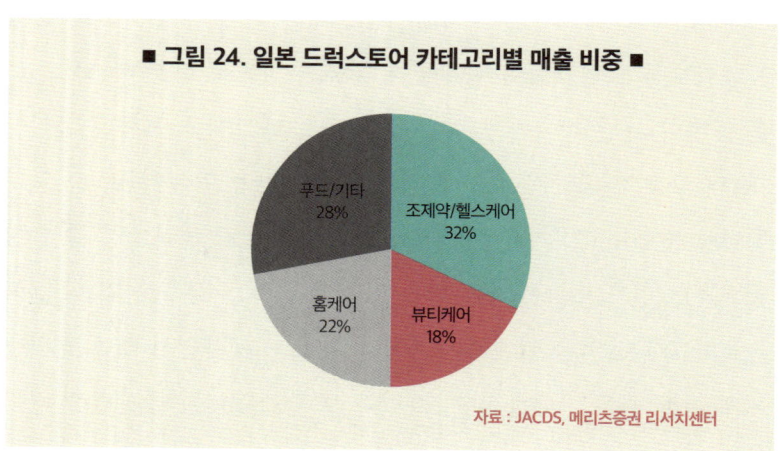

그림 24. 일본 드럭스토어 카테고리별 매출 비중

3대 총판 : 이다, 오야마, 아라타

일본 오프라인 채널 진출을 위해서는 이들 채널에 대한 공급 구조를 이해해야 한다. 일본 오프라인 화장품 유통의 가장 큰 특징은 강력한 총판 체제이다. '이다', '오야마', '아라타' 3대 총판은 일본 유통 시장의 핵심 축으로 100년에 가까운 긴 역사를 갖고 있는 일본 유통 시장의 중추이다. 다른 회사들이 범접할 수 없는 견고한 성이다. 화장품을 메인 카테고리로 판매하는 플라자, 로프트와 같은 버라이어티숍, 일본에서 가장 큰 소매 채널인 드럭스토어 모두 이들 총판에 의해 공급된다.

이다의 경우 매출 규모가 3조 원에 이르며, 안정된 재무 구조로 굳이 상장의 필요성을 못 느낀다고 한다. 일본은 벤더 문화가 워낙 깊숙해서 이들 총판 업체를 직접 만나기도 어렵고, 브랜드 업체가 직접 이들 유통 채널에 제품을 공급하는 경우는 드물다. 특이하게 국내 Z사의 경우 이커머스 시장에서 워낙 유명했기 때문에 다른 거래처를 다 접는다는 조건으로 이다와 직접 계약했다고 한다. 이외에 대부분의 한국 브랜드는 이들 3대 총판에 공급계약을 맺고 있는 한국인 중간 1차 벤더들에게 납품하고 있는 것이다.

KOTRA의 일본 진출 관련 인터뷰에서 알 수 있듯이 전문 수입 벤더의 핵심 역할은 수입 인허가 절차와 통관보다 사실 이들 3대 총판과 인적 네트워크가 형성돼 있느냐가 관건이다.

> **KOTRA의 일본 진출 관련 인터뷰**
>
> **Q. 드럭스토어 입점을 희망하는 한국 기업에 조언할 점은?**
> **A.** 한국의 상품이 일본 드럭스토어에서 인기를 끌면서 경쟁적으로 한국 상품을 취급하는 점포가 늘고 있다. 일본 드럭스토어에 입점을 희망하는 한국 기업은 먼저 전문 수입 벤더를 찾아 도움을 받는 게 좋다. 복잡한 수입 인허가 절차, 통관, 현지 디스플레이, 가격 책정 등을 경험이 많은 벤더와의 협업으로 추진하면 시간과 비용을 절약할 수 있기 때문이다. (KOTRA 해외시장뉴스, 2021. 8. 10.)

사정이 이렇다 보니 2020년 전까지만 해도 중간 2차 벤더들의 횡포와 사기가 심했다. 바다를 건너는 과정에서 창고 보관이나 통관, 일본 후생노동성 제품 등록, 유통 프로모션 등 단계마다 발생하는 각종 수수료로 사기를 치는 사례가 많았다. 물건을 잘 팔아 줘서 계속 공급을 하면 얼마 안 가 매출채권 9,000만 원 정도가 될 때 대금을 떼어먹고 행방을 감추는 경우가 빈번히 일어났다. 9,000만 원은 딱 변호사비 수준이므로 그 정도 금액으로는 소송을 걸지 않을 것이라는 계산이었다. 이런 사기행각을 연간 4~5건 벌이면 이게 그들의 '연봉'이었다.

지금은 한국 화장품 매출이 워낙 규모가 커지고 지속 성장하니까 이런 사기가 많이 줄었지만 현재 한국 화장품 1차 벤더로 유명한 업체들도 과거에 이런 행태에서 자유롭지 않았다. 영화 「기생충」에서 '돈은 사람을 착하게 한다.'고 했는데, 한국 화장품의 매출이 커지니 벤더들도 정직해졌다.

일본 총판 유통은 중국과 확연히 다르다. 과거 중국에 제품을 공급할 때는 성대리상이 모든 카테고리를 한 번에 다 가져갔다. 그런데 일본은 상당히 세분화되어 있어 마스크, 세럼, 토너 등 카테고리별로 각각 어디가 좋은지 알아보고 따로따로 가져간다. 따라서 일본 시장에 성공적으로 진입하기 위해서는 카테고리 킬러가 있어야 한다.

조건도 까다로워졌다. 예전에는 현지 한국 중간 유통 벤더를 잘 만나면 이들을 통해서 어느 정도 밀어 넣기가 가능했는데 지금은 어림도 없다. 그만큼 일본 소비자들의 눈높이가 높아졌고, 한국 브랜드 업체들의 공급 경쟁도 심화되었기 때문이다. 초기 마케팅비가 워낙 많이 들고 있어서 투자 대비 성과가 제한적이고, 재무적인 '맷집'이 필요한 상황이 되었다.

과거에는 미투 제품이나 카피 브랜드가 많았는데, 지금은 자체적인 스토리가 없거나, 디자인이 좋지 않거나, 콘텐츠가 좋지 않으면 승부가 안 되는 힘든 시장이 되고 있다. 플라자, 로프트 등 버라이어티숍 시장에서 어떤 것에 관심이 있는지를 잘 아는 중간 벤더들을 통해 구체적으로, 자본을 들여 접근하는 전략이 유효하다. 마케팅 역량이 있는 중간 벤더와 함께 마케팅 캘린더를 갖고 진입해야 하는 것이다.

한 일본 진출 화장품 브랜드 업체의 임원은 "일본에 들어가려는 인디 브랜드가 몇백 개 있는데 두각을 나타내지 못하고 있다."며 "일본 진출 신규 브랜드의 95%는 실패할 것"이라고 예측했다. 매출 규모 30억 원까지 만드는 데 2~3년 걸리는데, 그때까지 자본력으로 버틸 회사가 많지 않기 때문이다. 인디 브랜드들 가운데 "일본에 론칭했어요!" 하면서 50억 원 정도 매출을 키운 후 매각하려는 브랜드가 많은데, 이런 한계 때문에 그렇다는 것이다. 이는 인디 브랜드 M&A 시에 유의해야 할 대목이다.

마케팅 역량이 부족한 중간 벤더들은 이제 규모가 커도 제대로 그 역할을 하지 못하고 있고, 중간 벤더들 사이에서도 지각 변동이 일어나고 있다. 한국 화장품 중간 벤더로 제법 큰 규모의 K사는 '이다' 라인인데 최근 변화에 적응하지 못해 상당히 힘들어하고 있다. 마케팅 능력이 부족하기 때문에 일본에서 제대로 수입 전개를 하지 못하고, 수권만 가지고 있는 상태라고 한다.

클리오는 중간 벤더 '두원'을 인수하고 직접 일본 3대 총판에 영업과 마케팅을 진행할 계획이다. 두원은 그동안 단순히 중간 벤더 역할만 해 왔는데 마케팅 이상까지는 벅차다며 클리오에 매각 의사를 전했다.

이제 로프트나 플라자에는 더 이상 한국 화장품의 매대를 늘리기 어렵지 않겠는가 하는 자조적인 목소리도 나오고 있다. 인앤아웃In-and-Out 교체 수요 시장으로 전환한다면 상당한 우려이다. 일본 화장품 유통 시장도 많은 마케팅비를 요구한다. 이커머스 시장 큐텐재팬에서 톱 10을 하려면 일본 인플루언서를 쓰지 않고는 대안이 없다. 큐텐재팬의 메가와리에서 인플루언서의 영향력은 절대적이다. 닥터지, 브이티 같은 브랜드들이 인플루언서를 적극 활용해서 큐텐재팬 매출을 확대했다. 오프라인도 마케팅 전략 없이는 의미 있는 성과를 내기 어려운 구조가 되고 있다. 한 화장품 무역 벤더 대표는 일본 화장품 유통 시장의 특징을 한 문장으로 요약했다. "중국은 유통만, 미국은 마케팅만 하면 되는 시장인데, 일본은 유통과 마케팅을 다 해야 하는 시장이다."

가파르게 성장하는 K기초

일본 화장품 시장에서 한국 화장품의 점유율 추이를 보면 2023년 2.6%로 상당히 낮은 수준이다. 베이스 메이크업 카테고리에서는 6%까지 상승했지만, 스킨케어에서는 1.7%에 머무르고 있다. 일본 화장품 시장에서 K뷰티는 색조로 많이 알려졌는데 이제는 기초 제품도 성과를 거두고 있다. 큐텐의 기초 화장품 카테고리 상위권이 대부분 한국 제품이다.

시카/더마/비타씨 등 콘셉트 성분이 일본 MZ 세대에게 긍정적인 반응을 얻고 있다. 브이티(리들샷)를 필두로 닥터지(수딩크림), 에이블씨엔씨(비타씨 플러스), 더마코스메틱의 CNP, 아모레퍼시픽의 라네즈도 립 슬리핑 마스크 알리기에 박차를 가하고 있다.

메가와리 행사에서 늘 수위를 찍고 있는 대표적인 인디 기초 화장품 브랜드 아누아의 일본 매출은 1,000억 원을 훨씬 넘은 것으로 파악된다. 브이티에 이어서 두 번째로 큰 금액이다.

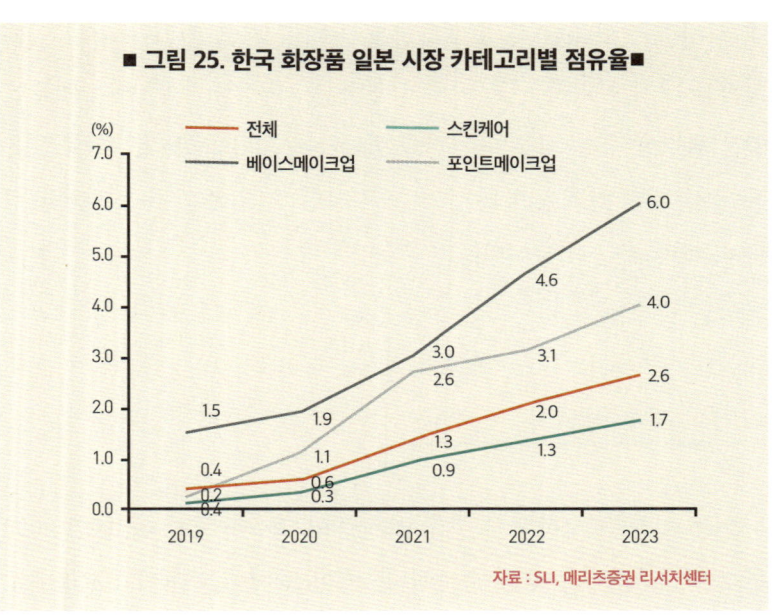

■ 그림 25. 한국 화장품 일본 시장 카테고리별 점유율 ■

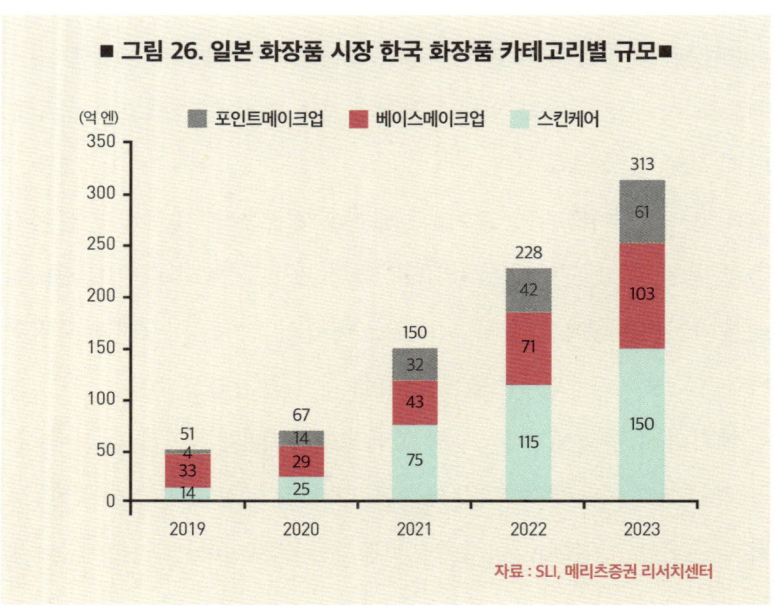

■ 그림 26. 일본 화장품 시장 한국 화장품 카테고리별 규모 ■

차이나 뷰티, 새로운 위협이 되기에는 무리

일각에서는 일본 시장의 위협 가운데 하나로 차이나 뷰티를 꼽는다. 큐텐 랭킹을 보면 예전에는 색조 1~10위가 대부분 K뷰티였는데, 요즘은 중국 화장품들이 종종 올라오고 있다. 일본 화장품 수입에서 중국이 차지하는 비중은 2021년 6.4%에서 2024년에는 8.2%로 조금씩 상승하고 있다. 일본 젊은이들이 30년째 임금이 오르지 않으면서 이제 해외로 엑소더스가 발생하고 있다는데, 이런 열악한 환경이 초저가 화장품 수요로 나타나고 있는 것이다.

중국 브랜드가 일본 시장에 대거 진출하기 시작한 시기는 2020년 하반기이다. 초기에는 수입사를 통한 온라인 판매와 수입사의 MBS(Multi Brand Shop) 판매에 그쳤으나, 점차 버라이어티숍으로 확대되는 추세이다. 아직 드럭스토어/편의점에 진출한 브랜드는 거의 없다.

중국 브랜드의 소구점은 세련된(?) 디자인과 다양한 콘셉트에 있다. 중국 브랜드 즈시ZEESEA의 영국박물관 콜라보 아이팔레트, VCND의 종 모양 네일, '화시즈'의 중국 고전풍 색조 메이크업 등이 일본에 선보이며 '차이보그(중국풍 메이크업)'라는 신조어를 만들어 내고 있다. 색조 브랜드 '인투유'는 립 제품을 중심으로 일본뿐 아니라 한국과 미국에 연이어 진출하고 있다. 2023년에는 화시즈가 일본 신주쿠의 한 백화점에서 팝업스토어를 열기도 했다. 물론 이들 중국 브랜드의 경쟁력은 K뷰티 역량을 중국에 전파한 코스맥스 같은 ODM 업체들의 기여가 컸다. 인투유는 씨앤씨인터내셔널 중국 법인의 주요 고객사 가운데 하나이다.

사실 중국 화장품 업체들의 제조 역량이 많이 커졌다. 코스맥스나 한국콜마처럼 다양한 카테고리를 일시에 제공할 수 있는 역량은 되지 않지만 펜슬이나 팔레트, 립스틱 등 하나의 카테고리에 특화된 제조 업체들의 기술은 상당한 수준에 이르렀다는 평가이다. 중국 내수 경기가 부진하면서 수출 시장 공략에 더 매진하고 있는 듯하다. 하지만 일본 화장품 수입에서 중국 비중이 상승한다고 해도 한국과 차이가 크고 그 간극은 더 벌어지고 있다. 화장품의 '문화 상품적 성격'과 기술 수준을 복합적으로 감안할 때 중국 화장품이 일본에서 유의미한 경쟁력을 가진 것으로 평가하기는 어렵다.

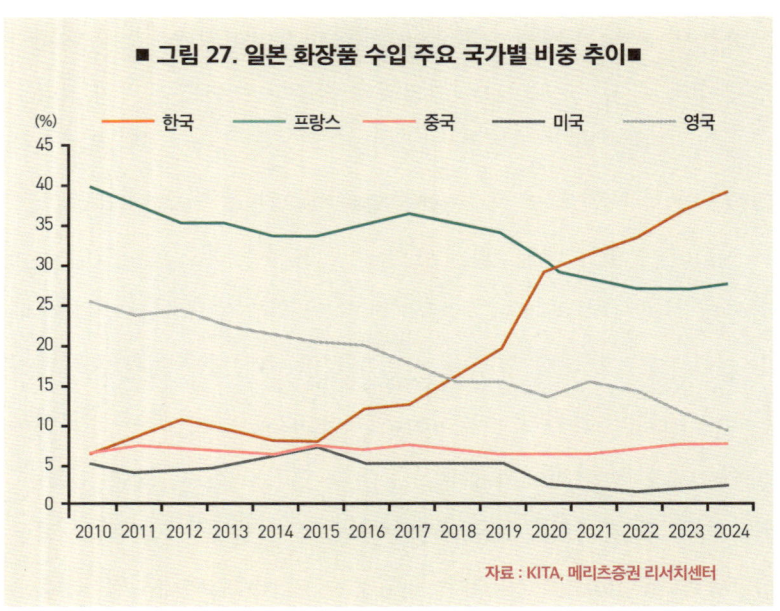

■ 그림 27. 일본 화장품 수입 주요 국가별 비중 추이 ■

자료 : KITA, 메리츠증권 리서치센터

미국은 넓고 팔 곳은 많다

오프라인은 아직 K뷰티 불모지다

스킨1004가 K뷰티 브랜드 최초로 미국 최대 규모의 화장품 유통 업체인 얼타뷰티 온/오프라인 매장에 대규모 입점했다고 한다. 얼타뷰티는 미국 내 1,400여 개 매장을 보유한 로컬 뷰티 전문 스토어로 미국판 올리브영으로 불린다. 스킨1004는 온라인 론칭과 동시에 전체 오프라인 매장 중 절반가량인 653개 매장에 입점을 확정지었는데, 입점과 동시에 대부분의 제품이 품절되었다. 그래서 2025년 초 739개 매장에 추가 입점이 확정됐다. 역시 북미는 오프라인의 비중이 크다는 사실을 알 수 있다. 전체 미국 소비 시장에서 이커머스가 차지하는 비중은 15% 정도에 불과하다. 아무리 스킨1004가 아마존에서 잘 팔린다고 해도 오프라인은 불모지인 경우가 많다.

미국이라는 광활한 땅에 얼타뷰티 점포 수는 1,400개, 세포라 점포 수는 430개 정도에 불과하다. 한국의 올리브영 점포 수가 1,371개라는 사실을 감안하면 너무 적은 느낌이다. 물론 점포 크기에서는 차이가 크다. 올리브영 매출이 2024년 약 4조 7,000억 원인데, 얼타뷰티 매출은 110억 달러, 약 14조 원 정도 되니 단순 비교해도 점포당 매출이 3배 이상 차이 난다. 아울러 미국은 한국처럼 올리브영 같은 한 회사가 독점하는 오프라인 시장이 아니다.

아무튼 분명한 건 미국 소비자들에게 여전히 한국 화장품의 소비 접점은 우리가 느끼는 것보다 넓지 않다는 사실이다. 한국 화장품은 미국에서 이제 얼타뷰티에 입점을 시작했고, 세포라에도 매대가 커지고 있지만, 여전히 그 비중은 크지 않다. H마트에서는 K뷰티 매대를 조금씩 넓히고 있지만, 타깃이나 월마트, 코스트코 같은 대형 마트에서는 여전히 한국 화장품을 찾아보기 쉽지 않다.

캐나다는 더 열악하다. 한국 화장품의 수요는 대단히 높아졌지만, 온라인에서 구입하면 시간이 너무 오래 걸리고, 오프라인에서 살 수 있는 곳은 대단히 제한적이다. 세포라 매장은 몇 개 있지도 않고, 토론토 같은 대도시에 한국 화장품을 전문적으로 유통하는 곳은 10개가 채 되지 않는다. 그런데 최근 몇 개월 사이 변화가 크다. 캐나다 전역에 1,350개 점포를 보유하고 있는 쇼퍼스 드럭 마트 Shoppers Drug Mart에는 올리브영 톱 30 브랜드를 거의 옮겨 놓은 듯 한국 화장품이 전개되고 있다. 307개의 매장이 있는 위너스Winners와 중국계 슈퍼 T&T 슈퍼마켓에도 마찬가지다. 실리콘투가 북미 오프라인 확대 전략을 강화한 것과 궤를 같이 한다.

이런 온/오프라인의 격차는 그만큼 미국 시장의 성장 여력이 대단히 크다는 것을 의미한다. 물론 전 세계에서 경쟁이 가장 심한 시장이지만 아마존만 보고 아직 그런 경쟁 심화 우려를 논할 단계는 아니다. 한국 화장품이 진출할 온/오프라인, 특히 오프라인 매대는 차고 넘친다. 온라인 매출 비중이 70%에 달하는 실리콘투가 최근 전 세계적으로 오프라인 비중을 늘리는 이유도 여기에 있다. 어쩌면 현재 시점에서 기회는 온라인보다 오프라인에 많다고 볼 수 있다.

이와 같은 오프라인의 확대는 실리콘투와 같은 대형 무역 벤더와 유명 인디 브랜드들에게 좋은 기회 요인이 된다. 온라인과 달리 오프라인 업체들은 그 특성상 공간이 한정적이기 때문에 미국에 알려지지 않은 신규 브랜드보다는 이미 아마존이나 한국 올리브영에서 검증된 유명 브랜드의 우선 매입을 선호할 게 자명하기 때문이다. 따라서 스킨1004를 비롯하여 코스알엑스, 조선미녀, 아누아, 티르티르, 구달 등 아마존에서 인지도를 형성한 선두 브랜드 업체들에게 추가적인 실적 모멘텀으로 작용할 가능성이 크다.

또한 그런 유명 브랜드들을 일시에 공급할 수 있는 무역 벤더는 실리콘투밖에 없다는 사실에 주목할 필요가 있다. 브랜드 업체들로서는 해외 진출(일본 제외) 시 믿고 맡길 수 있는 무역 벤더가 현실적으로 실리콘투밖에 없다. 스킨1004 같은 유명 인디 브랜드를 해외에 유통하고자 하는 무역 벤더들은 줄을 서고 있다. 하지만 브랜드는 이미지와 신뢰가 제일 중요한데 화장품에 대해서 제대로 알지도 못하고, 유통을 해 본 적도 없는 소형 무역 벤더에게 제품을 선선히 내줄 수는 없는 노릇이다. 매출이 절실한 신생 브랜드들도 아무 무역 벤더에게 제품을 넘기지 않는다. 중간 벤더의 중요성과 위험성에 대해서는 중국 시장을 통해 익히 배운 바 있기 때문이다.

일반적으로 브랜드가 커지게 되면 중간 벤더를 건너뛰고 직접 최종 유통 업체와 만나려는 욕구가 증가하지만 그 대상이 대형 유통 업체가 아니라면 브랜드 업체가 유통을 직접 조율하는 것은 시간과 비용 측면에서 합리적이지 못하다. 더구나 중소형 브랜드 업체의 영업조직이 북미, 유럽 등 해외 특정 지역 전체를 커버할 수는 없다. 대형 유통 업체들도 웬만큼 큰 브랜드가 아니면 직접 소통하지 않는다. 반기지도 않는다. 매입과 관리의 편의성, 문제 발생의 책임 소재 등 여러 이유 때문이다. 스킨1004와 얼타뷰티의 계약은 직접 이뤄졌을 가능성이 큰데, 이는 나름대로 유명 브랜드와 대형 유통 업체 간 계약으로 예외적인 경우이다. 웬만큼 대형 브랜드가 아니라면 브랜드 MD는 해당 유통 업체에 '코드'가 있는 중간 벤더를 통하는 게 일반적이다. 결국 인디 브랜드들의 글로벌 중소형 유통 업체 전개는 실리콘투를 통하는 게 가장 합리적이다.

한국과 중국 정도만 소비 시장에서 이커머스 침투율이 50%에 이른다. 나머지 국가들의 이커머스 시장 침투율은 선진국이라고 해도 20% 내외가 대부분이다. 유럽도 마찬가지다. 그런데 미국 내 K

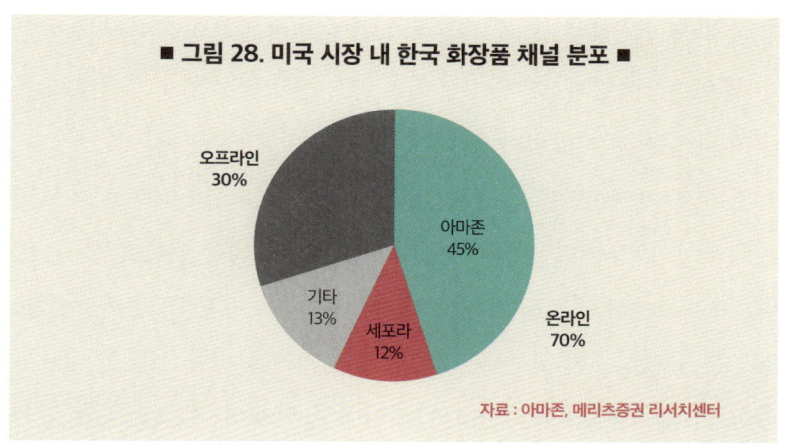

그림 28. 미국 시장 내 한국 화장품 채널 분포

뷰티 유통 채널 유형은 온라인이 70%, 오프라인이 30%이다. 주요 입점 플랫폼 가운데 아마존이 45%, 세포라가 12%로 아마존이 가장 큰 비중을 차지한다. 따라서 국내 화장품 인디 브랜드들의 해외 매출은 ① 온라인을 통해 브랜드를 소개하고, ② 인지도를 높이고, ③ 오프라인에 진출하여 본격적인 매출을 올리는 공식이 성립될 수 있다. 미국은 넓고 팔 곳은 많다.

K뷰티만이 가능한 전략이 있다

미국에서 한국 기초 카테고리의 선전은 언뜻 보기에 신기한 현상이다. 기초는 일반적으로 브랜드 로열티가 높고, 일본의 경우에도 트렌디한 색조 제품들이 주로 K뷰티를 대표하고 있기 때문이다. 그런데 미국 화장품 시장에서 중저가 기초는 상대적으로 발달하지 않은 틈새시장이었다. 거기서 한국 브랜드들이 혁신성과 가성비를 뽐내며 파이를 키우고 있다.

실제로 아마존 뷰티 카테고리별 규모와 K뷰티의 침투율을 보면 현재 한국 화장품의 미국 내 위치와 향후 방향성을 진단해 볼 수 있다. 아마존에서 에스티 로더나 맥, 바비브라운 같은 고가 화장품 브랜드를 구매하지는 않는다. 아마존은 중저가 화장품 시장을 대표한다고 볼 수 있다. K뷰티는 스킨케어와 아이케어, 마스크팩,[25] 립케어 쪽에서 상당히 높은 인지도를 갖고 있다. 에센스/세럼/앰플의 침투율은 18%에 이른다.

재밌는 사실은 립케어 카테고리에서의 엄청난 침투율이다. 립밤은 19%에 이르고, 립마스크/스크럽/오일 카테고리는 65%에 이른다. 이 카테고리들은 한국 화장품이 아마존에 들어가기 전에는 없었다. 그동안 미국에서는 보기 힘들었던 새로운 제형의 카테고리들이다. 제품 판매가 두드러지고 기존 카테고리와 성격이 상당히 다른 부분도 있으니 아예 새로운 카테고리로 세분화한 것이다.

사실 모든 산업의 발전은 발명에서 나온다. 무선전화기가 나오기 전까지 '유선전화'라는 말은 필요가 없었다. 그냥 '전화'였다. 휴

---

[25] 원래 마스크(Mask)와 팩(Pack)은 의미가 다르다. 팩은 피부에 바른 후 굳어지지 않고 공기를 통과시키는 것을 말하며, 마스크는 피부에 바른 후 딱딱하게 굳어져 공기를 차단시키는 것을 의미한다. 하지만 최근에는 다양한 제형으로 경계가 모호해져서 팩류와 마스크류를 모두 마스크팩이라고 부르고 있다.

대폰이 나오면서 전화는 '휴대폰'과 '일반전화'로 세분화되었다. 휴대폰은 스마트폰이 나오면서 다시 '피처폰'과 '스마트폰'으로 나뉘었다. 마찬가지로 미국 화장품 시장에는 없었던 새로운 제형들이 아마존에서 크게 성공하면서 새로운 카테고리로 분류된 것이다. 결국 중저가 기초 시장의 다양한 카테고리는 한국 화장품이 새로 만들어 낸 시장이라고 할 수 있다.

이건 아마존 입장에서도 마케팅 측면에서 긍정적이다. 스킨케어라는 큰 범주에서 늘 아누아만 1등 하는 것보다 토너에서는 아누아, 선크림에서는 조선미녀, 오일에서는 누니가 각각 1등 하는 제품이라고 소개하는 게 소비자에게 훨씬 자극적이기 때문이다. 유통 업체와 마케터들은 늘 새로운 통계를 좋아한다. 바이오던스가 2024년 블랙프라이데이 기간에 아마존 뷰티 전체에서 매출 1위를 기록했다. 마스크팩 카테고리는 이미 패드, 페이스팩, 패치/코팩 등으로 사이즈와 용도별로 구분돼 있지만, 바이오던스 영향으로 페이스팩이 시트마스크와 하이드로젤 마스크로 다시 분화될 수도 있다. 아마존 립오일 1등 브랜드 누니를 운영하고 있는 미미박스의 하형석 대표는 아마존 공략에 대해서 다음과 같이 조언한다.

"미국 브랜드들이 아마존 모든 카테고리에서 1등을 하지는 못합니다. 비어 있는 카테고리가 있지요. 거기서 1등을 가져가면 그 제품으로 브랜드가 커질 수 있습니다. 카테고리 1등 제품을 어떤 회사가 많이 갖고 있느냐가 중요합니다."

한국 화장품이 미국 시장에서 향후 나아가야 할 방향은 색조 부분이다. 미국은 색조 비중이 대단히 큰 시장이다. 기초와 색조만으로 나눠 볼 때 색조 비중이 46%로 주요 국가 가운데 압도적 1위이다. 그만큼 경쟁도 심하고, 이미 하이엔드부터 중저가까지 기존 브랜드들이 높은 인지도를 형성하고 있다. 진입 장벽이 높을 수 있다.

하지만 한국 브랜드들도 서서히 입지를 확대하고 있다. 티르티르는 미국 흑인들의 베이스 메이크업을 위한 30호수 쿠션을 출시해 크게 히트 쳤다. 라네즈 립 글로이는 아마존 립밤 카테고리에서 1위를 차지했다. 페리페라의 잉크 더 벨벳과 잉크 무드 글로이 틴트(클리오), 롬앤의 쥬시 래스팅 틴트(아이패밀리에스씨)가 2024년 7월에 있었던 아마존 프라임데이 행사에서 상위권을 차지했다.

거듭 말하지만 한국 화장품의 가장 큰 특징은 '혁신성'이다. 새로운 제형을 제시하고 새로운 카테고리를 창출하면서 시장 점유율과 사업 영역을 확대하는 전략은 K뷰티만이 가능하다.

메디힐은 미국 시장을 타깃으로 얼굴 전체를 커버하는 마스크팩 대신 특정 부위만 집중 케어하는 네모패드를 출시했다. 동양인과 달리 서양인은 체모가 많아 팩이 얼굴에 잘 붙지 않기 때문에 체모가 적은 부위에 붙일 수 있는 작은 패드를 개발한 것이다. 역시 기존에는 없는 새로운 혁신 상품으로, 2023년 아마존 쇼핑몰의 '토너' 부문에서 판매 랭킹 1위에 올랐고,[26] 아마존은 마스크팩의 패드 카테고리를 새로 만들었다.

---

[26] 포브스코리아, Jan, 2025

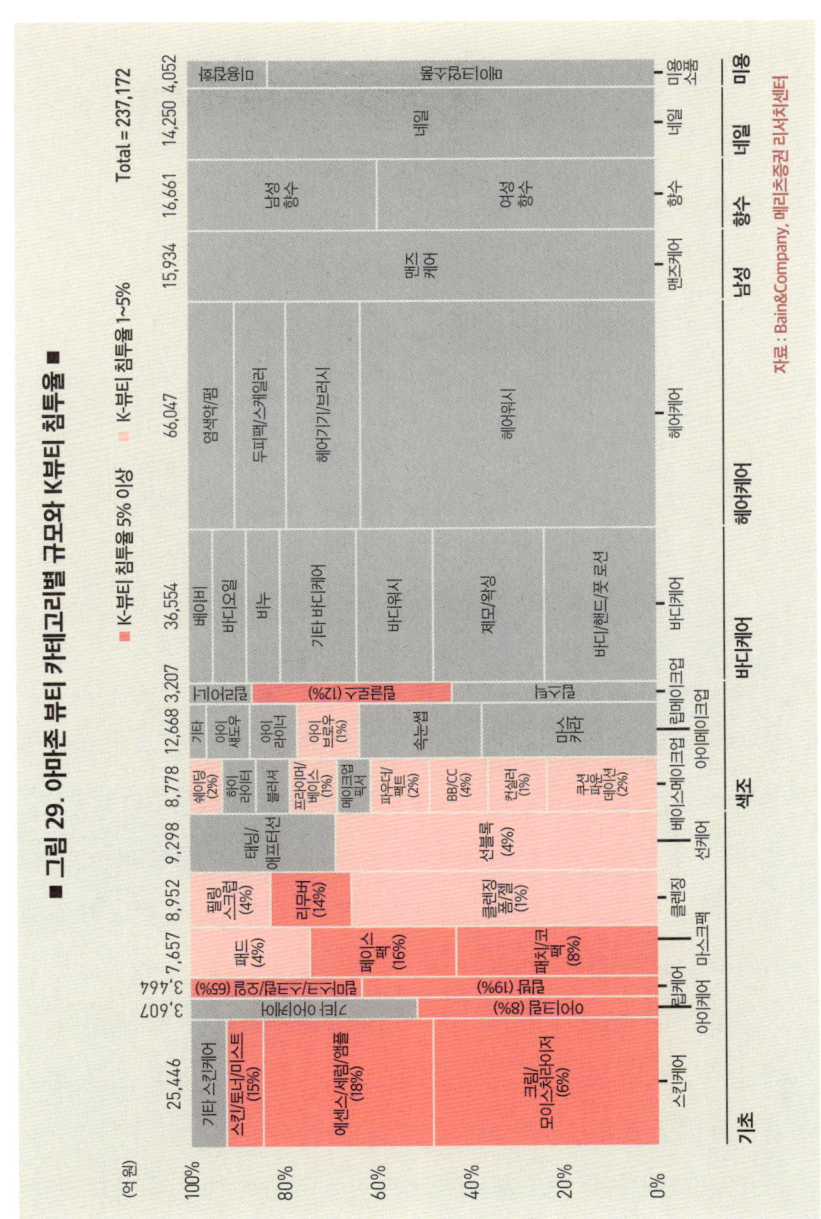

그림 29. 아마존 뷰티 카테고리별 규모와 K뷰티 침투율

8장 어떻게 더 나아갈 것인가?   245

유럽과 러시아, 중동까지 확장 중

　독일에서 상품을 소싱해서 한국 코스트코와 홈쇼핑에 전개하는 한 무역회사 대표로부터 전화가 왔다. 독일의 한 대형 슈퍼 담당자로부터 한국 화장품 소싱에 대한 의뢰를 받았다며 필자에게 괜찮은 중저가 기초 화장품을 5~6개 정도 소개해 달라고 했다. 그는 늘 수입만 해 왔는데 이번에는 수출을 한 번 해 봐야 할 것 같다며 한껏 기대감을 표현했다.

　변호사가 직업인 필자의 한 지인에게는 인도에서 KOTRA와 함께 한국 기업들의 인도 진출을 돕고 있는 동생이 있다. 그 동생은 형에게 한국에서 변호사 그만두고 인도에 와서 한국 화장품이나 갖다 팔라고 성화다. 인도에서 한국은 이제 선망의 대상이 되고 있다.

네루대학교 한국어과 강의에는 40명 정원에 10만 명이 지원했다. 상장 인디 브랜드 기업 G사는 유럽에서 잠재적 파트너 두 곳과 미팅이 잡혔다며, 예전 같으면 상상도 할 수 없는 일이라고 흥분했다.

화장품 종주국 프랑스에서 인정받다

실제로 유럽에서 K뷰티의 입지는 계속 강화되고 있다. 독일을 비롯하여 영국, 프랑스 등 주요 6개국에 대한 2024년 수출은 전년 동기 대비 45% 증가했다. 프랑스와 영국의 화장품 수입에서 한국이 차지하는 비중은 5%를 넘었다. 독일에서도 한국으로부터의 수입 비중이 가파르게 상승 중이다. 심지어 세르비아에서도 K컬처와 함께 한국 화장품의 수입이 빠르게 증가하고 있다. 세럼, 토너 등의 제품은 한국 브랜드가 유행을 선도했고, 그밖에 자외선 차단제와 BB크림, 다양한 메이크업 제품이 자리를 잡아 가고 있다. 스킨1004의 2024년 유럽 지역 매출은 3분기까지 160억 원을 넘기면서 전년 동기 대비 500% 이상 증가했다.

독일은 유럽 최대 화장품 시장이다. 과거에는 진한 눈 화장이 유행했으나 최근에는 자연스러운 화장으로 바뀌고 있고, 한국의 트렌드를 따라가고 있다고 한다. 한국의 립틴트와 쿠션 파운데이션, 선스틱 등이 인기리에 판매되고 있다. 독일에서는 한국 화장품의 고품질과 혁신적인 성분을 높이 평가하고 있으며, K팝과 K드라마 확산으로 K뷰티에 대한 관심과 소비가 빠르게 늘고 있다.

독일은 전통적으로 동물실험을 배제한 클린뷰티와 천연 화장품에 관심이 많아서 자연 유래 성분을 강조한 K뷰티 제품들이 주목받고 있다. 스킨1004는 마다가스카르산 센텔라를 활용한 스킨케어 제품으로 독일 최대 온라인 화장품 채널 '플라코니Flaconi' 주최 뷰티 행사에 참가하기도 했다.

프랑스 역시 한국이 뷰티 혁신에서 다른 나라보다 5~10년 앞서 있다는 평가를 내리고 있다. 라네즈, 닥터자르트 등 국내 브랜드들이 세포라 등 주요 화장품 매장 매대에 올려졌다. 특히 소셜 네트워킹 덕분에 한국은 뷰티 트렌드에서 '매우 스타일리시한 곳'이 되었다.[27] 라네즈의 립 슬리핑 마스크가 틱톡에서 화제가 되어 베스트셀러가 되었다.

또한 비건 제품, 지구를 존중하는 생산 방식, 합리적인 가격 등으로 친환경 의식이 강한 프랑스 소비자들의 기대에도 부합한다. 화장품 강국인 프랑스는 한국 화장품이 프랑스 시장에 진출하는 것을 경계해 왔는데, 이제 한국 화장품은 필수품이 되었고, 아름답고 부드러운 피부를 가진 한국 여성들과 동일시되기를 원하는 프랑스 여성들의 욕구가 증가하고 있다.

영국에서는 주요 뷰티 키워드 중 하나로 K뷰티가 꼽힐 정도로 한국 화장품이 큰 관심을 받고 있다. 2023년 대영국 한국 화장품 수

---

[27] 세계한인언론인협회, 2024. 1. 22.

출 규모는 약 9,000만 달러 규모에 불과했지만 수출액이 전년 대비 58%나 증가한 것이 눈에 띈다. 2024년에는 전년 대비 46% 증가한 1억 3,000만 달러를 돌파했다. 수출 규모가 아주 크진 않지만 한국 화장품이 영국에서 가파른 상승 흐름을 타고 있음을 보여 준다. 영국 소비자들은 근본적으로 실용성을 중요시하고, 과도한 꾸밈 대신 자연스러움을 추구한다. K뷰티 콘셉트와 일치한다. 영국에서도 한국 아이돌들이 사용하는 제품과 이들이 광고하는 스킨케어 등이 틱톡에 확산되면서 K뷰티가 인기를 끌기 시작했다.

현지 화장품 전문점 MD는 한국 화장품이 "새로운 제품을 선보일 때마다 성공이 보장될 만큼 큰 관심을 받고 있다."고 평가한다.[28] 대표적인 예로 흑인 여성 인플루언서의 불만 유튜브 영상 이후 30여 개 색조를 출시해 글로벌 시장에서 주목받고 있는 티르티르가 있다. 영국 소비자들은 이것을 '포용성'으로 받아들이고 입소문을 퍼뜨리고 있다.

자외선 차단 효과가 뛰어나면서 스킨케어 효능까지 겸비한 한국의 자외선 차단제도 인기이다. 조선미녀의 '맑은쌀 선크림', 라운드랩의 '자작나무 수분 선크림', 이즈앤트리의 '히알루론산 워터리 선젤' 등이 인기인데, 현지 매체들이 아마존 프라임데이에 반드시 구매해야 할 품목으로 K뷰티 제품을 연이어 추천했다고 한다.[29]

---

[28] 대한화장품산업연구원, 『글로벌 코스메틱 포커스』 7호, 2024.
[29] 대한화장품산업연구원, 『글로벌 코스메틱 포커스』 7호, 2024.

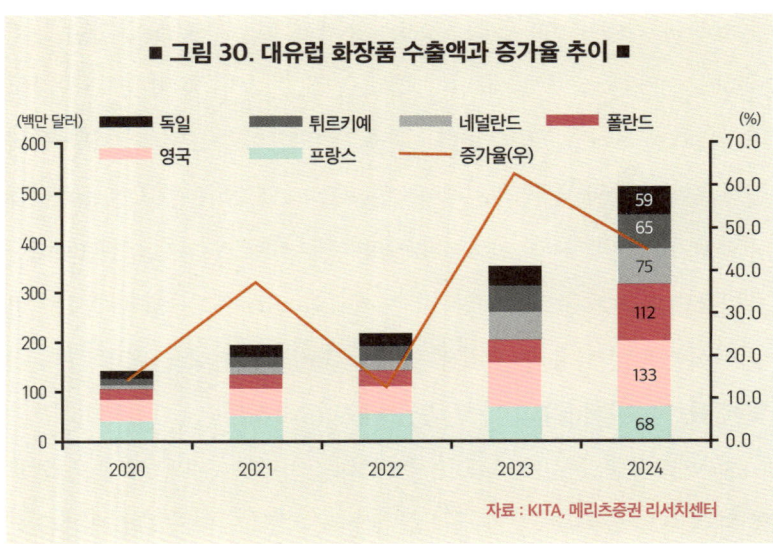

그림 30. 대유럽 화장품 수출액과 증가율 추이

자료: KITA, 메리츠증권 리서치센터

　유럽 국가들의 화장품 전문가들이 하는 공통된 지적은 ① 혁신적인 제형과 성분, ② 친환경적 사고, ③ 우수한 효과, ④ 현대적인 고급스러움, ⑤ 저렴한 가격이다. 문제는 새로운 한국 화장품을 구입할 수 있는 경로가 매우 제한적이라는 점이다. 물론 그런 희소성 때문에 한국 화장품이 더욱 갈망의 대상이 되기도 한다. 아무튼 유럽은 아직 시작도 제대로 하지 못한 기회의 땅이다. 최근 실리콘투의 유럽 투자 확대는 이런 유럽 시장의 수요 증가를 염두에 둔 대응이라고 할 수 있다. 실리콘투의 유럽 매출(폴란드 등)은 2024년 3분기 누적 805억 원으로 전년 대비 240% 이상 증가했다.

러시아, UAE, 인도에서도 K뷰티 열풍

대러시아 수출은 2023년 약 3억 2,000만 달러를 기록했다. 전년 대비 43%나 증가했으며, 러시아의 화장품 수입국 가운데 점유율은 35%로 압도적 1위를 차지했다. 2022년 이후 서구의 유명 브랜드들이 철수하면서 대체재로 한국 화장품의 검증된 성능과 뛰어난 가성비가 주목받으며 수입이 급증한 것이다.

UAE의 경우 대표적인 약국 채널 아스터 리테일Aster Retail 모바일 앱에서 2024년 한국 화장품 판매가 전년 동기 대비 60% 신장했는데, 스킨케어와 자외선 차단제가 특히 인기를 끌고 있다. 왓슨스에서도 2023년 대비 2배로 증가했다. 현지 전문가의 인터뷰를 보면, 이제 한국 화장품 브랜드를 오프라인 매대에서 자주 볼 수 있게 되어 긍정적이라는 평가이다. 실제로 대UAE 화장품 수출은 2024년 전년 대비 89% 증가한 1억 6,000만 달러에 이를 전망인데, 이는 유럽 최대 수출국인 영국보다도 큰 규모이다. 실리콘투가 UAE를 중동 유통 허브로 두면서 2024년 2분기부터 매출이 본격화되었다.

무슬림이 많은 UAE를 포함한 중동 지역에서는 제품을 구매할 때 할랄 인증이 중요한 요소이다. 한국 화장품은 할랄 인증을 취득하지 않았더라도 전 성분 정보를 제공하고 주로 천연 식물 성분들을 함유하거나 비건, 동물 실험을 하지 않는 크루얼티 프리Cruelty Free 등 윤리적인 요소까지 갖추어 많은 무슬림 소비자가 사용할 수 있는 요건이 되었다. 코스알엑스는 할랄 인증을 취득한 브랜드로서 UAE

는 물론 사우디아라비아에서도 인지도를 높이고 있다.

인도는 2023년에 중국을 제치고 전 세계에서 인구가 가장 많은 나라로 등극했다. 25세 이하 인구가 전체에서 43%를 차지할 정도로 화장품 잠재 고객이 많다. 물론 소득수준이 낮고 수입 관세와 기타 비용 때문에 한국산 제품 구매 여력이 떨어지지만 성장 여력은 대단히 크다. 이미 인도는 세계 화장품 7위 시장이기도 하다. 최대 뷰티 이커머스 나이카Nykaa, 티라Tira 등에 국내 브랜드들의 온라인 입점이 활발해지고 있다. 최근 스킨케어 분야에서 세럼과 토너가 인도에서 급성장하는 카테고리가 되고 있으며, 라네즈, 더페이스샵, 에뛰드 등이 셀러브리티 마케팅을 통해 주목받고 있다.

중국은 어떻게 할 것인가?

최근 중견 화장품 브랜드 M사 대표와의 미팅 중 중국 시장에 대한 얘기가 나왔다. 사드 보복 조치, 한한령, 경기 침체 등에 대한 여러 소회를 나누다가 대표가 무겁게 한마디 했다.

"솔직히 말해서 우리나라 화장품 업체들이 미국이나 일본만큼 정성들여 중국에 마케팅을 한 적이 있었나요?"

사실 중국 시장은 저절로 뚫린 것이다. 중국 소비가 크게 올라오고, 한류가 겹치면서 따이공과 왕홍이 알아서 한국 화장품 제품을 대량으로 가져다 팔았다. 마케팅도 그들이 했다. 당시 대부분의 한국 중저가 브랜드들은 물품을 공급하느라 바빴을 뿐 마케팅은 필요 없었다. 유통도 불법적으로 이뤄진 경우가 많았다. 굉장히 취약한 수출 기반이었다.

물론 중국 시장은 힘들다. 각종 꽌시와 비합리적인 관행, 명확하지 않은 절차 등은 사업자를 지치게 만드는 요인이다. 지금 화장품 기업들이 미국에 전념하는 이유도 완전경쟁시장의 투명성 때문이다. 중국 시장에서 어려움을 경험한 기업들은 미국 시장을 더 좋아하는 것 같다.

그러나 중국 시장은 누가 뭐래도 글로벌 2위 소비 시장이다. 중국이 침체로 빠져들어 망한다면 모를까 한국 화장품 산업에서 중국 시장을 무시하고 가는 게 바람직할까? 중국 중산층 이상은 여전히 한국 화장품에 대한 선호가 높다. 중국 인바운드 관광객 대부분이 명동의 올리브영을 찾는다.

오히려 중국 경제가 좋지 않고, 중국 시장에 관심도 없는 요즘이 중국 시장에서 미래를 위해 마케팅 기반을 잘 닦을 수 있는 시기가 아닐까? 미국이나 일본 시장에서 한 것처럼 아주 치밀하고, 정교하고, 정성스럽게 말이다. 더구나 지금은 중국 사업을 하기 좋은 환경이다. 플랫폼 경쟁이 심해지면서 기회는 많아지고 비용은 줄었다. 2015년 당시에는 6.18행사(JD닷컴)나 광군제(알리바바) 등 소수 온라인 유통 업체의 행사 비중이 워낙 컸기 때문에 마케팅 비용이 아주 많이 들어갔다. 하지만 최근에는 틱톡이나 콰이쇼우 같은 숏폼으로 소비층이 분산, 이동하면서 독과점이 완화되었다.

■ 표 17. 중국 주요 숏폼 플랫폼 정리 ■

숏폼 명칭	회사명	월 활성 사용자 수	비고
틱톡	틱톡 (Tiktok Technology)	2023년 9월 기준 74,300만 명	- 틱톡은 바이트댄스(ByteDance) 산하 음악, 숏폼 소셜 플랫폼
콰이쇼우	콰이쇼우-W (Beijing Kwai Technology)	2023년 6월 기준 67,300만 명	- 콘텐츠 커뮤니티 및 소셜 플랫폼
위챗 스핀하오 (视频号)	텐센트(Tencent)	2022년 12월 기준 82,000만 명	- 콘텐츠 기록 및 창작 플랫폼
콰이쇼우 스피드 버전	스피드 버전 콰이쇼우-W (Beijing Kwai Technology)	2022년 12월 기준 21,100만 명	- 최소한의 동영상 촬영, 편집, 공유 기능 제공 - 간결함, 신속함, 편리함을 추구하는 사용자를 대상으로 함
틱톡 스피드 버전	스피드 버전 틱톡 (Tiktok Technology)	2022년 12월 기준 21,800만 명	- 오리지널 숏폼 공유 플랫폼으로 메모리 용량이 적고 트래픽 소모가 적은 틱톡 숏폼의 압축 버전
시과(西瓜) 동영상	틱톡 (Tiktok Technology)	누적 사용자 수 35,000만 명	- 중국 최초의 PUGC(Professional User Generated Content) 플랫폼 - 개인 특성에 맞는 콘텐츠 추천을 통해 다양한 사람에게 고품질 콘텐츠 지속 제공
틱톡후워산 (抖音火山版)	틱톡 (Tiktok Technology)	미공개	- 15초 분량의 숏폼 제작 및 실시간 고화질 화면 전달이 가능해 라이브 방송에 유리
호우칸 동영상 (好看视频)	BAIDU 그룹-W (Baidu Online Network Technology)	미공개	- 생활, 건강, 문화, 역사, 과학기술, 정보, 영상 등 각 분야의 전문 정보를 담은 숏폼 플랫폼
웨이스(微视)	텐센트(Tencent)	미공개	- 위챗, QQ 등과 같은 소셜 플랫폼을 결합해 위챗의 동영상을 소셜 플랫폼에 공유 가능
유레 동영상 (优哩视频)	OPPO (OPPO MOBILE Telecommunications)	미공개	- 개그, 음악, 영상, 사회, 엔터테인먼트 등을 시청할 수 있는 숏폼 플랫폼
피피샤 (皮皮虾)	틱톡 (Tiktok Technology)	미공개	- 대량의 개그 영상을 가지고 있는 개그 영상 전용 앱

자료 : KOTRA, 메리츠증권 리서치센터

숏폼은 10분 이내의 짧은 동영상 형태로 최근 전 세계적으로 가장 각광받는 온라인 콘텐츠이다. 한국 화장품이 미국에서 성공하고 유럽에서 확산하는 것도 틱톡을 통해서 이뤄진 결과물이다. 중국 숏폼 산업 역시 최근 몇 년간 빠른 성장을 거쳐 성숙기에 접어들었다. 2022년 숏폼 산업 규모는 약 3,000억 위안에 달했으며, 이는 전체 동영상 산업 규모의 40%를 초과했다. 2024년에는 산업 규모가 4,200억 위안에 달할 것으로 예상된다.[30] 사용자 규모는 2018년 6억 4,800만 명에서 2023년 10억 7,400만 명으로 증가했다. 특히 2023년 전체 인터넷 사용자 중 숏폼 사용자의 점유율은 95.7%에 달한다.

한편 중국 화장품 소비 회복의 시그널도 포착되고 있다. 홍콩 코스모프로프 Cosmoprof 아시아는 이탈리아 볼로냐, 미국 라스베이거스와 함께 손꼽히는 세계 3대 뷰티 박람회이다. 전 세계의 브랜드와 바이어들이 최신 트렌드를 공유하고 네트워킹을 하기 위해 모인다. 특히 홍콩은 아시아의 상업 허브로 동남아와 중국 현지 동향을 체크하기에 유리하다. 2024년에는 11월 13일부터 15일까지 열렸는데, 2023년과 사뭇 분위기가 달랐다. 한국 브랜드 참여 수도 전년 대비 200개 이상 늘어나 300개가 넘었고, 중국에서도 바이어가 많이 찾았다.

아모레퍼시픽과 LG생활건강 등 중국 진출 브랜드 업체들의 실

---

[30] 중상산업연구소, 「2024~29년 중국 숏폼 산업의 심층 분석 및 발전 동향 예측 연구 보고서」, 2024.

적을 보면 매출은 여전히 부진하지만 수익성은 상당히 회복되고 있다. 오프라인 매장 철수로 인한 고정비 부담 완화와 함께 온라인 유통의 마케팅비 부담이 크게 줄어든 탓이다. LG생활건강은 특히 중국 틱톡 광군절 뷰티에서 5위권에 올라 부활을 알리고 있고, 클리오는 페리페라 중심으로 중국 매출이 회복세를 보이고 있다. 애경산업도 지속적인 마케팅으로 꾸준히 매출 개선을 이어 오고 있으며, 마녀공장도 판로 재정비를 통해 반등에 나설 계획이다. 여러 브랜드 업체가 마케팅비를 특별히 집행하지 않아도 신제품이 나오면 매출이 증가하는 상황이라고 이구동성으로 말하고 있다.

그동안 중국 매출 비중이 높은 화장품 업체들은 실적 불확실성

■ 표 18. 틱톡 광군절 화장품 매출 순위 ■

순위	2022	2023	2024
1	더후	프로야	칸스(Kans)
2	에스티로더	에스티로더	프로야
3	아미로(AMIRO)	칸스(Kans)	로레알
4	라메르	로레알	가복미
5	로레알	랑콤	더후
6	SK-II	라메르	자연당
7	프로야	헬레나	에스티로더
8	랑콤	제이문(Jmoon)	올레이
9	제이문(Jmoon)	아미로(AMIRO)	위노나
10	OSM	더후	SK-II

자료: 언론 종합, 메리츠증권 리서치센터

이 컸고, 중국 사업은 밸류에이션 할인 요인으로 작용해 왔다. 하지만 중국은 분명히 큰 소비 시장이고, 중국 화장품 소비가 회복세로 접어든다면 오히려 또 하나의 기회가 될 수 있다. 중국 매출 비중이 높은 화장품 업체들에게 실적과 주가에서 플러스알파 요인이 될 수 있다.

K뷰티 글로벌 모멘텀은 이제 시작이다

한국 화장품 산업은 제3의 물결 위에 있다. 이번에는 글로벌이다. 2003년 이후 원브랜드숍 시장, 2014년 중국 모멘텀에 이어 2023년 이후 미국과 일본을 비롯하여 세계 각지로 수출 증가세가 가파르다. 2024년 미국에서 처음으로 화장품 수입 1위 국가가 한국이 되었고, 대미국 수출보다 중동/유럽 등 기타 지역으로 수출 증가폭은 더 크게 나오고 있다. 중국 모멘텀과 달리 용기부터 ODM, 유통과 무역까지 제대로 된 파이프라인을 통해서 나가고 있다. 미국이라는 세계 최대 최고의 시장에서 인정받았다는 사실은 세계 어느 나라에도 들어갈 수 있다는 자신감이며, 시장 확장 여력을 높인다.

'가성비'와 '혁신성'으로 대변되는 K뷰티의 글로벌 부상은 결코 한류에 편승한 우연이 아니다. 2003년 이후 한국 화장품 시장의 구조적 변화와 경쟁력 제고가 누적된 결과로 오랫동안 준비된 '오래된 미래'라고 할 수 있다. 이번 글로벌 모멘텀은 그 어떤 과거 시기보다 강하고 역동적이다. 수많은 인디 브랜드의 성과와 부자재, ODM 업체들의 역대급 매출과 영업이익률이 그런 호황을 대변해 준다.

코스맥스, 한국콜마, 코스메카코리아, 씨앤씨인터내셔널 등 전 세계 최고의 화장품 ODM 인프라는 글로벌 모멘텀의 지속성을 담보하는 한국 화장품 산업의 핵심 자산이다. 미국과 일본은 구조적으로 한국과 같은 ODM 생산을 할 수 없는 환경이고, 이는 최소 10년 이상의 격차를 두고 있다. 실리콘투는 든든한 글로벌 유통의 버팀목이다. 이러한 최적의 인디 브랜드 론칭 사업 환경에서 한국 최고의 인재들이 소비재 '화장품' 산업으로 몰려들고 있다.

화장품 산업의 꽃은 브랜드이다. 확장성과 레버리지, 고객 충성도 모두 브랜드가 가장 크다. 무엇보다 중요한 건 그런 브랜드의 성공을 이끌어 내는 기업가 정신이다. 지금 한국 화장품 산업이 글로벌로 나아갈 수 있는 이유는 ① 글로벌 최고의 화장품 제조 인프라와 ② 실리콘투라는 든든한 무역 벤더를 전후방에 두고, ③ 최고의 인재들이 화장품 창업에 뛰어들고 있기 때문이다. 제2의 조선미녀가 되겠다는 브랜드들이 줄지어 사업 규모를 키우고 있다.

한국 화장품 산업에서 다양한 중소기업의 완제품 수출이 많은 것은 실리콘투 때문이다. 실리콘투는 직매입과 독보적인 현지 물류 인프라로 국내 인디 브랜드와 현지 유통 업체에 완벽한 사업 파트너이다. 최근 실리콘투의 진입 장벽과 브랜드 이탈 가능성이 제기되고 있는데, 이는 글로벌 한국 화장품 수요 증가를 실리콘투의 지역 확장 속도가 따라가지 못하고 있거나, 애초에 실리콘투 사업 영역이 아닌 곳에서 수요가 창출되고 있기 때문이다. K뷰티 글로벌 확장은 실리콘투가 혼자 감당할 수 있는 시장이 아니다.

반면 국내 유통의 경우 온라인은 여러 업체가 균형을 이루고 있지만, 오프라인은 올리브영이 H&B 채널 경쟁의 최종 승자로서 독점 상태이다. 신규 브랜드의 진입이 어려워지며 인디 브랜드의 등용문으로서의 입지가 약화되고 피보팅 역량이 제한적인 가운데 가격과 카테고리 경쟁력 측면에서 소비자 충성도도 점차 떨어지고 있다. 동시에 인디 브랜드들의 병목 현상이 심해지고 있다. 다이소가

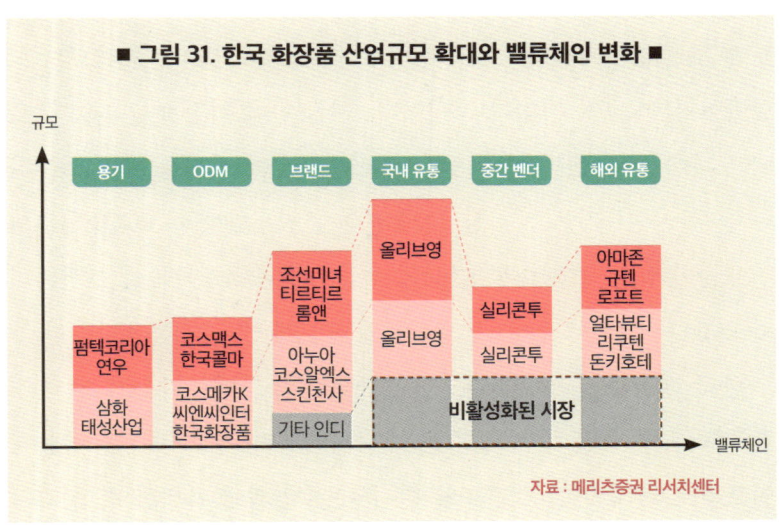

■ 그림 31. 한국 화장품 산업규모 확대와 밸류체인 변화 ■

자료 : 메리츠증권 리서치센터

올리브영의 견제는 될 수 있으나, 인디 브랜드의 판로 확대와는 거리가 멀다. 지금과 같은 올리브영 독점 체제는 한국 화장품 산업 발전은 물론 올리브영의 지속 성장을 위해서도 바람직하지 못하다.

K뷰티의 글로벌 확대는 이제 시작이다. 채널 측면에서 온라인이라는 틈새시장에서 인지도와 맷집을 키우고 메인 시장인 오프라인

■ 표 19. 글로벌 한국 화장품 확장 방향 ■

지역	카테고리	채널	비고
일본	색조 → 기초	온라인/화장품 전문점 → 드럭스토어	카테고리 : 메인 세대 중장년층 타깃 채널 : 화장품 시장 드럭스토어 비중 37% 이다/오야마/아라타 3대 총판
미국	기초 → 색조	온라인(아마존) → 오프라인	카테고리 : 혁신 제형으로 신규 카테고리 창출. 예) 립마스크, 립오일, 틴트 등 채널 : 중소형 로컬 체인 + 얼타뷰티/코스트코 등 대형유통
유럽			독일 : 쿠션 파운데이션, 선스틱, 자연 성분 유래 인기, 스킨1004 플로코니 뷰티 행사 참여 프랑스 : 라네즈, 닥터자르트, 이르보리아 등 세포라 매대, 라네즈 립 슬리핑 마스크 틱톡 화제로 베스트셀러, 유럽의 화장품 강국 자존심, 그러나 이제는 한국 화장품이 필수품 영국 : 2024년 수출 1.3억 달러(YoY 46%) 추정, 주요 뷰티 키워드 중 하나 'K-뷰티', 틱톡 광고 확산 → 평가 : 혁신적 제형/성분, 친환경, 우수한 효과, 고급스러우면서도 저렴한 가격 → 구입할 수 있는 경로 제한적, 희소성 때문에 더 갈망
러시아			2023년 대러시아 화장품 수출 3.2억 달러(YoY 43%), 러 화장품 수입시장 한국 점유율 35% 압도적 1위
중동			UAE : 2024년 대UAE 수출 1.6억 달러(YoY 89%) 추정, 실리콘투 진출 영향, 할랄 인증 코스알엑스 사우디까지 매출 호조
인도			세계 화장품 7위 국가, 나이카/티라 등에 한국 브랜드 입점 확대 중 라네즈, 더페이스샵, 에뛰드 등 셀러브리티 마케팅으로 주목
중국			틱톡, 콰이쇼우 등 숏폼으로 소비층 분산, 마케팅 비용 완화 화장품 소비 회복 시그널 : 홍콩 코스모프로프 한국 참여 브랜드, 중국 바이어 큰 폭 증가

자료 : 언론 종합, 메리츠증권 리서치센터

으로 확장 중이다. 일본과 미국 소비 시장에서는 오프라인 비중이 90%이다. 일본에서는 가장 큰 채널인 드럭스토어가 비어 있으며, 미국 오프라인 시장은 아직 한국 화장품의 불모지이다. 지역적으로 볼 때 유럽에서는 가성비와 친환경 측면에서 높은 인지도를 형성 중이며, 동남아는 물론 중동과 인도에서도 마찬가지인데, 공통적으로 K컬처 확산과 틱톡 같은 SNS 보편화에 영향을 받고 있다. 다만 유통이 제대로 안 되고 있는 게 과제이다.

카테고리 측면에서는 미국은 기초에서 메인 시장 색조로, 일본은 색조에서 메인 시장 기초로 영역을 확대하고 있다. 경쟁은 더 치열할 수 있지만, 중장기 성장 여력은 더 커질 수 있다. 한국 화장품의 혁신성은 그 가시성을 높이는 핵심 요인이다. 한국 화장품은 기존 카테고리 제형으로 경쟁하는 게 아니라 립밤과 립마스크, 오일 등 새로운 카테고리를 만들고 1등을 하면서 인지도를 높이고 있다. 미국과 일본이 생각하는 성공의 시간과 성공의 크기는 우리와 다른 것 같다. 그들이 보기에 K뷰티는 이제 시작이고, 인디 브랜드 매출 1,000억 원은 전혀 대수롭지 않다.

9장

화장품 업종,
이렇게 투자하라

2024년은 한국 화장품 산업의 글로벌 도약이 확인된 시기라는 데 의미가 있다. 하지만 동시에 화장품 산업에 대한 투자 심리의 취약성을 보여 준 시기이기도 하다. 작은 지표의 변화에 일희일비하는 사례가 너무 많았다. 2024년 12월 현재 화장품 업황과 주가와의 간극은 너무 크다. K뷰티의 글로벌 경쟁력이 중장기적으로 지속될 수 있는 저력을 갖고 있다면 우리는 한국 화장품 업종에 대한 지속적인 관심과 기대를 갖고 투자를 늘려야 한다. 단기적인 이슈나 수급에 의한 주가 하락은 저가 매수의 기회로 활용하는 게 타당하다.

　　화장품 업종에 투자할 때 무엇보다 전제되어야 하는 것은 '글로벌 경쟁력의 지속 가능성에 대한 믿음'이다. 그 믿음은 ① 글로벌 한국 화장품에 대한 수요가 아주 크며, ② 유망한 인디 브랜드가 아주 많으며, ③ 한국이 세계 최대/최고 화장품 제조 인프라 보유국이라는 확신에서 출발한다. 아울러 한국 화장품 산업 성장 단계에 대한 이해도 필요하다. 우리는 화장품과 같은 중소기업 중심 소비재 산업의 성장 단계를 트래킹해 본 경험이 없다. 아울러 밸류에이션 시 주의해야 할 점들도 잘 살펴봐야 한다.

업황 개선을 주식 시장에서 못 느끼는 이유

2024년 4분기 화장품 수출은 YoY 28% 증가하면서 1~4분기 통틀어 가장 높은 성장률을 기록했다. 화장품 업황은 굉장히 좋은 상황이다. 코스맥스의 4분기 국내 사업 매출은 YoY 40%, 실리콘투의 4분기 매출 또한 전년 동기 대비 64% 증가했다. 그런데 왜 주식 시장에서는 이런 업황 개선을 느끼지 못할까? 좀 더 정확히 말하면 왜 실적이 이렇게 좋아지고 있는데도 주가는 밋밋할까? 실적 개선을 의심하고 있을까?

우선 상장돼 있는 브랜드 업체들의 실적이 마뜩찮기 때문이다. 가장 시가총액이 큰 아모레퍼시픽과 LG생활건강의 실적은 여전히 실적 턴어라운드 가능성 여부에 논란이 많다. 애경산업과 클리오의 매출은 전년 대비 감소이거나 역신장이 예상되고 있다. 아이패밀리에스씨 매출과 영업이익도 예상보다 크게 부진했다. 화장품 업종 실적 개선이 그렇게 와 닿지 않는다. 그러니 코스맥스와 실리콘투의 실적 개선 여부에도 고개가 갸우뚱해지는 것도 어쩌면 당연하다.

여기서 우리가 반드시 짚고 넘어가야 할 부분이 있다. 상장돼 있는 업체들, 특히 브랜드 업체들은 한국 화장품 산업의 현재를 크게 대변하지 못한다는 사실이다. 현재 한국 화장품 산업, 즉 K뷰티가 글로벌 각광을 받고 있는 부분은 '가성비'와 '혁신성'이다. 이는 대부분 인디 브랜드의 영역이고 그들의 대표적인 특징이다. 빠른 피보팅과 통통 튀는 아이디어로 글로벌 화장품 산업의 프런티어에 서서 최신 트렌드를 만들어 나가는 모습, 밤을 꼴딱꼴딱 새우며 틱톡 마케팅에 전념하는 모습은 대기업과는 다소 거리가 먼 광경이다.

사실 주식 시장에 상장돼 있다는 것은 그만큼 회사 규모가 크다는 말과 같다. 조직도 크다. 조직이 크면 아무래도 의사 결정에 시간이 소요된다. 모험보다는 안정성을 더 찾게 마련이고, 높은 직급 팀장들의 권위는 더 강할 수 있으며, 거기에 눌려 실무자들의 아이디어는 회의 테이블에 오르지 못하거나 묵살되는 경우가 많을 수 있다. 아이디어의 내용보다 형식 때문에 시간을 허비할 수도 있다. 대표이사(오너)의 성장과 성공에 대한 갈증도 좀 덜할 수 있다. 물론 이런 중견/대기업의 조직화는 긍정적인 측면도 많을 것이다. 우수한 인재가 많이 모여, 위험을 줄이면서, 회사의 안정적인 성장을 도모할 수 있을 것이다. 하지만 K뷰티의 정체성과 거리감은 부인할 수 없다.

한국 화장품 산업 밸류체인 위의 개별 업체들 가운데 전반적인 업황을 가장 잘 모니터링할 수 있는 업체는 펌텍코리아이다. 톱 10 거래처 매출 비중이 30%에 불과할 정도로 많은 브랜드 업체들, 아모레퍼시픽부터 신규 인디 브랜드까지 각양각색의 부자재/용기들을 생산하고 있다. 이런 펌텍코리아에서 들리는 말도 그러하다. '상장 브랜드들이 좀 치이는 느낌이 강하다.'라는 것이다. 워낙 인디 브랜드들의 성장세가 가파르다 보니 상장 업체들의 리뉴얼이나 주문량의 탄력도가 떨어진다는 말이다. 그런데 K뷰티의 중심, 주역이라고 할 수 있는 이런 인디 브랜드 업체들은 상장돼 있지 않다. 조선미녀와 아누아, 스킨1004, 달바, 넘버즈인, 티르티르, 바이오던스 등 신문지상에 늘 오르내리는 주인공들은 비상장업체들이다.

어떤 펀드 매니저가 화장품 업종은 "대치동 사교육시장 같다."고 말했다. 아주 적절한 비유이다. 대치동 사교육 시장은 엄청 뜨겁다. 방학 때면 지방 고등학생들까지 캐리어를 끌고 한 달 숙식을 하면서 대치동 학원을 다닌다. 점심시간에는 여의도보다 식당 자리 잡기가 어렵다고 한다. 그런데 이 시장의 핵심 기업이라고 할 수 있는 시대인재나 황소수학 같은 학원들은 상장돼 있지 않다. 메가스터디가 상장돼 있지만 결이 좀 다르다. 온라인 매출이 큰 비중을 차지하고 있기 때문이다. 마치 화장품 시장에서 럭셔리 매출 비중이 높은 아모레퍼시픽과 같다고 할 수 있다.

여기서 우리가 명확히 알고 가야 할 사실이 있다. 상장돼 있는 브랜드 업체들은 업황을 제대로 반영하지 못하지만, 상장돼 있는 화장품 다른 밸류체인 톱티어들, 즉 부자재/용기 1위 펌텍코리아, ODM 1위 코스맥스, 글로벌 화장품 무역/유통의 1위 실리콘투는 K뷰티의 글로벌 모멘텀을 그대로 투영하고 있다는 사실이다. 이들 세 업체의 펀더멘털에 대해서는 의심할 여지가 별로 없다. 이때까지 산업지표와 다르게 간 적도 없다. 워낙 시장 점유율이 높기 때문이다. 이들 업체들의 단기 주가 조정은 수급(단기 차익 실현)에 의한 것이지 펀더멘털 이슈가 아니다. 실적이 부진하다면 최소한 매출은 아니다. 이익 측면에서 설비 투자로 인한 고정비가 증가했거나, 연간 실적이 좋아서 인센티브 충당금을 쌓았거나, 예전에 투자해 놨던 계열사 가치에 대한 손상차손이 반영되었거나 하는 내용들이다. 업황과는 다른 부분이다. 따라서 K뷰티의 글로벌 모멘텀을 따라 투자하고 싶다면, 이들 세 업체에 대해서는 지속적인 비중 확대가 바람직하다.

K뷰티,
3가지는 분명히 알자

첫째, 글로벌 한국 화장품에 대한 수요는 우리가 생각하는 것보다 훨씬 크다. 글로벌 수요에 확신을 갖고 있다면 ODM 업체들의 생산 캐파는 중장기적으로 훨씬 커져야 할 것이다. 한국은 글로벌 중저가 기초/색조 화장품의 완벽하고 독보적인 생산기지가 되고 있다. 코스메카코리아의 낮은 가동률이나 씨앤씨인터내셔널의 대형 신규 투자를 걱정할 필요가 없다. 실리콘투의 경쟁 심화 우려도 제한적이다. 어차피 혼자 감당할 수 있는 수요가 아니기 때문이다. 일본과 미국은 차치하고, 최근 유럽과 중동으로 화장품 수출이 빠르게 증가하고 있다. 유럽에서는 영국과 폴란드로의 수출이 두드러진다. 모두 실리콘투의 물류센터나 영업 법인이 진출한 지역이다. 일

개 무역 벤더의 사업 여부에 따라 한국과 같은 세계 톱 10 경제 대국의 수출 지표가 달라지고 있을 정도로 수출 파이프라인이 취약하다는 것이고, 동시에 그만큼 현지 수요가 많다는 말이다.

둘째, 한국 화장품의 공급, 즉 유망한 인디 브랜드들도 우리가 생각하는 것보다 훨씬 많다. 한 투자자는 "2024년에 유난히 좋은 브랜드가 많았는데, 그 다음은 뭘 기대할 수 있느냐?"며 의심한다. 코스알엑스, 조선미녀, 아누아, 스킨1004, 티르티르, 달바, 메디큐브 등 정말 대단한 브랜드들이 많다.

우선 이들 브랜드들의 피크아웃Peak out 시기를 좀 더 길게 볼 필요가 있다. 국내 시장이라면 매출 1,000억 원만 넘어가도 중저가 인디 브랜드는 얼추 다 왔다고 평가하곤 했다. 중저가 브랜드는 로열티도 낮으며, 트렌디하고, 제품 하나가 히트 치면 금방 미투 제품도 많이 나오는데, 잇달아 히트 상품을 내놓기는 어렵기 때문이다. 하지만 지금은 다르다. 시장이 글로벌로 확장되면서 기본적인 고객 규모가 달라졌다. 중저가에서도 1조 원 브랜드를 기대할 수 있는 환경이다. 실제로 2025년 에이피알은 1조 원 매출을 목표하고 있다.

아울러 제2의 아누아, 제2의 조선미녀를 꿈꾸고 밤을 새며 일하고 있는 수많은 인디 브랜드 대표들이 있다. 구글 트렌드로 보면 한국 화장품의 유행이 정점을 지난 것처럼 보인다. 실제로 주가도 2024년 6월을 최고점으로 꺾였다. 하지만 전 세계 소비자들의 K뷰티에 대한 관심은 여전히 높은 수준이다. 코스알엑스, 조선미녀는 조회수가 떨어졌지만, 그 사이 리들샷과 메디큐브, 바이오던스에 대한 관심은 가파른 증가세를 보인다. 미미박스의 누니는 립오일, 멜릭서Melixir는 립버터라는 새로운 카테고리를 만들어 내며 아마존 판매 1위에 올랐다. 최근 활발하게 이어지고 있는 M&A는 젊은 창업자들에게 강한 동기부여가 되고 있다. 혁신적인 제품과 도전적인 마케팅 역량으로 무장한 수많은 한국 인디 브랜드가 글로벌 화장품 산업의 프런티어를 향해 달음질하고 있다.

셋째, 한국은 세계 최대/최고 화장품 제조 인프라 보유국이다. 미국에는 중저가 기초에 대한 R&D와 설비가 없다. 일본은 중저가 색조 분야에서 ODM 산업이 없다. 한국에만 특이하게 500명 이상 연구인력을 보유한 ODM 업체가 있다. 최적의 ODM 생산을 위한 원부자재 인프라도 완벽하다. 일본에서는 ODM 업체들이 한국처럼 빠른 생산과 출시를 하려고 해도 이를 뒷받침할 수 있는 원부자재 업체가 없다. 한국콜마 미국 법인 생산 원가가 높은 이유는 인건비보다 원부자재 소싱 비용 때문이다. 제품에 적절한 원부자재가 없기 때문에 멀리서 수입해 오거나 주문 생산을 해야 해서 돈도 시간도 많이 든다. 한국은 원료부터 부자재, ODM 밸류체인상 기업들이 마치 하나의 팀처럼 완벽하게 세팅돼 있다.

한국 인디 브랜드는 늘 새로운 제형과 성분으로 된 신제품을 내놓는다. 습관이 됐다. 새로운 게 아니면 제품이 아니라고 생각한다. 아이패밀리에스씨는 늘 코덕들을 신입사원으로 뽑는다. 학력도 보지 않는다. 면접 때 자신의 화장품 파우치를 열고 각 제품의 구매 동기와 용도를 설명하라고 한다. 이들의 열정은 뜨겁다. 엄마한테 화장품 때문에 꾸중만 들던, 미치도록 화장품을 좋아하기만 한 이들이 화장품으로 돈을 버니 얼마나 기쁘겠는가? 뿐만 아니라 잘하면 자기 아이디어가 고스란히 들어간 신제품도 만들 수 있다. 이때까지 한 번도 이뤄 보지 못한 승리의 역사를 써 내려가기 시작한 이들은 누가 뭐라 하지 않아도 밤을 새며 신제품을 고민한다.

그런 브랜드 상품 기획의 치열함을 다 받아주는 게 한국 ODM 업체들이다. 씨앤씨인터내셔널의 배수아 대표는 이때까지 한 번도 기존에 출시된 제형을 들고 고객을 만난 적이 없다. 설비가 없어도 상관없다. 일단 아이디어가 떠오르고 될 것 같다는 확신이 서면 샘플을 만들어서 영업하고 수주를 따낸다. R사의 신제품 섀도 팔레트는 지금도 일일이 수작업으로 만들고 있다. 자동화 설비는 다음 분기에 들어온다고 한다. 다른 회사가 만들지 못하는 제형에 대한 압축 투자와 연구로 4년 만에 회사 규모를 900억 원에서 2,800억 원(2024년)으로 3배 이상 키웠다.

코스맥스와 한국콜마는 빡빡한 일정과 캐파 부족에도 늘 벤처/인디 브랜드를 위한 '공간'을 마련해 둔다. MOQ^{Minimum Order Quantity}(최소 주문 수량)에 훨씬 못 미치는 3,000개, 심지어 1,000개도 생산해 준다. 식품이나 다른 양산 제조업에서는 어림도 없는 일이다. 1등 업체가 그런 비효율적인 작업을 할 이유가 없다. 하지만 한국 화장품 산업에서는 일상이다.

인디 브랜드의 육성과 지원이 한국 화장품 산업의 지속 발전에 근간이 된다는 근사한 말로 포장될 수도 있지만, 필자가 보기에는 글로벌 선두 기업들의 자신감이고 여유다. 미국에서 당장 돈 안 되는 물리학과 수학에 많은 연구비를 투자하듯, 한국 화장품 ODM 업체들은 당장 돈 안 되는 수많은 인디 브랜드에게 기회를 제공한다. 어떤 브랜드가 또 대박을 터트릴지 모른다. 회사가 커지고 돈이 많으니 보다 긴 안목으로 사업을 진행할 수 있는 것이다. 이런 한국 ODM 업체들의 치열함과 자신감, 그리고 여유 때문에 미국/일본/유럽 ODM 업체들과의 간극은 더 벌어지고 있다.

아울러 한국 ODM 업체들의 막대한 생산 캐파는 화장품의 높은 레버리지 효과를 극대화시키는 요인이다. 2024년 13건의 화장품 기업 M&A가 있었다. 로레알은 닥터지를 인수했고, 마녀공장의 기업가치는 3,700억 원으로 인정받았다. 피델리티가 펌텍코리아 지분을 장내 매수로 5%까지 늘렸다. 이런 활발한 M&A는 K뷰티 산업의 높은 투자 가치를 입증하는 것이며, 동시에 젊은 창업자들에게 강한 동기부여가 될 수 있다. 혁신적인 제품과 도전적인 마케팅 역량으로 무장한 수많은 한국 인디 브랜드가 글로벌 화장품 산업의 프런티어를 향해 달음질할 수 있는 우호적인 환경인 것이다.

이 브랜드들의 피인수 가격을 보면 PSR 2~3배는 기본이다. 마녀공장의 2023년 매출은 1,050억 원에 불과했고, 티르티르의 2023년 매출은 1,550억 원이었다. 이렇게 높은 밸류에이션을 받는 이유는 화장품 브랜드 산업의 높은 레버리지 효과 때문이다. 화장품 매출은 중간이 없다. 제품이 한 번 히트 치면 1년 사이에 매출이 몇백억 원 증가한다. 영업 권역이 아마존과 세계로 확장되면서 그 효과는 더 커졌다.

올해 매출 50억 원인 회사가 내년 매출은 500억 원이 될 수 있다. 이듬해 매출은 1,500억 원 대로 훌쩍 올라설 수도 있다. 아누아, 조선미녀, 스킨1004 등이 모두 이런 경로를 거쳤다. 이런 매출이 가능

■ 표 20. 2024년 주요 화장품 업체 M&A 사례 ■

일자	피인수기업	인수기업	사업영역	인수가액 (억 원)	지분율 (%)	Equity Value (억 원)
2024년 1월	코디	지피클럽	ODM	87	14.6%	596
2024년 2월	스킨이데아 (메디필)	모건스탠리PE	기초 화장품	1,000	67.0%	1,493
2024년 4월	티르티르	구다이글로벌	색조 화장품	1,500	50.0%	3,000
2024년 6월	라카코스메틱스	구다이글로벌	색조 화장품	425	88.0%	483
2024년 8월	어뮤즈	신세계 인터내셔날	색조 화장품	713	100.0%	713
2024년 9월	크레이버코퍼레이션(스킨1004)	구다이글로벌	기초 화장품	3,000억 원대 추정	미공개	미공개
2024년 9월	비앤비코리아	하이트진로	ODM	1,300	100.0%	1,300
2024년 10월	리봄화장품	동국제약	ODM	306	53.7%	570
2024년 11월	삼성메디코스	씨에스홀딩스	ODM	329	100.0%	329
2024년 12월	피에프디	비츠로시스	색조/기초 화장품	80	18.9%	423
2024년 12월	이시스코스메틱	KB PE, 나우IB캐피탈	ODM	900	88.4%	1,018
2024년 12월	고운세상코스메틱(닥터지)	로레알	기초 화장품	미공개	미공개	미공개
2024년 12월	마녀공장	케이앤엘파트너스	기초 화장품	1,900	51.9%	3,700

자료 : 언론 종합, 메리츠증권 리서치센터

한 것은 코스맥스와 한국콜마 등 언제든지 몇십만 개, 몇백만 개씩 생산해 낼 수 있는 글로벌 최대 규모의 생산 캐파, 생산 인프라가 한국에 있기 때문이다. 국내 제조업 위축에 따른 제조 설비 제약이 명확한 식품이나 다른 소비재 산업에서는 불가능한 이야기이다.

모멘텀이 둔화된 게 아니다

대부분의 산업이나 기업은 사선으로 성장하지 않는다. 계단식으로 성장한다. 한 계단 오르면 그 다음 단계까지 일정한 정체 구간이 있다. 어떨 때는 매출이, 어떨 때는 영업이익이 그럴 수 있다. 일반적으로 이익 측면에서 더 그럴 가능성이 크다. 기업의 1차적인 목표는 매출을 올리는 것이기 때문이다. 다음 단계를 위한 사업 구조 개편이나 신규 투자 등 담금질 작업 과정에서 수익성은 잠시 유보될 수 있다. 따라서 펀더멘털이 좋아지는 우수한 기업임에도 불구하고 일시적으로 실적이 부진해 보이는 상황이 펼쳐진다.

첫째, 캐파 증설로 인한 고정비 증가이다. 일반적으로 ODM, 부자재 업체들의 경우 가동률이 크게 상승하면 추가 설비 투자가 나올 수 있다. 풀 캐파에 이르면 설비 투자를 하든 안 하든 비용은 증가하게 된다. 설비 투자를 하면 고정비가 증가하고, 하지 않으면 초과근무수당과 아웃소싱 비용이 증가하게 된다. 영업이익률이 하락하게 된다.

2024년은 ODM/부자재 업체들의 가동률 상승에 의한 가파른 수익성 개선과 풀 캐파 가동에 따른 비용 증가가 동시에 나타난 해이다. 2024년 상반기는 수익성 측면 절정의 시기였다. 한국콜마와 코스맥스 국내 사업 영업이익률이 모두 10%를 훌쩍 넘었다. 2000년 초반 이후 20년 만에 처음 발생한 현상이다. 비정상적이다. ODM 업체들, 특히 상장 업체들은 일반적으로 높은 영업이익률을 좋아하지 않는다. 괜히 바이어들에게 가격 조정 압력만 높아질 뿐이다. 지금의 영업이익률이 계속 이어질 것이라고 생각하면 안 된다. 2024년을 정점으로 조금씩 하락하는 모습을 상정하는 게 바람직하다.

2024년 하반기부터 국내 대부분의 ODM/부자재 업체들이 캐파 증설을 앞두고 있거나 진행 중이다. 비용이 증가하고 있다. 씨앤씨인터내셔널은 3분기에 임대 공장 운영 및 용인 공장 증축 가동으로 고정비 부담이 증가하고 있다. 한국콜마의 계열사인 연우 역시 고객사 증가에 따른 금형 투자 확대 등으로 전년 동기 대비 감익했다. 펌텍코리아는 사출의 70%를 아웃소싱하고 있고, 초과근무수당이 크게 증가하고 있다. 펌텍코리아는 2025년 7월 제4공장의 준공, 가동에 들어간다. 이런 캐파 증설에 의한 수익성 저하를 부정적으로 볼 필요는 없다.

2024년 상반기 ODM/부자재 업체들의 높은 영업이익률은 미처 예상치 못한 엄청난 수주 때문에 발생한 일시적 현상이다. 아무리 업황이 좋아도 중장기 안정 영업이익률은 10% 내외로 보는 게 바람직하다. 실적 개선은 매출 기준으로 봐야지 영업이익률을 기준으로 보면 안 된다. 캐파 증설 이유로 발생한 영업이익률 하락을 '실적 모멘텀이 둔화됐다.'고 평가하면 안 된다.

둘째, 채널 교체 작업이다. 브랜드 론칭 초기에는 온라인 유통에서 자사몰 이외에 여러 중간 벤더의 도움을 받는다. 조금이라도 매출을 올리고 빨리 브랜드를 알리고 싶은 생각에 가격만 맞으면 벤더들에게 제품을 납품한다. 직매입 형태로 벤더에 넘어간 제품은 사실 어느 온라인 채널에서 얼마에 팔리는지 잘 모른다. 수십 개의 오픈마켓과 전문몰에 제품이 오르게 된다. 이건 한국뿐 아니라 일본이나 미국도 마찬가지다. 그러다가 인지도가 오르면 큰 유통 업체에 입점하고자 시도하게 된다. 한국의 경우 올리브영 오프라인이나 쿠팡 1P(로켓배송), 일본의 경우 버라이어티숍이나 드럭스토어 등이다. 이들 대형 유통 업체 MD들은 입점 제안서를 받으면 가격 조사를 시행한다. 문제가 있으면 바로 연락이 온다.

"A제품을 저희한테 소비자가격 2만 원에 제안해 주셨는데, G마켓이나 11번가에서 보니 1만 8,000원에 팔던데 어떻게 된 거죠?"라며 온라인 가격을 정리하고 다시 제안하라고 한다. 처음 제품을 사갔던 벤더는 또 다른 2차 벤더에게 제품을 넘긴 경우도 많고, 그들의 손익도 존중해 줘야 하기 때문에 가격 정리 작업은 6개월에서 1

년까지도 소요된다. 일시적으로 매출이 떨어질 수 있다. 하지만 이런 채널 교체 작업은 사업 규모를 한 단계 올리기 위해서는 반드시 필요하고, 말 그대로 '2보 전진을 위한 1보 후퇴'이다. 2024년 3분기 실적을 보면 브이티와 클리오의 일본 온라인 매출이 모두 감소했다. 오프라인 진출을 위한 가격 통제의 일환이라고 설명했다. 이런 이유로 발생한 온라인 매출 감소를 '실적 모멘텀이 둔화됐다.'고 평가하면 안 된다.

셋째, 초도 매출이다. 브랜드 인지도가 올라가면 여러 유통 업체에서 입점 제안이 온다. 행복한 순간이다. 화장품 인디 브랜드 입장에서는 일본의 드럭스토어 1위 웰시아, 미국의 최대 화장품 유통 업체 얼타뷰티로부터 입점 제안을 받는 게 가장 기쁜 순간이 아닐까? 이들 유통 업체들의 큰 규모만큼 초도 발주량도 상당히 클 것이다. 일본 돈키호테 점포 470여 개, 로손 1만 4,600여 개 점포에 동시에 깔린다고 하면 얼마나 매출 규모가 크겠는가? 하지만 그 이후 발생하는 매출은 재고 확충을 위한 발주에 의한 것이기 때문에 초도 발주에 비해 현저히 작을 수밖에 없다. 초도 매출의 1/4~1/5에 그칠 수 있다. 아이패밀리에스씨의 2024년 2분기 실적이 1분기 대비해 크게 떨어진 이유이다. 이런 이유로 발생한 해당 유통 업체로의 매출 감소를 '실적 모멘텀이 둔화됐다.'고 평가하면 안 된다.

반드시 기억해야 할
3가지 투자 원칙

유통과 브랜드는 적정 PER가 다르다

글로벌 모멘텀의 확대로 각 밸류체인 대표 업체들, 즉 펌텍코리아부터 코스맥스, 브이티, 올리브영, 실리콘투까지 실적 개선세가 눈부시다. 모두들 EPS 증가율이 YoY 20%를 훌쩍 뛰어넘고 있다. 하지만 이들 업체들의 현재 PER는 제각각이다. 실리콘투의 향후 3년 연평균 예상 EPS 성장률이 20%에 달하고, 시장 점유율도 절대적인데 코스맥스나 브이티보다 낮은 PER를 적용받고 있다고 의아해하는 투자자들이 있다.

한국 투자자들은 소비재 투자에 낯설다. 미국이나 유럽에 비해 소비재 업체, 특히 브랜드 업체들은 상장도 돼 있지 않고, 시가총액 비중도 낮다. 한국 투자자들은 주로 조선/자동차/화학, 또는 IT와 같은 전통적인 제조업 투자에 익숙하다. 하지만 K컬처 확산과 함께 소비재 비중은 계속 올라갈 것이다. 중장기적으로 컨슈머 투자를 제대로 하기 위해서는 브랜드 비즈니스에 대한 이해가 반드시 필요하다.

PER의 다양한 얼굴

먼저 현재 주식 시장에서 통용되고 있는 PER(또는 PBR)의 정의에 대해서 생각해 봐야 한다. PER는 여러 의미를 포함하고 있다. 단순히 주가를 EPS로 나눈 비율이 아니다. 주식 시장에서는 왜 PER만 보냐고 의아해할 수 있다. 감가상각비 등으로 실적 변동성이 큰 장치 산업 같은 경우에는 PBR보다 EV/EBITDA를 사용하는 게 더 정확할 수 있고, DCF(현금흐름할인법)와 RIM(잔여이익모델)처럼 절대 기업가치를 반영한 밸류에이션 방법도 있는데 말이다.

첫째, 가장 편하기 때문이다. EPS와 주가만 알면 바로 밸류에이션이 나와 어느 주식이 더 싸고, 비싼지 비교하기 편하다.

둘째, 더 중요한 이유는 밸류에이션을 하는 사람의 자의적 요소가 배제되기 때문이다. 예를 들어 DCF로 적정 기업가치가 얼마 나왔다고 하면 그 분석가한테 물어봐야 할 게 많다. 리스크 프리 이자율은 얼마로 했는지, 리스크 프리미엄과 터미널 성장률은 얼마로 했는지…. 그리고 긴 미래를 전망해야 한다. 향후 5~6년 Capex(자본적 지출) 계획을 정확히 알아야 한다.

따라서 DCF는 본인이 이 기업을 인수하고자 할 때 M&A를 위해 실사할 수 있다면 가장 적확한 밸류에이션 모델일 수 있다. 하지만 정보가 제한적이고, 더구나 다른 사람에게 투자를 권유하는 입장이라면 상대방을 설득하기에 상당히 어려운 대안이다. 밸류에이션에 사용되는 여러 요소가 자의적으로 비칠 수 있기 때문이다. 한마디로 내가 하면 제일 정확하지만 남이 하면 가장 믿기 힘든 밸류에이션 방법이다. 반면 PER는 팩트만 알면 된다. Trailing PER(이전 1년 기준)는 사업보고서를 보면 바로 알 수 있다(PER=현재주가/2024년 EPS). Forward PER(향후 1년 기준)는 가이던스나 컨센서스가 있다. 그렇게 산출된 PER는 정확한 지표이다. 그게 싼지 비싼지는 투자자들이 알아서 판단하면 된다.

그럼 DCF와 PER는 별개일까? 필자가 신입사원 면접에서 자주 물어보는 질문 가운데 하나인데, 그렇지 않다. DCF와 PER는 긴밀하게 연결돼 있다. 본인이 알아낼 수 있는 모든 지표를 다 넣고 IR 담당자와 긴밀하게 소통하며 DCF 모델로 적정 기업가치를 구한다고 해 보자. 예를 들어 10조 원이 산출됐다면, 그 10조 원을 기업의 당기순이익으로 나눈 값이 적정 PER가 된다. 순서만 바뀐 것이다.

PER 밸류에이션 방식은 ① 실적 추정을 한 후, ② 여러 가지 할증/할인 요인을 적용해서 적정 PER를 구하고, ③ 그 PER에 당기순이익을 곱해서 적정 시가총액을 구한다. 반면 DCF를 활용한 PER는 ① 실적 추정을 통해, ② 미래 현금흐름을 할인하고 더하는 방식으로 적정 시가총액을 구한 후, ③ 당기순이익으로 나눈다.

그런데 놀랍게도 시장은 굉장히 합리적이어서, 대체로 첫 번째 방식으로 구한 적정 시가총액이 DCF 방식으로 산출한 적정 시가총액과 유사한 경우가 많다. 또한 DCF 방식으로 구한 적정 PER가 주식 시장에서 통용되는 적정 PER와 근사치를 보이는 경우가 많다. PER가 상당히 많은 것을 함축해서 반영하고 있다는 말이다. 예를 들어 이 회사의 실적 가시성이 떨어지거나 재무적인 문제가 있다면 DCF에 적용되는 할인율에 추가적인 리스크 프리미엄이 붙게 될 것이다. 또 시장의 성장 여력이 크다면 터미널 성장률이 높아질 것이다. PER를 적용할 때도 마찬가지다. 재무 구조, 시장 성장 여력, 시장 점유율, 실적 가시성, 심지어 배당성향까지 할증과 할인 요인이 된다.

마치 택시 운전기사가 운전을 하면서 좌우 전후 차량들의 움직임, 도로 상태, 신호등 등을 순식간에 복합적으로 파악하고 분석하면서 안전 운전을 하듯이, 주식 시장 역시 수많은 변수를 순식간에 종합 적용해 기업별로 차별적인 PER를 적용한다는 말이다. 예를 들어 코스맥스의 경우 부실매출채권 문제가 불거지면서 주가가 급락했는데, 실적 추정치보다 향후 실적에 대한 불확실성이 적정 PER를 떨어뜨렸기 때문이다.

참고로 밸류에이션을 할 때 적정주가/EPS/DPS보다는 적정시가총액/당기순이익/순자산 등 총액 개념으로 분석하는 게 더 편하다. 주당 가치는 주식 수가 변하면 기업가치가 변하지 않아도 바뀔 수 있어서 번거롭기 때문이다.

브랜드 업체들이 높은 밸류에이션을 받는 이유

아모레퍼시픽은 실적이 하락하는 것만큼 주가가 떨어지지 않는다. PER는 20배 이상을 유지하고 있다. 에스티 로더와 로레알은 향후 3년 연평균 EPS 성장률이 15%밖에 안 돼도 PER는 20배를 넘곤 한다. 동일 기준 EPS 성장률이 20%가 넘는 실리콘투 투자자 입장에서 보면 참 억울한 일이다. 브랜드 업체들이 상대적으로 유통 업체들 대비 높은 밸류에이션을 적용받는 경우가 많다. 이는 브랜드 업체와 유통 업체들 사이에 근본적인 진입 장벽 차이 때문이다. 좀 더 적나라하게 말하면 '돈으로 브랜드력 또는 유통력을 살 수 있느냐?'의 문제이다.

브랜드력에 대한 이해는 화장품 산업을 분석하는 데 가장 기초적인 것이므로 좀 더 자세히 들어가 보자. 브랜드 업체들은 브랜드력이 모든 것을 설명한다. 브랜드력은 전방산업이라고 할 수 있는 유통 업체와 후방산업인 ODM 업체에 대한 협상력의 원천으로 ODM 업체와 유통 업체에 대한 수수료를 최대한 낮출 수 있다. 또 소비자에게는 높은 브랜드 로열티를 형성하여 가격에 대한 소비의 비탄력성으로 자유로운 ASP 상승과 높은 수익성을 도모할 수 있다.

물론 브랜드력은 높은 제품 퀄리티를 전제로 한다. 일반적으로 브랜드 업체들이 자체적인 생산 시설을 갖는 경우는 많지 않다. 특수한 제조 공법을 보유한 세탁/주방세제(LG생활건강, 애경산업), 주방

용품(락앤락), 식품(오리온, 농심)의 경우는 예외이다. 화장품의 경우 성분의 배합이나 처방전이 막대한 R&D 산물일 경우 자체적인 생산 시설을 갖추고 있다. 그러나 설화수나 후 등 일부 프리스티지/럭셔리 제품에 한정된다. 원브랜드숍을 포함한 대부분 중저가 매스 브랜드 제품들은 대체로 한국콜마와 코스맥스 같은 ODM 업체에서 생산되는 경우가 많다.

이러한 차이는 주가 측면에서 메이저 화장품 업체와 중저가 인디 브랜드 업체의 밸류에이션 격차를 형성한다. 프리스티지/럭셔리 시장은 자체적인 대규모 생산 시설과 R&D 센터, 특허와 유통망을 확보하고 있기 때문에 진입 장벽이 대단히 높다. 반면 중저가 매스 시장은 자본과 아이디어만 있으면 언제든지 시장 진입이 가능하기 때문에 밸류에이션이 낮다. 같은 브랜드 업체라도 아모레퍼시픽과 클리오의 밸류에이션 격차가 PER 기준 10배 가까이 발생하는 이유이기도 하다. 연간 1,000억 원 이상을 R&D로 쏟아 붓는 아모레퍼시픽이나 LG생활건강의 기술력을 중저가 브랜드 업체와 동일 선상에 두고 본다는 가정은 무리일 것이다.

의류/패션 업체의 밸류에이션과 진입 장벽이 낮은 이유도 여기에 있다. 의류/패션 업체는 대체로 디자인과 유통을 담당하고, 생산은 아웃소싱한다. 화장품과 달리 패션 업체는 디자인이 상품 가치를 판가름하는 핵심 요소이기 때문에 생산 시설까지 내재화하는 경우가 많지 않다. 즉 매스 화장품 시장처럼 디자인과 마케팅 역량만 갖고 있으면 누구든지 진출할 수 있다. 더구나 브랜드력이 특별하지 않거나 단일 브랜드에 크게 의존하고 있다면 회사의 존망이 어떻게 될지 모르는 불확실한 시장이다. 그래서 유난히 의류/패션 업체의 흥망과 교체가 빠르게 나타나는 것일 수 있다.

브랜드력이란 유통업이나 ODM 업체보다 좀 더 복잡한 소비자들의 선호도와 트렌드를 포괄하고 있기 때문에 단순히 돈을 쏟아붓는다고, 즉 마케팅비를 확대한다고 형성되는 것이 아니다. 거기에는 우연도 있고 역사도 있다. 샤넬, 에스티 로더, LG생활건강의 후 역시 자기만의 이야기가 브랜드력을 키우는 데 크게 일조했다.

브랜드력은 그런 무형의 자산들이 쌓이면서 견고한 성처럼 지속력을 갖는다. 브랜드력은 아이디어의 산물이므로 특별한 규모를 요구하지 않지만 경쟁이 아주 치열하다. 따라서 신규 브랜드가 시장에서 일정 규모 이상으로 성공하기란 대단히 힘들며, 특정 브랜드가 이미 시장을 강하게 선점한 상황에서는 더욱 그렇다. 반면 살아남아 높은 브랜드력을 확보한 업체는 높은 수익성으로 시장을 독식하게 된다. 브랜드력이 확보된 이후에는 브랜드 로열티의 상승으로 가파른 수익성 제고가 가능하다. 기술력과 디자인력이 막대한 부가가치를 창출하면서 원가율을 낮추고 수익성을 개선시킨다.

소비 밸류체인상에서 브랜드 업체들의 수익성 개선 방향성은 크게 3가지로 나타난다.

첫째, 유통 업체에 대해서는 협상력이 상승하면서 판매수수료가 하락한다. 일반적인 패션 상품의 백화점 판매수수료가 30% 이상인 데 비해 명품이나 글로벌 SPAS(자사 상표 의류 판매점)의 백화점 판매수수료는 10% 내외로 알려져 있다. 백화점은 판매수수료를 낮춰주는 대신 높은 집객력에 의한 외부 효과와 안정된 이익 증가를 기대할 수 있다. 그래서 명품은 항상 백화점 1층에 위치한다.

둘째, ODM 업체에 대해서는 납품 가격을 낮추면서 수익성을 제고한다. 국내 톱 화장품 브랜드들에 대한 ODM 업체 마진은 거의 0%에 가까운 것으로 알려져 있다. 코스맥스 상하이 법인의 경우 바이췌링의 생산 초기에는 마진이 높았지만, 점점 바이췌링의 브랜드력이 높아지고 물량이 증가하면서 영업이익률이 하락한 바 있다. 대신 ODM 업체들은 높은 평판을 얻게 되고 신규 수주 및 사업 규모 확대를 기대할 수 있다.

셋째, 소비자들에 대해서는 낮은 가격 탄력성으로 수익성을 제고한다. 소비의 가격 탄력성이 낮다는 말은 가격을 올려도 소비가 계속 유지되거나 증가한다는 말이다. 해당 제품의 브랜드력을 판단하는 중요한 기준이다. 2021년 아모레퍼시픽이 중국에서 설화수 가격대를 윤조에서 자음생 라인으로 올렸음에도 설화수의 소비량은 줄지 않았고, 덕분에 설화수 매출은 전년 대비 30% 가까이 성장하면서 고무적인 평가를 받은 바 있다.

가격 탄력성이 낮을 경우 일정 기간 이후 리뉴얼 신제품에 대해 비용 대비 높은 가격 인상으로 영업이익률을 지속적으로 올릴 수 있다. 소비자들은 양질의 퀄리티와 디자인에 대한 만족감은 물론 명품 소비의 자부심을 향유할 수 있다. 이러한 고객 로열티를 기반으로 한 높은 진입 장벽은 수익성 제고와 사업의 연속성을 확보하면서 글로벌 브랜드 업체들의 높은 밸류에이션을 정당화시킨다.

아울러 브랜드는 변곡점이 없다는 점도 밸류에이션 측면 프리미엄 요인이다. 소재/산업재와 소비재는 산업 구조가 근본적으로 다르다. 철강/조선/화학은 큰 변곡점이 존재한다. 대규모 투자와 수요의 사이클이기 때문에 업사이클과 다운사이클이 크고 주기도 길다. 예를 들어 조선 업종은 중국 경제의 고신장과 글로벌 물동량 증가로 2010년까지 수요가 크게 증가했지만, 이후 10년 동안 수요 부족으로 부진을 이어 갔다. 그래서 소재/산업재에 대한 투자는 항상 사이클의 피크아웃을 고민해야 한다.

반면 소비재는 특별한 변곡점이 존재하지 않는다. 단기적인 경기 변동은 작용할 수 있지만 소재/산업재처럼 빅 사이클은 없다. 대체로 국가의 경제 구조가 투자에서 소비로 이동하는 경향이 있는데, 소비 다음에도 역시 소비이기 때문이다. 소비 → 기업의 이익 증가 → 투자 확대 → 임금 상승 → 고용 증가 → 가계수입 증가 → 소비의 선순환이 작동한다. 그래서 미국이나 일본처럼 내수 비중이 높은 나라는 경기 회복이 소비에서 시작한다. 이러한 선순환 구조 때문에 GDP에서 소비 비중이 상승하기 시작하면 중장기적으로 소비 비중은 계속 올라간다.

투자 관점에서 소재/산업재와 소비재의 차이점은 해당 산업의 기본적 성질과 일치한다. 소재/산업재가 국가 경제의 투자 사이클에 근거한 투자라면, 소비재는 소비 패턴 변화, 브랜드력에 대한 투자이다. 그래서 소재/산업재는 섹터에 대한 전망이 중요하지만 소비재는 마이크로적인 개별 기업 경쟁력이 중요하다. 매크로 지표에 의한 피크아웃을 고민하기보다 회사의 펀더멘털에 주의를 기울여야 한다.

예를 들어 로레알과 에스티 로더의 실적을 보면 단기적인 부침은 있었지만 결국 매출이 계단식 증가를 지속하고 있다. 소재/산업재 섹터의 포스코나 현대중공업과는 사뭇 다른 모습이다. 소비의 안정성에 기반을 둔 브랜드 사업의 연속성을 말해 주는 것이다. 또한 업종 내 업체들의 실적이 같은 방향으로 가지 않는다. 아모레퍼시픽과 에이블씨엔씨, 한섬과 LF의 실적과 주가는 제각각이다. 소재/산업재들이 대체로 같은 방향으로 실적과 주가가 움직이는 반면, 소비재 업체들은 개별적인 브랜드력에 따라 부상하는 업체와 사라지는 업체가 있기 때문이다.

결국 브랜드력은 무형자산이며 진입 장벽이다. 가성비를 넘어서는, 가격에 대해 비탄력적인 요인들이 포함되어 있다. 루이비통 가방과 설화수/후에 대해 가성비를 계산하기 쉽지 않다. 눈에 보이지 않는 심리적 만족도가 소비에 크게 작용하기 때문이다. 브랜드는 품질(가성비) 이외에 플러스알파가 존재한다. 가격으로 따질 수 없는 로열티이다. 그건 우연한 사건이나 막연한 이미지, 긴 역사 또는 이벤트에 의해 형성된 것이다. 이런 무형의 가치가 '소프트파워'이다. 소프트파워의 진입 장벽은 기술력과 가성비에 기반을 둔 하드파워보다 훨씬 높다.

이는 자동차나 휴대폰처럼 엔진의 성능이나 CPU 속도 등 주로 가성비를 구매 기준으로 하는 소비재와 다른 면이다. 가성비를 중요시하는 소비재 업체들의 밸류에이션은 매출 성장률이 떨어지면 밸류에이션도 낮아진다. 언제든지 우수한 제품과 기업이 나오면 자리를 내줘야 할 만큼 기본적인 진입 장벽이 낮기 때문이다. 중국 휴대폰 시장 1위는 삼성에서 샤오미, 지금은 화웨이로 교체됐다. IT는 늘 새로운 기술이 나오기 때문에 당장 내년에 경쟁이 어떻게 될지 모른다.

하지만 화장품 브랜드는 한 번 럭셔리 반열에 오르면 웬만해서는 흔들리지 않는다. 스마트폰은 스펙에 따라 구매가 언제든지 달라질 수 있지만, 화장품은 그 제품이 한 번 내 피부에 맞으면, 특히 기초의 경우에는 가격이 좀 오르더라도 재구매율이 굉장히 높다. 소비 행위가 브랜드 로열티가 중심인지, 가성비(스펙) 중심인지 검증하는 방법은 간단하다. 제품을 구매할 때 '사양'을 자세히 보면 가성비 기반 소비이다. 아무리 갤럭시S라도 CPU 속도와 메모리 용량이 얼마인지는 철저히 확인한다. 하지만 화장품을 살 때 제품을 뒤집어 '성분'을 꼼꼼하게 살펴보는 소비자는 거의 없다. 삼성전자가 비약적인 성장에도 불구하고 항상 PER가 낮은 이유가 여기에 있다.

주가 측면에서 '실적 가시성'과 '사업의 연속성'이 높을수록 PER가 높다. 중저가 브랜드인 브이티보다 로레알의 실적 가시성이 높다. 따라서 기업가치평가를 할 때 브이티의 실적은 향후 5년치를 현재 가치로 할인 반영한다면, 로레알은 20년치를 반영할 수도 있다. 브이티의 실적 개선 폭이 크더라도 PER는 로레알이 높게 된다.

글로벌 화장품/패션 브랜드 업체들의 핵심적인 밸류에이션 프리미엄 요인이다. 소비재는 각 카테고리가 얼마나 가성비 또는 브랜드 로열티를 추구하느냐에 따라 실적의 연속성과 가시성, 즉 밸류에이션이 달라진다. IT와 자동차는 퍼스널 케어 생활용품보다 높은 가성비를, 화장품은 생활용품보다 높은 브랜드 로열티를 추구한다. 그래서 삼성전자나 현대차보다 P&G나 유니레버가, P&G나 유니레버보다 에스티 로더와 로레알이 높은 밸류에이션을 보인다.

유통 업체들의 밸류에이션이 낮은 이유

고 이건희 회장은 '유통업의 본질은 부동산이다.'라고 정의했다. 기본적으로 고객 동선과 유동인구를 얼마나 잘 파악해서 점포를 여느냐가 핵심 관건이다. 입지의 중요성이다. 이마트를 좋아한다고 해도 집 바로 옆에 롯데마트가 있으면 롯데마트를 가게 된다. 이마트와 롯데마트의 상품 구색에 큰 차이가 없기 때문에 이동의 편의성이 중요한 기준이 될 수밖에 없다. 전술한 바와 같이 브랜드는 돈을 쏟아 붓는다고 브랜드력이 올라가는 게 아니지만, 유통은 돈으로 일정 부분 시장 점유율을 확보할 수 있다. 그게 점포 오픈이든, 할인이든 브랜드보다 자본으로 해결되는 부분이 훨씬 많다.

과거 IMF 사태 이후 1990년대 말부터 10년 동안 이마트가 대형마트 시장을 그야말로 씹어 먹었다. 연간 10개 이상 점포를 늘리면서 매출 증가율은 20%를 넘었다. 하지만 그때도 이마트(당시 회사명은 '신세계'로 이마트와 신세계 분리 전이었다.)의 밸류에이션은 PER 15배를 넘지 않았다. 롯데쇼핑이 치고 들어오지 않을까 하는 불안감 때문이다. 실제로 2010년 롯데쇼핑은 GS마트 14개를 인수하면서 빠르게 점포 수를 늘렸고 경쟁은 심화되었다.

실리콘투가 지금 한국 화장품의 수출과 글로벌 전개에서 상당한 비중을 차지하고 있지만, 유통 업체라는 측면에서 보면 진입 장벽이 높다고 말하기 힘들다. 실리콘투는 '중간 상인'이다. 어찌 보면 가장 진입 장벽이 낮은 유통업이다. 로레알이나 LVMH 같은 브랜드 업체처럼 소비자에게 브랜드 로열티가 형성돼 있는 것도 아니다. 쿠팡이나 아마존 같은 온라인 유통 업체처럼 절대적인 시장 점유율과 경쟁자들이 따라갈 수 없는 막강한 물류 인프라가 있는 것도 아니다.

실리콘투는 유통 업체로서 그렇게 큰 회사는 아니다. 유통업은 전통적으로 대기업의 영역이었다. 그만큼 투자비가 많이 들어가기 때문이다. 현재 실리콘투가 자랑하고 있는 갖가지 핵심 역량, 즉 글로벌 물류센터와 직매입 구조, MD 능력과 바잉파워, 글로벌 네트워크는 마음만 먹으면 국내 유통 대기업들이 '돈'으로 가져오거나 따라 잡을 수 있는 것들이다. 쉽지 않겠지만 냉철하게 보면 그렇다. 바잉파워와 MD 능력은 올리브영이 더 앞서 있다고 볼 수 있다. 그걸 해외 무역 벤더로 활용하지 않을 뿐이다.

브랜드의 가치는 돈으로 이동되지 않는다. 예를 들어 에스티 로더의 브랜드 본부장이 NYX로 이직한다고 해서 에스티 로더 브랜드나 고객이 NYX로 이동하는 것은 아니다. 하지만 올리브영이 마음

먹고 실리콘투의 해외 사업 본부장을 거액에 영입한다면 그와 함께 상당히 많은 고객사가 올리브영으로 이동할 수 있다. 그게 영업 직원들의 가장 큰 자산이기도 하다. 물론 올리브영이 현재 무역 벤더 시장에 진입할 가능성은 낮고 사업 방향도 다르게 가고 있다. 다만 투자자 입장에서 분명히 알아 둬야 할 점은 실리콘투는 유통 업체라는 점이며, 유통업의 본질 상 EPS 증가율이 높더라도 밸류에이션은 높게 적용하기 힘들다는 것이다.

이익보다 매출이 중요하다

회사를 평가할 때 매출과 이익 중에서 뭐가 더 중요할까? 물론 매출 규모도 크고 수익성도 좋다면 금상첨화이다. 하지만 그런 경우는 독점적 기업이 아니라면 보기 드물다. 투자 측면에서도 그렇고 실제 경영 측면에서도 마찬가지로 매출이 훨씬 중요하다. 매출 규모가 1,000억 원이고, 영업이익이 50억 원인 회사 A와 매출 규모가 500억 원이고, 영업이익이 100억 원인 회사 B가 있다고 하자. 다른 조건이 같다는 전제하에 두 회사 가운데 어디가 좋은 회사냐고 묻는다면 고민 없이 A회사를 선택할 것이다. 물론 사업과 투자의 최종 목표는 이익이다. 그래야 현금이 많아지고 배당도 많이 받을 수 있다. 하지만 사업도 미래를 보고 하는 것이고, 투자도 미래를 보고 하는 것이다. 미래에 어느 회사가 더 이익을 많이 낼 수 있을까를 생각해 보면 A회사의 가능성이 더 크다는 말이다.

두 회사가 같은 산업이라고 한다면 시장 점유율이 2배 차이가 난다. 산업 내 지위나 인력의 구성, 카테고리의 다양성, 생산 인프라 측면에서 큰 차이가 있을 것이다. 일단 매출이 커져야 할 수 있는 게 많아진다. 거래처들은 우리 회사의 수익이 얼마인지 모른다. 사실 관심도 없다. 우리 회사의 규모와 카테고리 경쟁력, 즉 얼마나 많은 채널에서 다양한 상품을 많이 팔고 있는지가 훨씬 중요하다. 매출이 커져야 거래처와 협상력이 좋아지고, 마케팅 여력도 더 증가하며, 생산 측면에서 규모의 경제도 이룰 수 있다.

매출 1,000억 원인 회사의 영업이익률을 5%에서 10%로 올리는 것보다 매출 500억 원인 회사 매출을 1,000억 원으로 올리는 게 훨씬 힘들다. 매출 1,000억 원인 회사의 수익성 개선은 어쩌면 선택일 수 있다. 마케팅비를 조금 줄이고, 가격을 조금 올리면 영업이익률을 2~3%p 상승시키는 것은 무리가 아니다. 하지만 매출 500억 원인 회사가 연간 수익 100억 원을 꼬박꼬박 재투자한다고 해도 매출 규모가 2배 이상 늘어나지 않는다. 그 가시성이 훨씬 떨어진다. 업황도 좋아야 하고, 신상품도 개발해야 하고, 그 신상품이 히트를 쳐야 하고, 새로운 사업을 해야 하고, 새로운 채널을 뚫어야 한다. 무에서 유를 창조하는 과정이다.

투자 관점에서 볼 때 A회사와 B회사 똑같이 PER 10배를 적용하면, 영업이익과 당기순이익이 다르지 않다는 가정을 하면 대충 A회사의 시가총액은 500억 원, B회사는 1,000억 원이 될 것이다. 매출 규모와 반대로 B회사가 더 큰 시가총액 기업이 된다. A회사의 성장이 정체됐다면 PER는 5배 이하로 떨어질 수도 있다. 그럼 A회사 시가총액은 250억 원이 된다. 주식 시장에 이런 회사가 많이 있다. PER 5배 이하, PBR 0.5배 이하 종목이 허다하다.

필자가 주의해서 보는 것은 B회사의 시가총액이다. 매출 규모는 500억 원인데, 시가총액은 1,000억 원이다. 시가총액 1,000억 원이 의미하는 게 뭘까? 일반적으로 상대적 밸류에이션 툴로 PER와 PBR를 사용한다. KOSPI 평균 PER(12MF MSCI 기준)는 10배 초반이다. PER를 이자율의 역수라고 한다. 내가 주식을 1만 원에 샀다면, 즉 투자했다면 10% 이자를 기대한다는 말이다. KOSPI 평균 PBR는 1배 내외이다. PER 10배, PBR 1배라고 하면 ROE 10%를 의미한다. 자본수익률 10%, 내 돈에 대한 투자수익률이 10% 정도는 나와야 기회비용이나 리스크를 감안했을 때 의미가 있다는 말을 대변하는 숫자이다.

주식 투자의 적정 PSR는 1배를 기준으로 사용하곤 한다(실제 한국 주식 시장의 12MF PSR는 0.7배이다). 매출과 시가총액이 유사해야 한다는 말이다. 실제로 그런 회사가 많다. 그럼 왜 평균 PBR와 PSR가 1일까? 즉 순자산과 매출과 시가총액이 같을까?

① 내 돈 Book Value을 은행에 넣어 둔다고 하면 무위험수익률은 3% 정도이다. 사업이나 투자를 하게 되면 리스크가 있으므로 기대수익률은 무조건 3% 이상이다.

② 부동산 투자를 하면 내 돈이 고스란히 부동산 가격이 된다. 임

대수익률이 최소 은행 이자율 3% 이상은 나와야 한다. 한국 부동산의 리스크 프리미엄은 대단히 낮다. 부동산 가격 상승 여지를 두고 있어서인지 주택의 임대수익률(월세)은 3% 내외이다.

③ 사업을 하게 되면 내 돈은 뭐로 바뀔까? 원료비, 가공비, 임금, 임차료 등으로 바뀌고, 그게 고스란히 매출로 종합된다. 즉 내 돈은 매출이 된다. 수익이 3% 이상 나와야 한다. 리스크 프리미엄을 감안하면 마진이 10% 정도는 되어야 사업하는 의미가 있는 것이다.

④ 주식 투자를 하게 되면 내 돈은 뭐로 바뀔까? 주가로 바뀐다. 즉 시가총액이다. 연간 3% 이상은 수익이 나와야 한다. 리스크 프리미엄을 감안하면 10% 정도는 연간 주가가 상승해야 주식 투자 의미가 있는 것이다. ①=③=④ 원리 때문에 KOSPI 순자산과 매출, 그리고 시가총액이 비슷한 것이다. 신기하게도 KOPSI 시가총액은 우리나라 GDP 규모와 유사하다. 2023년 한국의 명목 GDP는 2,401조 원, 2024년 1월 기준 KOSPI+KOSDAQ 시가총액은 약 2,500조 원 정도이다. PSR 1배이다.

이 기준에서 크게 벗어나는 회사가 있다면 특별한 이유를 찾아야 한다. 그 이유가 합리적이지 않다면 매우 저평가 또는 고평가돼 있는 것이다. 매출 규모보다 시가총액이 대단히 크다면 성장성에 굉장히 초점이 많이 맞춰져 있다는 말이므로 주의해야 한다. 매출 규모 대비 시가총액이 2~3배에 이른다면 향후 10년 내에 회사가 2~3배로 커진다는 가능성을 선반영하고 있다는 말이다. 실제로 그 정도 성장 여력을 갖고 있는 회사는 많지 않다. 특히 화장품이나 패션 브랜드처럼 진입 장벽이 낮고 경쟁이 치열한 시장에서는 더욱 그렇다.

물론 화장품은 레버리지가 상당히 크기 때문에 올해 매출 50억 원인 회사가 내년 매출은 500억 원이 될 수 있다. 이듬해 매출은 1,500원 대로 훌쩍 올라설 수도 있다. 그래서 최근 한국 인디 브랜드 시장 M&A 가격은 PSR 2~3배가 기본이다. 여기서 주의해야 할 점은 절대적인 매출 규모이다. 매출 100억 원에서 500억 원 규모로 기업이 커지는 것은 5배로 외형이 성장한 것이지만 절대적인 매출 규모는 400억 원 증가한 것이다. 반면 매출 5,000억 원에서 1조 원 규모로 기업이 커지는 것은 외형이 2배 성장한 것이지만 절대적인 매출 규모는 5,000억 원이나 증가한 것이다.

글로벌 시장으로 사업 영역이 확장되면서 한국 인디 브랜드들이 도달할 수 있는 매출의 규모가 크게 올라간 것이 사실이다. 그래서 적정 PSR 지표는 새로운 균형점을 찾고 있다. 인디 브랜드 업체들의 적정 PSR는 얼마로 봐야 할까? 그건 인디 브랜드 업체가 최종적으로 도달할 수 있는 매출액 상단을 기준으로 어렴풋이 찾을 수 있다. 예를 들어 해당 인디 브랜드 현재 매출 규모가 3,000억 원이고, 향후 10년 안에 도달할 수 있는 매출 규모가 6,000억 원이라면 PSR를 2배 가까이 적용할 수 있다. 만일 10년 안에 1조 원을 도달할 수 있다고 믿는다면 3배 이상도 가능할 것이다.

즉 PSR 밸류에이션에서 중요한 기준은 해당 업종에서 한 기업이 도달할 수 있는 중장기 매출 규모라고 할 수 있다. 최근 한국 인디 브랜드 업체들이 높은 PSR로 M&A되는 이유는 K뷰티 인디 브랜드들의 '성숙기'에 대한 기준이 달라졌기 때문이다. 과거에는 3,000억 원 정도를 성숙기 매출로 봤다면 지금은 1조 원까지도 기대하고 있는 듯하다. 이는 물론 한국 인디 브랜드들이 글로벌로 뻗어 나가면서 사업 규모의 상단을 크게 열어 젖혔기 때문이다. 매출 2,000억 원의 유망한 인디 브랜드의 기업가치가 글로벌 모멘텀 전에는 PSR 1.5배였지만 지금은 PSR 5배도 될 수 있다.

오버슈팅과 언더슈팅, 그리고 가치투자

필자의 한 블로그 이웃이 댓글을 달았다. 대표 화장품 용기 업체에 투자를 했는데, 많이 사고 나니 주가가 계속 떨어져서 혹시 개인투자자가 알지 못하는 정보를 기관투자자가 먼저 알고 매도하는 것은 아닌지 불안감이 크다고 했다. 2024년 하반기에 적지 않은 화장품 투자자들이 비슷한 걱정을 했을 것 같다. 내가 모르는 뭔가 있는 게 아닐까? 물론 그럴 수도 있다.

대부분의 경우 중장기적으로 주가는 실적과 동행한다. 하지만 단기적으로 주가는 여러 다양한 변수에 의해 움직인다. 주식 투자가 어려운 이유는 그런 여러 변수가 각각 어떻게 변할지 모르고, 어떻게 영향을 주면서 주가를 변동시키는지 명확하게 알지 못하기 때문이다. 따라서 합리적인 투자의 기본 가운데 하나는 기업의 펀더멘털 훼손 요인과 그렇지 못한 요인을 구분하면서 현재 주가의 위치와 방향을 객관적으로 규정하는 것이다.

기본으로 돌아가 보자. 주가는 크게 3가지 지표에 의해 움직인다. 매크로 지표(환율과 이자율, 고용과 소비심리 등), 산업지표(화장품 수출 또는 소매 판매), 마이크로 지표(개별 업체의 실적과 설비 투자 계획 등)이다. 당장 실적이 안 좋아도 매크로 지표가 좋을 때는 국내외 주식 투자 수요가 증가하면서 주가가 상승한다. 미래 경제를 가장 먼저 선반영하는 게 주식 시장이기에 그렇다. 지금 실적이 좋지 않지만 고용과 소비가 늘면 기업들의 실적이 좋아질 것이라는 기대 때문이다. 산업 업황이 좋으면 업체들의 실적이 좋지 않아도 주가가 오르는 경우가 많다. 대미국 화장품 수출이 엄청나게 증가하고 한국 화장품에 대한 글로벌 인지도가 높아지고 있다면, 업황 개선의 온기가 결국 후발 주자들인 중소 업체들에게도 전해지지 않을까 하는 기대감 때문이다.

실제로 2024년 2분기 실적을 보면 제닉이나 한국화장품제조, 현대바이오랜드와 같은 잠시 잊고 지냈던 업체들의 실적까지 어닝서프라이즈를 기록하면서 주가가 급등했다. 이런 해당 업종의 중소형 업체들의 주가는 주도주보다 시차를 두고 늦게 튀는 경향이 있다. 그래서 산업지표가 의미 있게 돌아서는 기미가 보이면 펀드매니저들은 해당 업종의 중소형주를 열심히 찾는다. 소외된 중소형주일수록 '한방'에 수익률을 크게 올릴 수 있기 때문이다. 그럼 2022년 이후 화장품 업종의 주가와 밸류에이션이 개별 기업의 펀더멘털과는 별개로 어떤 요소에 의해 변동해 왔는지 추적해 보자.

디레이팅 구간(~2024년 초반)

개별 업체들의 실적과 산업지표가 좋아져도 시장에서 관심이 없거나 소외된 시기였다. 매크로 지표의 불안과 화장품 업종 투자의 관성, 즉 한국 화장품 업종은 중국에서 안 팔리면 안 된다는 고정관념이 짙게 주식 시장을 드리운 시기였다. 중국 단체관광객 허용 등 단발성 이슈로 일시적 주가 상승이 있었지만 추세적으로는 우하향하는 그래프였다.

하지만 이 당시에도 분명히 지표들은 달라지고 있었다. 중국 수출은 부진했지만 대일본, 대미국 수출은 서서히 올라오고 있었다. 비중국 매출 비중이 높은 화장품 업체들, 예를 들어 씨앤씨인터내셔널과 실리콘투, 펌텍코리아 같은 업체들의 주가는 2023년부터 조금씩 불이 붙고 있었다. 시가총액이 작아서 전체 화장품 업종 주가와 밸류에이션에는 영향을 미치지 못했지만 말이다.

재평가 구간(2024년 초반~중반)

일반적으로 산업의 구조적인 변화는 주가의 리레이팅Re-rating(재평가) 또는 디레이팅De-rating(저평가) 요인으로 작용한다. 대중국 사업 부진으로 2023년 초반까지 소외되었던 화장품 업종은 대미국/대일본 수출 지표가 폭발적으로 개선되고 실적 개선 폭이 두드러지면서 실리콘투와 씨앤씨인터내셔널을 시작으로 주목받기 시작했다.

갑작스런 어닝서프라이즈는 일회성 이슈로 취급하는 경향이 있다. 2023년 중반부터 2024년 초반까지가 그랬다. 여전히 화장품 업종 투자에 대한 관성이 이어지고 있어 실적에 대한 기대감도 크지 않았다. 애널리스트들도 함부로 실적 추정치를 높이지 않고, 투자자들 역시 '혹시'라는 기대감으로 지표들을 보며 한두 종목 조금씩 사 놓을 때였다.

두세 번 어닝서프라이즈가 이어지면 '산업 구조가 바뀌었다!'는 말들이 여기저기 나오면서 주가가 급등한다. 그야말로 '거친' 재평가 Re-rating 구간이다. 목표주가가 잇따라 상승한다. 주가=실적×밸류에이션 PER 인데, 목표주가를 상승시키기 위해서는 실적 추정치를 올리거나 밸류에이션을 높여야 한다. 먼저 실적 추정치를 올리기 시작한다. 밸류에이션을 상승시키는 것은 상당한 명분이 있어야 하므로 다소 부담스럽기 때문이다. 그러다가 또 한 번 어닝서프라이즈가 발생하면 리레이팅 구간에 본격 진입했다는 평가로 밸류에이션까지 올린다.

오버슈팅과 안정화 구간(2024년 중반~)

이때 종종 오버슈팅이 발생하기도 한다. 애널리스트가 봐도 조금 과하다 싶은 온갖 장밋빛 전망이 난무한다. 높은 주가 상승과 수익률에 피로와 불안을 느끼는 투자자들도 생겨난다. 이때부터는 실적에 굉장히 민감해진다. 일반적으로 시장 컨센서스보다 높은 기대치를 갖기 때문에 웬만큼 좋은 실적이 아니면 만족하지 않는다. 실적 추정치를 미치지 못할 경우 주가가 급락할 수도 있다. 투자자 입장에서는 제일 답답하고 화가 나는 구간이다. 실적이 꾸준히 좋아지는데도 주가는 급락하거나, 마치 추세적으로 주가가 하락하는 듯한 느낌도 있다. '내가 뭘 모르는 게 있나?' 하며 불안해한다. 2024년 7월 이후가 이런 모습이었다.

오버슈팅 구간을 지나면 안정화 단계에 오게 된다. 적정 밸류에이션이 형성된다. 예를 들어 10배 저평가 구간에서 PER 20배로 튀었던 주가가 PER 15배로 안정화되고 이 선을 따라 주가가 움직인다. 이때부터는 실적과 주가가 유사한 움직임을 보이게 된다. PER 20배 시기보다는 떨어진 주가이지만, 10배일 때보다는 상당히 높은 수준이다. 더구나 재평가를 받았다는 말은 이익 규모와 개선 여력, 증가 폭이 크다는 말이므로 PER 10배 받았을 때와 비교할 때 절대적인 주가 수준은 훨씬 높은 위치에 놓이게 된다.

관건은 실적 추정치가 올라가느냐이다. 오버슈팅 구간이 끝나고 언더슈팅 구간으로 접어들면서 EPS 지표가 크게 하락했는데 이 지표가 다시 올라오는 게 중요하다. 대부분의 화장품 업체 실적은 2023년보다 2024년이 좋았고, 2024년보다 2025년, 2026년 개선세를 이어 갈 가능성이 대단히 높다. 따라서 꺾인 실적 추정치가 반등하는 것은 시간 문제로 봐도 무방하다.

다시 '가치투자' 영역으로

미국 대선 이후 글로벌 경기에 대한 불확실성이 온통 주식 시장을 덮고 있는 상황이다. 매크로 불확실성이 화장품 업황 개선과 개별 기업들의 펀더멘털 개선을 모두 누르고 있는 상황이다. 한국 주식 시장은 유난히 수급이 좋지 않아 외국인 투자가 빠져나가고 있다. 그러다 보니 화장품 업종에 대한 차익 실현 수요까지 많아진 듯하다.

주가는 단기적으로 회사의 펀더멘털을 따라가지 않을 수 있다. 하지만 주식 시장의 가장 큰 원칙은, 결국 주가는 펀더멘털에 수렴한다는 것이다. 이는 1+1=2와 같이 굳이 증명할 필요가 없는 공리와 같은 것이다. 이 대전제가 깨지면 우리가 하는 기업분석, 산업분석은 아무런 의미가 없다. 이 대원칙을 믿어 의심치 않기 때문에 소위 '가치투자'가 빛을 발휘하는 것이다.

매크로/산업/실적 세 지표와 주가의 상관관계를 기준으로 가치투자의 개념을 투영해 보면, 진정한 가치투자 가운데 하나는 ① 한 회사의 주가가 매크로 지표 요인으로 크게 하락하고 있는데, ② 산업지표와 그 업체의 실적은 오히려 크게 좋아지면서, 두 그룹(주가와 매크로 vs. 산업과 실적) 사이 이격도가 커질 때이다. 2024년 말이 그런 모습이다. 오버슈팅이 해소되면서 오히려 언더슈팅하고 있는 것은 아닌가라는 생각이 들 정도이다.

화장품 산업지표는 여전히 상당히 좋다. 개별 기업들의 실적도 기대치가 지나쳤을 뿐 낮아진 컨센서스를 봐도 결코 평범한 실적 전망은 아니다. 거기에 중국의 경기 회복 가능성은 추가적인 실적 개선 요인이다. 미국의 관세 부과는 부담이 될 수 있지만 산업의 방향을 바꿀 정도로 큰 영향을 줄 것으로는 보이지 않는다.[31] 기업의 실적 가시성이 높은 반면, 밸류에이션이 PER 10배 언저리에 있다면 부담 없는 가격이다.

한국의 화장품 산업은 철저히 수출에 기대어 있다. 따라서 화장품 업종 주가 역시 수출 지표와 높은 상관관계를 가질 수밖에 없다. 면세점을 포함한 화장품 수출 지표는 2012~16년에 면세점 중심으로 가파른 성장세를 보이며 화장품 업종의 강한 주가 모멘텀으로 작용했다. 화장품 수출 지표는 2022년부터 중국에서 글로벌로 새로운 방향타를 잡고 순항 중이다. 한국 화장품 산업의 글로벌 모멘

31 2025년 4월 현재 관세율 10% 적용 상황에서 한국 화장품 브랜드 업체들의 미국 전략 변화는 없다. 다만 향후 25%로 상승하게 되면 영세한 인디 브랜드 업체들의 아마존 영업 환경은 악화될 수 있다. 아직 정부간 협상이 남아 있는 만큼 이에 대한 내용은 필자의 블로그 「박부의 컨슈머 산업분석」을 통해 업데이트 내용을 확인하기 바란다.

턴은 이제 시작이다. 결국 화장품 업종 지수도 우상향하게 될 가능성이 크다. 수많은 상장/비상장 화장품 업체들의 역량과 실적이 하루가 다르게 성장하고 있다. K컬처를 기반으로 한국 화장품 산업의 완벽한 제조, 유통 인프라 덕분이다.

① 글로벌 K뷰티의 수요는 우리의 생각보다 크고, ② 국내 인디 브랜드들의 잠재력은 우리의 생각보다 월등하다. 그리고 ③ 한국 화장품 산업의 제조 역량은 압도적인 글로벌 선두에 있다. 이 3가지에 대한 확신이 선다면 화장품 업종에 대한 투자 비중을 서서히 늘려 가는 게 바람직하다. 우리가 잘 몰랐지만 화장품은 한국이 세계에서 1등이다. 글로벌 1등 산업, 1등 기업을 투자 포트폴리오에 넣는 것은 너무나 당연한 투자의 정석이다.

부록

한국 화장품 시장 규모 추정

　한국 화장품 시장 규모는 기준에 따라 많이 다르다. 예를 들어 식품의약품안전처에서 발간하는 식품의약품 산업동향 통계는 2023년까지만 나와 있는데 생산액 14.5조 원 가운데 수출액(11.1조 원)을 빼고, 수입액(1.7조 원)을 더하여 국내 시장 규모 5.2조 원을 산출했다. 화장품의 원가율이 약 20% 내외라는 점을 감안하면 절대적 금액이 적을 수밖에 없다. 더구나 최근 수출이 크게 증가하고 있는데, 수출액은 생산 원가의 2배 이상으로 금액 산정 기준이 다르기 때문에 오차가 크다.

　글로벌 화장품 시장 규모를 파악하는 유로모니터사가 발표한 시장 규모는 2024년 기준 22.1조 원이다. 이 회사의 자료가 유용한 이유는 글로벌 시장 규모를 알 수 있고, 다른 나라와 비교가 가능하며, 채널별 시장 규모를 알 수 있기 때문이다. 다만 면세점 데이터가 포함돼 있지 않다는 게 맹점이다. 2020년 이후 면세점 규모가 많이 위축되었지만 여전히 10조 원을 훌쩍 넘는다.

공식적인 통계 가운데 가장 객관적인 화장품 시장 데이터는 통계청 소매 판매 자료이다. 2024년 통계청 기준 국내 화장품 시장 규모는 34.3조 원이다. 통계청 데이터는 가장 공신력 있게 통용될 수 있는 숫자이다. 하지만 채널별 비중과 기여도의 변화 등 세부적인 내용을 알기 어렵다. 채널별 매출 변화가 곧 소비 패턴 변화를 반영한다는 측면에서 통계청 소매 판매 자료 역시 활용에 한계가 있다.

이를 해결하기 위해 각 채널 대표 유통 업체들의 화장품 매출 비중을 조사하고, 이를 토대로 채널별 화장품 매출을 추산했다. 이런 방식으로 산출된 국내 화장품 시장 규모는 2024년 기준 33.2조 원이다. 통계청 데이터와 약 1조 원 차이가 난다. 2020년 통계 기준이 바뀌면서 통계청 수치가 상당히 커졌다. 카테고리를 확대했거나 빠져 있던 핵심 화장품 매출처를 신규 삽입했을 수 있다.

최근 한국 화장품 시장의 특징 중 하나는 가파른 수출 증가이다. 2024년 화장품 수출은 전년 대비 24% 증가한 11.6조 원(색조+기초)인데, 국내 화장품 시장 규모의 35%에 달하는 막대한 수치이다. 따라서 한국 화장품 산업 역량을 제대로 반영하려면 국내 화장품 시장 규모에 수출액을 합해야 한다. 엄격히 하자면 코스맥스, 한국콜마, 잉글우드랩 등 ODM 업체들 및 아모레퍼시픽, LG생활건강의 현지 생산/판매 금액을 포함해야 하는데, 자의적인 계산이 들어갈 수 있어 배제하였다. 수출을 더한 한국 화장품 산업의 규모는 2024년 45조 원까지 증가한 것으로 추정한다.

채널별 최근 변화를 보면, 럭셔리 채널인 백화점을 비롯하여 인적판매와 면세점 매출은 상당히 위축되고 있다. 중국 소비 위축은 물론 국내 내수 경기도 좋지 않기 때문이다. LG생활건강의 경우 한 때 2만 명을 넘겼던 방문판매 인원을 7,500명으로 크게 줄였다. 특히 면세점 채널 매출은 중국 소비 위축이 심화되면서 2023년 20% 이상 감소했다. 전체 면세점 시장에서 화장품 매출 비중은 70% 정도로 추정하는데, 화장품 매출 가운데 국내산 비중은 10% 정도밖에 안 된다. 글로벌 럭셔리 브랜드를 싸게 사기 위한 구매 목적이 대부분이다. 여전히 시내면세점에서는 중국인 매출 비중이 75%에 이르고, 중국인 가운데 따이공이 2/3를 차지하고 있다. 그래도 백화점 채널은 코로나19 이후 리오프닝하면서 화장품 매출이 소폭이나마 꾸준히 늘고 있는 것으로 파악된다.

원브랜드숍 시장 규모는 2024년 8,000억 원 수준까지 떨어질 것으로 예상된다. 아리따움과 미샤, 더페이스샵 모두 국내 점포 수는 200~300개 정도에 불과하다. H&B 스토어에서 올리브영은 90% 이상 시장 점유율을 보이는데, 외국인 관광객 증가와 온라인 매출 증가로 전년 대비 25% 성장한 것으로 추정한다. 홈쇼핑 채널 매출은

■ 표 21. 한국 화장품 산업 규모 추정 ■

(십억 원)	2018	2019	2020	2021	2022	2023	2024
식품의약품안전처 (생산-수출+수입)	10,033	10,113	7,605	7,637	5,028	5,160	-
% YoY	8.4	0.8	-24.8	0.4	-34.2	2.6	-
유로모니터	13,391	14,315	15,053	15,806	18,638	20,262	22,103
% YoY	-2.4	6.9	5.2	5.0	17.9	8.7	9.1
화장품소매판매액(통계청)	35,174	40,869	32,777	34,991	37,473	35,062	34,325
% YoY	15.9	16.2	-19.8	6.8	7.1	-6.4	-2.1
국내 화장품 시장 규모	29,251	33,838	28,186	31,423	32,211	31,117	33,158
% YoY	16.5	15.7	-16.7	11.5	2.5	-3.4	6.6
한국 화장품 산업 규모	34,670	40,045	35,454	40,196	40,855	40,510	44,791
% YoY	17.4	15.5	-11.5	13.4	1.6	-0.8	10.6
프리미엄	15,880	20,860	15,441	18,080	17,890	14,779	15,022
인적판매	1,699	1,659	1,547	1,501	1,405	1,310	1,033
백화점	1,856	1,800	1,645	1,956	2,232	2,462	2,528
면세점	12,324	17,401	12,250	14,623	14,253	11,007	11,471
매스티지	13,371	12,978	12,745	13,342	14,321	16,366	18,136
전문점	5,593	5,170	3,827	3,608	3,532	4,607	5,644
브랜드숍	3,746	3,035	1,875	1,402	1,132	867	809
H&B	1,847	2,135	1,952	2,206	2,399	3,739	4,684
(온라인)	9,852	12,380	12,941	12,877	11,064	11,979	12,824
순수 온라인	3,190	3,721	4,844	6,029	7,099	8,022	8,701
기타	4,588	4,088	4,074	3,705	3,690	3,744	3,943
TV홈쇼핑	1,474	1,508	1,627	1,603	1,534	1,471	1,586
슈퍼/마트	2,308	1,815	1,723	1,397	1,364	1,405	1,396
편의점	244	257	265	270	312	340	381
기타	562	508	459	436	479	527	580
화장품 수출	5,419	6,206	7,268	8,773	8,644	9,393	11,633
% YoY	22.7	14.5	17.1	20.7	-1.5	8.7	23.8
화장품 수입	1,174	1,209	1,050	1,042	1,194	1,222	1,248
% YoY	3.9	3.0	-13.1	-0.7	14.5	2.4	1.6

자료 : 식품의약품안전처, 유로모니터, KITA, 메리츠증권 리서치센터

전년 대비 8% 성장한 것으로 추정한다. 인디 브랜드의 국내 유통이 점점 어려워지면서 홈쇼핑 채널을 통해 인지도를 높이고자 하는 수요가 증가하고 있다. 아울러 편의점과 다이소 같은 전문점 채널에서도 화장품이 신규 성장 동력이 되고 있다.